JICENG XINGZHENG FUYI SHIZHENG YANJIU
YI NANJINGSHI PUKOUQU WEI YANGBEN

基层行政复议实证研究

以南京市浦口区为样本

吴　峰——著

法律出版社 | LAW PRESS

序

行政复议是一种在行政体系内部化解行政争议的制度，是一项发展社会主义民主和保障人权的重要法律制度，它与行政诉讼、行政赔偿共同构成了行政救济制度的骨架。从理论层面说，行政复议相对于行政诉讼有三大优势：第一，行政机关自我监督和纠错的成本低。行政复议具有成本低廉、快捷高效、程序灵活等特点，这有利于降低行政相对人维权的成本。第二，行政机关自我监督和纠错的专业性更强。从事行政复议的都是上级行政机关，不容易发生外行审查内行，内行糊弄外行的问题。第三，行政机关自我监督和纠错的权威性更强。上级主管行政机关基于层级上的优越性，能够确保纠错决定最大限度地发挥实效性。

但很奇怪的是，自1999年《行政复议法》颁布实施以来，实际成效并不令人十分满意，主要表现在全国每年行政复议案件数并不多，有些年份甚至低于行政诉讼的案件数。为什么行政复议明明是一条更方便、快捷、低成本的维权途径，当事人却选择了行政诉讼甚至是上访？我们的复议制度在基层的实际运行中到底出了什么问题，存在哪些障碍，这是值得所有行政法学人深思的问题。我们需要更接地气的研究。目前放在我手头的这本《基层行政复议实证研究——以南京市浦口区为样本》就是这样一种有益的尝试。

这本专著是南京市浦口区人民政府法制办公室最后一任负责人吴峰同志总结多年行政复议工作的成果。全书结构合理、层次分明：首先勾勒了行政复议基层实践的概览；其次从许可、确认、处罚、征收征用、信息公开、不作为六个方面展开理论结合实践的分析；最后从一个基层行政复议工作者的角度提出完善的建议。因为作者长期在行政复议一线工作，具有丰富的实践经验，对行政复议实践中一些难题的处理很有启发价值。特别值得一提的是全书收录了大量的真实复议案例，为行政法学人深度研究行政复议的基层运行提供了第一手素材。

作为一位基层法治工作者，吴峰同志推出了自己的处女作，这是很不容易的事情。尽管本书还有一些不足之处，但是我们期待着他的未来。

是以为序。

孟鸿志

二〇一九年七月

自　序

党的十八大以来,党中央对全面依法治国作出一系列重大决策,特别是十八届四中全会提出全面推进依法治国,将全面依法治国作为"四个全面"战略布局不可或缺的重要组成部分。徒法不足以自行。就宏观而言,改革发展稳定,内政外交国防,治党治国治军,都离不开法治的保障;就各级各地党委政府执政履职实践而言,也离不开法治的推行。而"良法善治"的真正实现,则离不开一支高素质、高水准的法治工作队伍。

2012 年 5 月,29 岁的我加入了南京市浦口区人民政府法制办公室这个小家庭,至今已是第七个年头。几年来,亲历了浦口政府法制工作队伍由小到大、从弱变强,各项工作逐渐走向专业化、规范化;也见证了法制办从最初一个只有 70 多平方米,仅几间办公室的小单位,发展成拥有专门听证室、档案室、阅卷室、复议接待室、律师会见室、会议室等功能一应俱全的行政复议规范化单位。伴随硬件设施的不断强化,人员队伍也在不断充实,工作人员的平均年龄从 45 岁下降至 37 岁,专业背景也得到不断提升,有 3 人取得法律职业资格。

七年来,我们始终以高度的政治责任感和使命感,在法制工作战线上辛勤耕耘、无私奉献,在工作中不畏艰难、勇挑重担,办理了朱某某复议区市场监管局违规办理工商注册登记案、罗某某诉区政府行政裁决案、某集团公司诉区政府行政协议案等 300 多件行政复议、行政诉讼案件,协助区政府处理涉法事务近 1000 件。单位在行政复议应诉、行政裁决、执法监督、法治宣传教育、规范性文件及合同审查等方面均取得了优异的成绩,先后获得一系列省级荣誉。2013 年 12 月,为服务江北新区建设,营造优质高效的法治服务环境,我们将业务范围拓展到仲裁领域,与南京仲裁委员会合作设立南京仲裁委浦口办事处，提供仲裁咨询及办案服务，五年来共受理仲裁案件20余件，其中不乏标的过亿的重大案件。

在处理繁忙的政府法治事务的过程中，我也努力尝试跳出一时一地、一案一卷的局限，在全面推进依法治国的大背景下来审视一个个案例，运用最前沿的法治理论来指导日常业务工作，《行政执法与行政审判》《中国法律评论》等就是我案头和床头不可或缺的精神食粮。每每读到与所办案件异曲同工的理论研究文章，往往觉得触类旁通；读到能够解答之前一直萦绕心头的理论困惑的文章，往往觉得醍醐灌顶、甚为畅快。日常工作实践和理论文章阅读的不断积累，不知不觉中让我在内心萌发出一股冲动，随着时间的推进，这股冲动越来越强烈，我不禁拿起笔，挑选了在法制办任职期间办理的20件行政复议案件加以整理编辑，记录自己工作实践和理论学习有机关联后的所思所感，并进行延伸思考，以期待在理论层面提出相关的总结建议用以指导今后的实践。于是有了这本拙作，虽然它仅为一家之言，但也是基层法治实践进程的一种纪实，是我七年政府法制工作的一种纪念。

今天，我们已经站在新的历史起点，习近平总书记强调的各级领导干部要发挥“关键少数”作用，不断提高运用法治思维和法治方式深化改革、推动发展、化解矛盾、维护稳定的能力，以实际行动带动全社会尊法学法守法用法，始终是指引我航向的明亮灯塔。法律职业需要我们传承，虽然工作岗位发生了变动，但我将不忘初心、再度起航，在新的岗位上下“绣花功夫”，扬“工匠精神”，更好地发挥法治固根本、稳预期、利长远的保障作用，以新的工作实绩为全面依法治国贡献自己的力量。

吴　峰

2019年2月19日于文德东路28号

目录

第一章　行政复议制度及基层实践概览 ……………………………… 1
第一节　行政复议制度的发展 ……………………………………… 1
第二节　行政复议制度框架 ………………………………………… 9
第三节　我国行政复议基层实践现状…………………………… 17

第二章　行政许可复议实践 ……………………………………… 25
第一节　行政许可概述 ……………………………………………… 25
第二节　行政许可争议的主要类型………………………………… 36
第三节　行政许可争议复议审查要点……………………………… 53
第四节　行政许可争议复议的案例解读 ………………………… 63

第三章　行政确认复议实践 ……………………………………… 76
第一节　行政确认概述 ……………………………………………… 76
第二节　行政确认争议的主要类型………………………………… 86
第三节　行政确认复议审查要点…………………………………… 91
第四节　典型案例分析 ……………………………………………… 96

第四章　行政处罚复议实践 ……………………………………… 108
第一节　行政处罚概述……………………………………………… 108
第二节　行政处罚争议的主要类型 ……………………………… 114

第三节　行政处罚复议审查要点 …………………………… 120
第四节　典型案例分析…………………………………… 130

第五章　行政征收与征用案件的复议 ………………………… 169
第一节　行政征收与征用的理论及制度框架 ………………… 169
第二节　行政征收与征用争议的主要类型 …………………… 174
第三节　行政征收与征用案件的复议审查要点 ……………… 177
第四节　行政征收与征用案件的实证分析 …………………… 181

第六章　行政信息公开复议实践 …………………………… 206
第一节　政府信息公开概述 ……………………………… 206
第二节　政府信息公开及其争议类型分析 …………………… 212
第三节　政府信息公开复议审查工作要点 …………………… 216
第四节　典型案例分析…………………………………… 229

第七章　行政不作为案件的复议 …………………………… 241
第一节　行政不作为的基础理论 ………………………… 241
第二节　行政不作为争议的主要类型 ……………………… 244
第三节　行政不作为案件的复议审查要点 …………………… 247
第四节　行政不作为复议案件的实证分析 …………………… 250

第八章　基层行政复议实践的改进 ………………………… 292
第一节　行政复议主体问题的实践改进 ……………………… 292
第二节　行政复议程序问题的实践改进 ……………………… 306
第三节　行政复议的立法变革与实践 ……………………… 312

第一章　行政复议制度及基层实践概览

第一节　行政复议制度的发展

一、行政复议制度的基本理论

（一）行政复议的概念

行政复议，是指公民、法人及其他组织认为行政机关的具体行政行为侵犯其合法权益，依法向复议机关提出申请，复议机关依法对该具体行政行为进行审查并做出行政复议决定的法律制度。

行政复议的概念构成主要包含以下几个方面：

（1）行政复议是因行政相对方申请而进行的。行政复议机关在收到作为行政相对方的公民、法人或其他组织的申请后，决定是否进行立案，进而进行审理并做出处理决定。如果没有行政相对方的申请，则不会开始行政复议程序。（2）行政复议是一种全面审查。行政复议机关不仅要审查原具体行政行为的合法性，还要审查其适当性。合法性主要是判断该行为事实是否清楚，适用法律是否正确以及是否符合法定程序；适当性主要是看原行政机关使用的自由裁量权是否符合相关规定。（3）实施具体行政行为的行政是指广义的行政机关，既包括组织法上规定的行政机关，也包括法律规定授权的，以自己的名义进行行政活动的组织。（4）行政复议主要是对具体行政行为进行审查。具体行政行为是行政主体做出的，直接影响特定行政相对方的权利利益的行为。行政机关做出的具体行政行为依据的抽象行政行为，如果属行政立法行为，不能提起行政复议。但《行政复议法》第 7 条规定对一定的抽象行政行为，可以在对具体行政行为申请复议的同时，一并提出对该规定进行审查的申请。

(5)行政复议是关于权利救济和对行政进行监督的一种法律制度。行政复议法律制度,包括法律关系主体的权利义务、复议程序、处理权限、不服的司法救济等一系列法律制度。

(二)行政复议的特征

行政复议在外部表现上主要有以下特征:

(1)行政复议是一种救济制度。开展行政复议工作的目的是要制止和纠正行政机关做出的违反法律规定或者不当的具体行政行为,是为了保护公民、法人和其他组织的合法权益。(2)行政复议解决的是行政争议。其所解决的内容只是与行政机关有关的纠纷,这与法院的审理范围包括民事、行政、刑事争议有很大的不同。(3)行政复议原则上采取书面审查的方式,但当事人申请或复议机关认为必要时,复议机关可以决定调查取证、当面听取申请人、被申请人及第三人意见。这与法院审理案件必须开庭审理,原则上公开,不公开作例外的审判制度正好相反。(4)行政复议采取一级复议,决定以书面作出。复议案件除法律规定终结的以外,当事人可以提起行政诉讼,但不能向上级复议机关提出复议申请,这与法院审判案件的二审终审制不同。复议机关的复议决定必须以书面作出,并且要依法送达方能生效,这与行政机关的一般行政行为的形式也多有不同,行政机关的其他行政行为有的并没有规定作出行政行为的形式。

(三)行政复议的性质

了解行政复议的性质有助于进一步认识行政复议制度。在行政法学研究中,由于学者考虑的角度不同,对于行政复议的性质也产生很多不同的观点。有的学者认为,行政复议仅仅是一种行政活动,属于行政执法规范的范畴,因为其按照行政职权和上下级关系来行使权力;有的学者认为,行政复议作为老百姓维护权益的一种方法手段,其实是一种行政救济行为,是国家为了保护人民的利益不受损害而建立起来的;还有的学者认为行政复议是一种准司法活动,因为其作出的决定对行政机关产生了法律上的效力。从我国行政复议制度目前的发展情况来看,行政复议为何种性质存在争议。

第一种行政说。行政说的学者认为,应从复议的行为类别上来判定其性质。他们认为复议是行政机关的一种特殊的具体行政行为，两者在根本性质上是相同的。从制定法律而言，目前在我国，大多数学者是拥护行政说的。最突出地表现在《行政诉讼法》关于复议机关能否成为被告的规定上。2015 年 5 月 1 日实施的《行政诉讼法》第 26 条第 2 款规定："经复议的案件，复议机关决定维持原行政行为的，做出原行政行为的行政机关和复议机关是共同被告。"由此可以看出，由于行政说把行政复议看做是具体行政行为，所以，复议机关可以成为被告。正是由于我国立法上采纳的是行政说，所以，复议机关才可以成为被告。进入 21 世纪，行政说的坚持者提出了一些新的观点，如熊文钊教授认为行政复议不同于普通的行政行为，再如有的学者认为行政复议可以在保证其是行政行为的根本归类的基础上，在限定的范围内，肯定其司法化元素的存在。

第二种司法说。不同于行政说，司法说是从权力的归属出发，分析复议权行使过程中表现出来的特点，将其进行归类。认为不能把其与一般的具体行政行为相混淆，复议机关是在行使一种完全不同于其行政职权的权力。司法说认为，行政复议过程中，复议机关处于中立的第三方位置，这同行政诉讼中法院的地位类似。这个过程可以说是在行使司法权。从复议的外在功能上看，主要是督促行政机关，能够按照法律的规定行使自己的职权，但其性质上却是带有司法特征的。

从行政复议的过程上看，它是一个帮助弱势地位的相对人，限制强大公权力机关的过程，最后达到的效果是定纷止争。复议机关类似法院的地位，从而使其行为具有了行使司法权的特征。从其运行的程序上看，具有比较简单快捷、费用较低等优势，复议成为处理社会纠纷的一种新型社会救济制度。总之，持有司法说的学者认为，不管是从复议权力的本质、复议机关的职能，还是从复议的过程和程序上来看，行政复议的性质属于司法行为。

第三种准司法说。准司法说的前提是，把行政行为和行政司法分开看作平行、并列的概念。要明确一个行为是否属于行政行为，要参考两方面因素。一个是其行使的权力基础，另一个是其法律后果。对于复议定位之争，到底是具有行政性还是司法性，持准司法说者，采取的是折中的办法。复议程序运行同时具有两方面的特征。行政复议是“一种具有司法特色和功能的行政行为,即一种行政司法行为”。关于行政复议的性质,我国大多数学者支持准司法说,该说在学术上和实践中得到了较大的认同和接受。这一学说在事实上偏向于“司法说”,强调了复议活动的性质。但同时对存在于行政系统内的合理性,并未加以否定。这使它更适应我国现在的基本国情。

第四种综合说。综合说并没有对行政复议的性质进行单一的定性,而是综合以上三种学说来认识。有的学者在对复议性质的认识上,综合了现实中行政复议体现出的功能,认为行政复议的性质体现在多个方面。如复议是有一定司法特征的行政行为,是行政机关内部的监督机制,是公民权利救济方式,是行政纠纷解决机制等。

分析上述不同学说可知,判定行政复议的性质关键在于,行政复议是行政权运用的结果,还是司法权运用的结果。这便涉及对“行政”“司法”的涵义和范围的理解。“司法说”和“行政说”的基本观点,是完全大相径庭的。但其与“准司法说”仅仅在具体内容上存在微小差别。

二、域外行政复议制度之发展

许多国家的行政纠纷解决机制并非都称为“行政复议”,尽管名称不同,但其作用和地位与我国的行政复议类似。有些国家类似制度存在的时间较长,并且日趋成熟。借鉴其成功的经验,对我国的改革实践是很有必要的。笔者主要选取了四个国家为代表,从行政设置和司法保障等方面出发,介绍其独特之处,从而为我国行政复议修改提供一点启示。

(一)英国行政复议制度

英国作为普通法系国家,对涉及政治权力的案件和普通私人案件,在处理上并没有区别。当公民与政府发生纠纷时,也按照平等主体间的法治原则进行处理。英国没有严格意义上的单独行政法部门和行政复议制度,行政监督救济的权力主要是由行政裁判所行使的。

“所谓的行政裁判所,在英国是指根据议会法律设立的,相对独立于普通法院和行政机关的,依照特定程序解决行政纠纷和非行政争议的裁判机关的总称。”英国的行政裁判所制度设计了一系列保障制度,体现了其独特性。第一，特殊的独立法律地位。行政裁判所是一种新型的、独立的机关。在设立上存在随意性，一般是为了某一目的或某一法律设立的。在外部组织上，行政裁判所实行总裁制，同一类的彼此独立。这一特殊地位从行政设置上保证了行政裁决的公正性，减少了行政裁判的行政干预。第二，司法化的基本原则。行政裁判所制度有三大基本原则，即公开原则、公正原则、无偏私原则。在处理争议时坚持独立、中立的地位，排除行政机关的影响。这三大基本原则体现了英国作为普通法系国家的法治原则，为行政裁判所的程序运行提供了司法保障。裁判所的审理应当公开进行，公正地听取双方当事人的意见，保障其诉讼权利。第三，科学的司法程序。不同于中国的行政复议与行政诉讼是并行存在的，它在裁判时，在程序上没有统一的法典，但在程序设计上却不缺乏科学性和合理性。比如，审理环境更加轻松，审理方式更加灵活，减少法律色彩；采取对抗式的审理；不受证据法的约束；判决一经确定就具有效力等。这些程序的运行，使裁判所运作更为简易、统一。

英国的行政裁判所制度优势明显，具有独立、普适、统一的特点，从行政设置和司法保障上都设计了独具特色的制度，为裁判所做出合理公正的裁决提供了制度保证。相比之下，我国缺乏独立的行政复议机构，采取的是去司法化的程序设计，英国成功经验在我国行政复议法修改中都是值得借鉴的。

（二）美国行政复议制度

美国同英国一样属于普通法系国家，在其行政法发展的前一阶段，其中心在于按照所属的法系的法治原则，对行政活动进行司法审查。后期州际商业委员会为代表的独立控制委员会出现，其拥有一定的权力，客观上行使了复议机构的权力。另外，在其行政法上比较有影响力的一项制度应该是行政裁决制度。

行政裁决是指正式的程序裁决，裁决权行使的主体是行政机构。在程序上不同于中国，采取的是审判式听证程序。行政裁决是美国一项重要的行政救济制度，从表面看，行政裁决更像是行政系统的内部监督行为。但其运行的独立性却具有一定的司法化的特征，主要有以下两种保障制度。第一，行政法官制度。这项制度经历了从行政审查官到行政法官的过程。行政法官在制度设计上具有独立的地位,行政法官的编制在所在的工作机关,然而任命和任职方面却属于人事管理局和功绩保护委员控制。行政法官根据全案,依据证据做出裁决,若在规定时间内无上诉和复议,则裁决为终审裁决。这些都是保障法官能够独立地行使裁决权的坚强后盾。第二,严格的程序约束。裁决的运行程序比较严格,带有明显的司法色彩。其中比较典型的制度,就是审判式的听证程序。在这一过程中,当事人可以自由地行使辩论权利。行政法官在这一过程中,处于主持中立的地位,这是过程的公正性的重要基础。并且法官不能徇私,要排除个人偏见,对听证的进程合理控制,在维护公众权益的前提下,扩大了听证范围。

美国行政裁决制度同样具有独立、公正的优点,行政法官制度和审判式听证程序的设计,大大增强了裁决结果的公信力。相比之下,同样作为行政内部监督机制的我国行政复议制度中,复议机构对行政机关的依附性较强,书面式的审理方式弊端明显。这些方面在今后我国复议体制改革时应重点关注。

(三)法国行政复议制度

法国有专门的行政复议制度,并且历史悠久,其在法国又为行政救济。法国的行政复议制度,可以追溯到法国大革命后的初期,1799 年国家参事院成立后,才逐步形成了行政诉讼制度。对于该国的具体相关制度,有两个方面值得借鉴。

第一,多种形式的救济方式。法国的行政救济主要分为两种:一种是善意的救济,另一种是层级救济。两者申请的层级不同,前者是向原行政机关申请,后者是向上一级机关申请。两者的共同点在于,救济权利享有的天然性,这也是法国行政救济的优点之一。但两者的内容不同,善意救济中,行政机关在处理受理的案件时享有更大的斟酌空间。并且,行政相对人还可以请求某种宽容和恩惠。第二,调解专员制度。它是行政系统内一个单独的机构,在立法规定中拥有特殊的地位。其管辖范围比较宽泛,只要是对公权力执行的申诉,它都可以受理。调解专员具有广泛的权力。作为一种独立的行政救济制度,它可以弥补法国司法救济和行政救济的不足,也为行政法的改革奠定了理论和实践基础。

最后,在平衡公权力机关和相对人的相关利益上,发挥较大优势。

法国的行政救济制度与行政法院制度同时存在,行政相对人的权利能够得到充分的维护,而且调解专员制度能够很好地平衡行政救济和诉讼救济的关系。我国的行政复议制度与法国有很多相似的地方,在修改时可以多加学习。

(四)日本行政复议制度

日本的行政复议制度带有美、德两国的色彩,是两大法系融合的产物。行政不服审查制度、行政裁判制度、苦情处理制度都是有关行政复议的制度。行政不服审查制度与其他两项制度相比,是较为典型的代表。日本的这几项复议制度,我们可以从具体三点进行学习。

第一,行政裁判制度。其建立具有一定的时代背景,即"二战"后在美国的管制下,行政裁判机构以合议制的形式运行,启动的方式是依私方当事人的申请,裁判纠纷,在体制设计上有一定独立性,在程序上具有司法化的特征。第二,苦情处理制度。主要处理一些行政不服申诉处理不了的怨情,苦情处理机构也具有多元化特征。主要有两类,包括主管行政厅,以及主管怨情处理的行政厅。苦情处理是该国此项制度的兜底机制,使此项制度在逻辑设计上更加合理。第三,行政不服审查制度。它是建立在本来存在的诉愿制度的基础上,其构建的关键是以《行政不服审查法》为基础的。行政不服审查,是行政相对人针对违法或不正当的行政行为,向行政厅提出申诉的一种制度。由此可以看出,行使行政不服审查权的机关是行政厅。因申述机关不一样,可被分为三类:第一类是向处分厅提出,第二类是向它以外的机关提出,第三类是针对第二类提出的审理和调查的请求。行政不服审查制度的程序具有简易、便捷的特点。

日本的行政复议制度吸收了美、德两国的法治理念,在逻辑设计上更加合理。行政裁判制度是一种司法化的救济手段,行政不服审查制度是其主要的复议制度,而苦情处理制度是公民维权的兜底制度。三者相互结合在解决行政纠纷方面发挥巨大作用。

三、我国行政复议制度的发展

新中国成立后,我国政府对行政复议制度相当重视。1950 年 11 月 15 日经政务院批准的《财政部设置财政检查机构办法》第 6 条规定:“被检查的部门,对检查机构之措施,认为不当的,得具备理由,向其上级检查机构,申请复核处理。”这里虽然未采用“复议”两字,但从特征上看,这种复核制度就是行政复议制度的前身。1950 年 12 月,政务院第 63 次政务会议通过的《税务复议委员会组织通则》(以下简称《通则》)中,第一次在法规上正式出现了“复议”两字。该《通则》明确规定了税务复议委员会的性质、任务以及受案范围。此后,我国涉及行政复议的法规日益增多,行政复议的范围和领域逐渐扩大。如 1951 年的《中华人民共和国暂行海关法》和《中华人民共和国进出口税则暂行实施条例》、1954 年的《国营企业内部劳动规则纲要》、1955 年的《农村粮食统购统销暂行办法》、1957 年的《中华人民共和国国境卫生检疫条例》、1958 年的《农业税条例》以及 1969 年的《商品管理条例》等法规,都已出现了行政复议的内容。但这时的行政复议制度很不完善,行政复议没有统一的名称,有的称“申诉”“再检”,有的称“复查”“复核”“复审”“复议”。各项立法对行政复议的规定也不系统,相互独立。这一时期,可以说是我国行政复议制度的起步、形成阶段。

党的十一届三中全会以后,行政复议制度作为我国社会主义民主和社会主义法制的一项内容得到进一步发展。突出表现是,规定行政复议的法律、法规数量越来越多,如《海关法》《公民出入境管理法》《集会游行示威法》等与公民有切身权益密切相关的重要法律规范中,都明确了行政复议制度。特别是 1982 年的《中华人民共和国宪法》第 41 条明确规定:“中华人民共和国公民对于任何国家机关和国家工作人员,有提出批准和建议的权利;对任何国家机关和国家工作人员的违法失职行为,有向国家机关提出申诉、控告或者检举的权利”;“对于公民的申诉、控告或者检举,有关国家机关必须查清事实,负责处理。”这些规定,不仅是对已存在的行政复议制度的确认,而且为我国行政复议制度的进一步完善,提供了最高的法律依据。1989 年《行政诉讼法》的出台,为行政复议制度出台提供了必要性基础。1990 年 11 月 9 日，国务院通过了由原国务院法制局起草的《行政复议条例》，并于同年 12 月 24 日予以公布。1994 年 10 月 9 日，国务院在总结《行政复议条例》实施四年来的实践基础上，对《行政复议条例》作了修改。为了从制度上进一步完善行政机关内部自我纠正错误的监督机制，1998 年 6 月，国务院法制办在大规模征求意见的基础上，形成了《中华人民共和国行政复议法（草案）》。1999 年 4 月 29 日行政复议法通过，后定于 1999 年 10 月 1 日起正式实行《中华人民共和国行政复议法》，这部法律的公布实施标志着我国行政复议制度的高度发展和完善，是我国行政复议工作的一个新的里程碑。

第二节　行政复议制度框架

一、行政复议申请人（利害关系人）

（一）利害关系人的概念

对于行政复议中利害关系人的表述，在现行法律制度和行政法学中尚没有确定的、一致性的称谓。有学者将其称为行政相关人、间接行政相对人等等。虽然表述不同，但是内涵一致。

首先，在地位上与行政主体相对应、与行政相对人相区分。我国传统行政法理论认为，行政法律关系中仅仅存在行政机关与行政相对人两方主体，分别处于管理者与被管理者的地位。然而，随着行政法治的不断发展，行政相对人已经无法涵盖行政法律关系中相对于行政主体的全部当事人，权益同样因行政行为而受到侵害的相对人之外的公民、法人或其他组织逐渐受到重视。由于行政行为的复效性，受行政行为影响的并不仅有行政行为直接指向的行政相对人，这一类主体因为其权益也受到了来自行政行为直接或间接的影响而遭受损失，也属于受到行政主体的管理，处于被管理者的地位，所以，其理应获得与行政相对人相同的权利，以及可以通过行政诉讼或行政复议等程序来维护自己的权益。

其次，与行政行为存在利害关系。具备利害关系，是获得行政复议程序救济的必要条件。所谓利害关系，经过前文分析，是指权益因行政行为而受到损害，具体而言，是指行政行为的实施，导致这一类主体权益的损害。与行政相对人不同,这种利害关系并不是直接的、明确的,而是间接的、潜在的。

对于行政复议中的这一类行政参与人的称谓,结合其实际所欲表达的含义,利害关系人的称谓最为贴切。由于行政行为公益性的特点,导致受到行政行为效力影响的人范围非常广泛,与行政行为相关的人也比比皆是,行政相关人的表述给人感觉过于笼统;而间接相对人的表述,无法表达出这类行政参与人与行政相对人相区别、相对应的性质与地位。而具有利害关系,是作为复议申请人和复议第三人的必要条件,利害关系人的表述,一方面,体现出这类行政参与人与行政行为存在利害关系,具备作为复议申请人或第三人的必要条件;另一方面,也能够体现出与行政相对人的区别,即行政行为的非指向性。因此,利害关系人这一表述最为合理。

综上所述,"行政复议利害关系人"这种称谓最为贴切,其定义为:在复议程序中,虽不是行政行为直接指向的权利义务的直接承受者,但是,其自身的权益受到或可能受到行政行为直接或间接影响的公民、法人或者其他组织。

(二)利害关系人的类型

对于利害关系人的类型,有学者认为可以将其区分为直接利害关系人和间接利害关系人两种类型,因为直接利害关系和间接利害关系是最一般和基础的分类。"直接利害关系人",是指因行政行为直接导致自有权益发生增减,虽不是行政行为直接指向的主体,但其权利和义务受行政行为直接影响。间接利害关系人则是指虽不是因行政行为直接导致的权益发生增减,但是,可能会因为被诉具体行政行为或该行为的审判结果而受到间接影响的利害关系人。这种划分方式的实质是判断利害关系人的权益损害结果是由行政行为直接还是间接造成的。正如有的学者主张:直接或间接的因果关系与人类的价值判断无关,其只是一种关于客观事实的认知,是对事物之间存在普遍联系的客观表达。

直接利害关系人与间接利害关系人的划分,是以利害关系人与行政行为之间"存在"利益关系为基础的,即行政行为已经对其造成了实质的影响。这种分类方式无益于解决行政复议制度中利害关系人的认定和复议申请人资格的问题，因此应当采用另外的分类方式，即“法律上的利害关系人”和“事实上的利害关系人”。

第一种，法律上的利害关系人。法律上的利害关系人一般指以实体法为依据，因受到行政行为的影响而导致权益受到增减的利害关系人。法律上的利害关系人有两个特征：一是利害关系人遭受的权益损失一定是实体法中认可的；二是权益受损的结果与行政行为有着相当的因果关系。这种“相当的因果关系”是指从一般主体的角度来看，行政行为与受到损害的权益之间有必然的引起和被引起的关系，假如没有该行政行为的出现，利害关系人法律上的权益损害也就不会发生。但是，如何界定法律上的利害关系，我国目前尚未有明确的法律规定，学界也没有得出一致的结论，这也导致了在实践中认定混乱的情况，而争议的焦点就在于什么是“法律上的权益”。对于“法律上的权益”存在受法律保护的利益、法律上值得保护的利益、裁判上值得保护的利益几种观点。结合各国行政法立法实践，目前认可度较高的观点是“法律上值得保护的利益”。“法律上值得保护的利益说”，实质是对“法律保护的利益说”的进一步发展，即在坚持实体法明确规定予以保护的权益的同时，不局限于实体法条文的规定，还要积极地考虑法律的宗旨和目的，对于根据法律原则和立法精神能够推导出的权益也应当予以保护，实质上是对“法律上的权益”做扩大解释。根据“法律上值得保护的利益说”，既能够满足扩大利害关系人范围的需要，又能够为行政复议机关工作人员审核是否具备利害关系的自由裁量权设置一定的限制并提供一定的指导和判断方向。这一观点对于解决我国行政复议制度中利害关系人认定问题有一定的借鉴意义。

第二种，事实上的利害关系人。事实上的利害关系人包含两方面的特征：首先，利害关系人的权益受到了行政行为的影响或可能受到影响；其次，利害关系人的权益增减事实上是由行政行为导致的。对事实上的利害关系人，世界上绝大多数的国家和地区的立法中均对其诉讼当事人的资格予以限制。如我国台湾地区对于权益的通说认为，权益可以分为法律上的权益和事实上的权益，法律上的权益通常表现为程序上所应有的权利，如听证程序、要求行政机关正当履行职权，保障公民人身、财产的权利,因而法律上的权益具有可塑性;而事实上的权益是法律上未规定行政主体有履行该职权的义务,仅是基于公益为特定的作为或不作为,并且该作为或不作为并非为保障特定人的权益,此种权益非法规所保障,这种情形就是反射利益,反射利益不具备可诉性。我国2000年颁布的最高人民法院《关于执行〈中华人民共和国行政诉讼法〉若干问题的解释》第12条就将行政诉讼原告的资格限定为“法律上的利害关系人”。

但是,随着社会实践的不断加深,行政权对公民生活调控的不断深入,行政争议的类型日趋多样,许多事实上权益受损的争议不断涌现;并且随着行政法律关系三方性理论的不断发展和实践,利害关系人已经成为行政主体中重要的一方,而事实上的利害关系人作为利害关系人中的一类,仍然将其排除在行政法救济之外已经不再适应行政法治化的发展。我国新修改并颁布实施的《行政诉讼法》,对原告资格的限制已经将“法律上的利害关系”修改为“利害关系”,由此可见,事实上的利害关系人的权益保护已经受到立法者的重视。

对法律上的利害关系人与事实上的利害关系人进行对比,两者的区别主要在于对“权益”的认定和“因果关系”的关联程度。对于“权益”的认定上,法律上的利害关系人要求受损的“权益”必须是实体法予以规定的或者根据法律原则、立法精神能够推导出来的;而事实上的利害关系人对受损“权益”的认定要求则比较宽泛,只要事实上遭受了损失或可能遭受即可。对于“因果关系”关联程度的认定上,法律上的利害关系人同样要求更加严格,必须具备“相当的因果关系”即权益损害的结果与争议的行政行为有必然的引起和被引起的关系;事实上的利害关系人对“因果关系”的关联程度的认定也十分宽泛,只要事实上存在因果关系即可。

二、行政复议被申请人

公民、法人或者其他组织对行政机关的具体行政行为不服申请行政复议的,作出具体行政行为的行政机关是被申请人。具体地说,被申请人是指申请人认为侵犯了其合法权益,复议机关通知其参加复议的行政机关。能够成为被申请人必须具备以下几个条件：

一是应当是行政机关，而且是具有外部管理职能的行政机关（包括一些经法律、法规授权施行行政管理职能的组织），其共同的特点是对外有行政管理职能，监察部门机关事务管理局尽管也是行政机关，由于其不行使对外的管理职能，故不会成为行政复议的被申请人。

二是实施了申请人认为侵犯其合法权益的具体行政行为，也就是说，该行政机关（包括经法律、法规授权的组织）实施的具体行政行为与申请人提出的复议请求有必然的因果关系；如果没有实施申请人所指控的具体行政行为，或者实施的行为与复议请求无因果关系，不能成为行政复议的被申请人。

三是经复议机关确认并通知其参加行政复议，说明行政复议机关已经受理了申请人的复议申请，并确定该行政机关或者组织为被申请人。

通常情况下，行政复议的被申请人应当是作出具体行政行为的地方各级人民政府及其所属部门，且一般只有一个，但是，由于行政管理的复杂性使作出具体行政行为的主体也变得十分复杂，行政复议的被申请人还可能有以下几种情况：

一是人民政府依法设立的派出机关（包括地区行署或者盟、区公所、街道办事处）作为被申请人。根据《地方各级人民代表大会和地方各级人民政府组织法》第68条的规定："省、自治区的人民政府在必要的时候，经国务院批准，可以设立若干派出机关。县、自治县的人民政府在必要的时候，经省、自治区、直辖市的人民政府批准，可以设立若干区公所，作为它的派出机关。市辖区、不设区的市的人民政府，经上一级人民政府批准，可以设立若干街道办事处，作为它的派出机关。"根据这一规定，目前在我国县级以上地方人民政府设立的派出机关有三种：其一是省、自治区政府派出的行政公署、盟；其二是县、自治县政府设立的区公所；其三是市辖区、不设区的市设立的街道办事处。从派出机关的性质看，它不是一级国家机关，不设与之相应的国家权力机关，但在其所管辖的范围内对本辖区的经济社会文化治安等社会生活的方方面面行使着管理权，以自己的名义实施具体行政行为而引起了行政复议，自然成为被申请人。

二是政府工作部门依法设立的派出机构作为被申请人。当前一些政府工作部门，根据有关法律、法规和规章的规定，设立了一些派出机构，如公安派出所、税务所、工商所等。这些派出机构有的依据法律、法规或者规章的规定可以以自己的名义作出具体行政行为。如《治安管理处罚法》第91条规定，治安管理处罚由县级以上人民政府公安机关决定；其中警告、500元以下的罚款可以由公安派出所决定。这一规定明确了对公民违反治安管理处以警告或者500元以下罚款时，公安派出所可以以自己的名义实施处罚。像这样的派出机构有权作出具体行政行为，因而引起了行政复议，自然可以成为行政复议的被申请人。

三是法律、法规授权的组织作为被申请人。根据有关法律的规定，具有公共管理职能的组织经过法律、法规的授权，可以行使行政管理权。所谓授权是指：法律法规将某些行政管理权授予非行政机关的组织行使。经过授权，该组织取得了行政管理的主体资格，可以以自己的名义行使行政管理权，以自己的名义独立承担因行使行政管理权而引起的法律后果。授权的产生是由于现有的行政机关和公务员不足以满足现实行政管理的需要，由法律法规授权一些组织行使一定的行政管理权，同时规定相应的责任。由于这些组织是以自己的名义作出具体行政行为，那么公民、法人或者其他组织对于这些组织作出的具体行政行为不服，申请复议，这些组织就成了被申请人。

四是以共同的名义作出具体行政行为的两个以上行政机关作为被申请人。与前面介绍的情况不同的是，作出这个具体行政行为的主体不是一个机关，而是两个或者两个以上。出现这种情况，可能是地方政府相关部门组织联合大检查；也可能是依据几个部委联合下发的文件地方多个部门综合执法；还有政府部门合署办公等。凡是对以两个或者两个以上机关的名义作出的具体行政行为不服，申请复议的，这两个或者两个以上机关就成为被申请人。

五是作出具体行政行为的机关被撤销，继续行使其职权的行政机关成为被申请人。随着我国市场经济的发展，政府职能的转变，各级政府都面临着体制改革问题，政府各部门的撤销重组，个别的分立都时有发生。这种情况的发生带来了行政管理职能的变化，使一些行政机关由此丧失了主体资格，使其主体资格随着管理职能的转移而转移到其他行政机关。行政机关的主体资格变了，但是，行政机关作出的具体行政行为还客观存在，对于行政管理相对人来说仍然发生着法律效力，因此，行政管理相对人对这一具体行政行为不服，仍有申请行政复议的权利，这时该行政复议的被申请人就是继续行使其职权的行政机关。

三、行政复议程序

（一）行政复议程序的含义

行政复议制度能普遍运用于世界各国，乃因其适于解决行政争议的功能。行政复议制度自20世纪90年代开始推行，四级政府相应建立了行政复议机构以及人员配备。行政复议制度对于监督行政机关依法行使职权，保护行政相对人合法权益，发挥着重要作用。而行政复议制度的良性运行，离不开行政复议程序的规范操作。行政复议程序贯穿于从行政复议申请的受理到行政复议终结以及执行的全过程。由于地域文化背景、社会制度等的差别，对行政复议程序的叫法略有不同。在有些国度其被称作“行政裁判程序”，有些则名之曰“行政审查程序”，更有的甚至直呼其作“诉愿程序”。在我国，1949年10月1日后对其亦称谓不一。使用频率最高的是行政复议程序，而其曾被命名为“行政裁决程序”“行政裁定程序”“行政复查程序”“行政复审程序”“行政复核程序”等。如今，我国已基本统一了对此项程序的称谓，即行政复议程序。另一个有趣的现象是，在学界和司法实践中，对行政复议程序的涵义问题，也有过不同的观点，理解皆不甚统一。终于为我们准确理解和规范认识行政复议程序作出了法律上的指引的，乃是千禧年前夕公布施行的《行政复议法》。反观行政复议制度的实践路程，并对《行政复议法》的内容进行分析，我们可以赋予行政复议程序如下含义：行政复议制度运行过程中所需遵循的形式规范。

（二）行政复议程序的内容和特征

1. 行政复议程序的内容

某项制度的运行，必须仰赖其程序的规范，而程序又通常表现为一段过程，即从启动到完结的过程。某一程序之过程包括但不局限于其存有的步骤及方式，以及进入这些步骤和方式的期限、顺序。美利坚合众国著名综合派法学家博登海默认为，若试图于社会上推进法治，必仰仗一套规范的制度之存有及对其形式规范的遵循。

从总体上看，行政复议程序乃指公民、法人或者非法人组织申请行政复议，有关行政复议机关启动审查机制时的方式、步骤、顺序以及时限的概称。行政复议程序还可作以下划分：

以主体划分，其内容可分为申请人的申请程序和行政复议机关的运作程序。其中申请人的申请程序还可以细分为：申请复议程序、申请回避程序、申请听证程序以及申请一并审查规范性文件合法性程序等。而行政复议机关的运作程序则包括受理程序、审查程序、调解程序、听证程序、决定程序等。

以阶段划分，则可分为执行程序、终结程序、审查程序、受理程序以及申请程序。这也与行政复议的工作流程相对应，即从行政复议申请的受理，到通知或者允许参加行政复议，再到审查修改证据、依据，最后是行政复议程序的终结。

以审查方式划分，可分为书面审查程序和非书面审查程序。书面审查，即只对书面材料进行审查。一般是审查行政复议申请人提交的申请文书，有关主体资格证明材料以及相关合法权益归属的证据。非书面审查主要指在审查上述书面材料，行政复议人员仍然无法查清事实的时候，采取实地调查、现场勘验以及召开听证会等方式进行审查。

2. 行政复议程序的特征

第一，行政复议程序由法律规定。意即行政复议程序需经过严格的立法程序赋予其法律身份。这里的逻辑关系是，行政复议程序系属行政复议制度的分程序，而行政复议制度系属法律制度的分制度，故而行政复议程序系属法律程序的分程序。行政复议程序以法律赋予的身份出现，体现其已具备制度化、规则化以及效力强制化的特点。《行政复议法》及其实施条例，还有行政诉讼法对行政复议程序均作有明确的规定。一些国务院部门制定的行政复议程序规定，如国土资源部的《国土资源行政复议规定》，对行政复议程序亦作出相关规定，从广义上说，其亦属于行政复议程序规定的法源。

第二，行政复议程序规定具有多层级、分散的特点。由于国家在超过两类的法源中均有行政复议程序的规定，使各种不同层级的规范性文件均能看见行政复议程序的身影。例如，《行政复议法》有规定；《行政复议法实施条例》也有规定；国务院部门、地方政府的文件亦有规定，如国土资源部的《国土资源行政复议规定》、《内蒙古自治区行政复议案件办理程序规定》。正是由于行政复议程序具有分散、多层级的这一特点，使学界及实务界都同时对其应统一于法律基本规定提出了新的要求。

第三，行政复议程序只能依申请启动。它要求由公民、法人或者其他组织向有行政复议管辖权的机关提出申请。按照法律的规定，行政复议被申请人并没有申请行政复议的权利；行政复议机关也不能依职权启动行政复议程序。这一方面体现了行政复议制度在某种程度上的中立性，另一方面也使行政复议权明显地区别于传统意义上的执法权，如公安部的调查权、处罚权等。提出申请在先、启动程序在后，充分体现了行政复议程序的被动性。

第四，行政复议程序可与司法审查程序衔接。此两者虽然分属行政领域和司法领域，但亦具有相当程度之衔接。域外或我国台湾等地区有"穷尽行政救济"之要求，即只有走过所有行政救济之途径，方可向法院提起行政诉讼，行政复议程序被强制置于司法救济程序之前。但在我国大陆地区，除部分案件须作行政复议的前置处理或行政复议一议终局外，一般当事人可在行政复议程序终结后，就行政复议决定提起行政诉讼，也可自由选择两者之一。行政复议程序和行政诉讼程序不是非此即彼的关系，而是程序上的某种合理衔接。

第三节　我国行政复议基层实践现状

一、现行行政复议立法上的不足

第一，根据法律设立的行政复议组织的组成过于单一，缺乏合理性。根据现行《行政复议法》的规定，行政复议机构是各级行政复议机关的法制工作机构，从机构的设立体制、人员的编制到日常工作管理方式都是典型的行政机构运作模式。从实质上来看，行政复议机构的组成与行政机关内部的其他执法机构并无二致，与我国台湾地区"诉愿审议委员会"

的组成结构相比,我国行政复议组织的组成未免过于单一。我国的行政复议组织,从中央到地方,无不是行政复议机关的内部工作机构,处理行政争议始终脱离不了内部机构、内部工作人员的覆盖范围,其他阶层不能参与其中,行政复议没有值得公众信赖的广泛社会基础。

第二,复议机关对行政系统过于依附导致裁决缺乏独立性。如前面所述,按照《行政复议法》的规定,行政复议机构在当前现实条件下只能是复议机关中负责法制工作的一个内部行政机构,隶属于各级人民政府及其职能部门,无独立的行政主体地位,而且对行政复议案件作出最终决定要经过层层审批,行政复议机构负责人批准之后,还要报经行政复议机关负责人才能最后定夺。烦琐的程序给彼此有行政隶属关系或是上下级互相认识关系的部门之间提供了徇私舞弊的可乘之机,引发行政系统内部整体不能自律的问题。我国的行政复议最初设立时定位于行政机关内部自我纠正错误的制度,然而正因为这样的设计定位,使行政复议始终没有摆脱"自己做自己法官"的模式。在这一模式下行政复议机构作出的案件裁决,无法避免官官相护的嫌疑,而受到侵害请求救济的行政相对人也不会对复议机构产生信赖,致使行政复议之后上访事件时有发生,影响恶劣。

第三,法律在复议程序设计上规定过于简单导致实践应用缺乏适用性。法律对行政复议很多程序规定过于简单不能起到明确指导的作用。其一,一级复议程序剥夺了行政复议当事人向行政复议机关请求全面救济的权利。只要不是终局性行政复议,行政管理相对人不能提起行政诉讼外,其他类型案件行政管理相对人只能向法院提起行政诉讼以寻求司法救济。其实,行政复议制度本身作为行政机关的一种自我纠错机制,其存在价值就是为了实现一种"双赢"局面:行政机关自己发现错误并认真纠正,行政相对人的问题得到解决并获得救济。此外,行政争议案件一般涉及的问题都是行政机关执行本部门所管辖的业务,这些业务行政性、专业性较强,法院有时只能作为"门外汉"而对某些问题似懂非懂,并非能够以一种职业性看法处理现实争议。因此,既然前面已经提到设立专门的行政复议委员会,由专业的部门处理专业强的争议,那么一级复议程序就明显不适应复议主体所承担的工作,而且最重要的是,这样的规定严重剥夺了当事人向复议机关请求全面救济的权利,违背了立法中始终强调的“以人为本”的根本宗旨。其二,行政复议程序规定过于简单在处理案件时不具有实用性。行政复议制度在程序设计上有参考行政诉讼程序的规定,但是与行政诉讼程序相比,复议程序规定过于简单,有些内容模糊不清。行政复议以书面审查为原则,主要以被申请人提供的证据材料为审查对象,一般不会再去重复调查、重复取证。这样的审理方式方便、快捷,在民事诉讼程序上只能适用于一些事实清楚、权利义务关系明确、争议不大的简单的民事案件,但在复议程序中,并非所有案件都是简单纠纷。这样的审查方式没有办法确认提供的证据材料是否真实、是否可靠,没有办法避免官官相护的嫌疑,而且也严重地减少了行政当事人参与复议过程的机会,他们的知情权、申诉抗辩权被侵害。只有经过查证属实的证据,才能作为认定事实的依据来使用,除涉及国家机密、商业秘密、个人隐私外,证据应当在公开场合由当事人相互进行质证,未经质证的证据,是不具有证明效力的,光凭复议人员肉眼观察、主观判断,证据是否真实、合法、有效值得怀疑。虽然《行政复议法》也作出规定,即行政复议原则上采用书面审查的办法,但是,申请人提出要求或者是行政机关认为必要时,可以向有关组织和人员调查情况,听取申请人、被申请人和第三人的意见。但是,这样的规定抽象性太强,完全没有具体可操作性,申请人提出要求,复议机关可以采纳、也可以不采纳,复议机关可以向有关组织和个人调查情况,也可以选择不去调查,这样的规定赋予复议机关极大的自由裁量权。此外,《行政复议法实施条例》中也补充了听证规定,而实践中操作性不足、强制性不强,现实层面很少用到。通常的情况下,书面审查就已经令复议人员压力很大,哪里还有那么多的精力去实地勘察、检验,况且因为没有规范化的程序性规定,复议机关往往审理起具体案件来发现无章可循、无法可依,所以,最谨慎的做法只得是作出维持的复议决定了。

第四,法律对复议范围的不明确规定导致复议实践工作涉及内容缺乏清晰性。关于行政复议的范围,立法上对其作出了规定,但应用于现实实践中还是存有一定局限性。立法上规定,行政复议机构既可以审查具体行政行为,也可以对作为具体行政行为依据的抽象行政行为进行审查。具体行政行为所依据的行政规定主要是指:国务院各部门的规定,县级以上地方各级人民政府及其工作部门的规定和乡镇人民政府的规定,这些规定没有法律的层级高,但是,却被行政机关应用的最为广泛,对老百姓的日常生活影响的最为普遍,因此,对其进行监督审查就变得尤为必要,而法律上却没有赋予行政相对人对这些行政规定独立的复议申请权。单独对行政规定提起复议审查申请将会被明确拒绝受理,复议程序实质上并不包括单独审查抽象行政行为。

二、现行行政复议体制上的缺陷

现行体制下审查权限划分标准的局限影响了复议工作的灵活性。复议机关对作为被申请复议的具体行政行为的依据进行审查时按照行政级别的层层界限,分为了有权处理和无权处理。作出行政依据的行政机关比复议机关级别低时,行政复议机关有权直接审查,而当作出行政依据的行政机关比复议机关级别高时,行政复议机关则无权审查,只得将对抽象行政行为的审查职能逐级转送,这种划分标准的存在,无疑存在诸多局限性,既拖延了办理行政复议案件的宝贵时间,也影响了复议机构对抽象行政行为的审查和判断,最终令这一制度的创新设置没有发挥出预期的效果。《行政复议法》的立法原意是凡是给公民、法人和其他组织合法权益造成侵害的具体行政行为,都可以在行政复议中受到审查,所以,在一个兜底条款即“其他具体行政行为”。目前常见的侵权具体行政行为列举了行政处罚、强制措施、许可行为、确认行为、不依法履行保护义务的行为等,在排除事项上范围比过去的规定都有所缩小,仅限于行政机关的行政处分或其他人事处理决定和行政机关对民事纠纷作出的调解或其他处理两大方面内容。“其他具体行政行为”赋予了复议范围更广泛的适用空间,但是,这样的规定也在实践中令复议机关工作人员很难把握。例如,目前很多学者在学术论文中提及的有关行政机关作出的责任认定、鉴定结论等,是否属于其他具体行政行为范畴的疑问。

交通事故责任认定、医疗事故鉴定结论,这些由行政机关作出的意见结论关乎公民、法人和其他组织的切身利益,行政相对人应当有权对意见不服时提出行政复议申请,寻求司法途径之外的救济。但是,因为在法律条文中找不到明确的规定，行政复议机关的工作人员在面对这样的难题时会觉得问题相当棘手而又不知如何处理才算合适，法律对具体行政行为的范围进行的列举式和排除式规定看似灵活，却使复议人员在实际应用中遇到具体问题时犹疑不决，影响处理案件的效率。

现行体制下复议人员良莠不齐阻碍了其工作的高效性。我国的行政复议工作已经逐渐有了很大的改观，进入了一个新的发展阶段。按照法律的各项规定，地方各级政府、国务院各部门都要认真严格开展复议工作，切实保障行政复议制度的贯彻实施。多年的努力尽管成效明显，但是在实践中，诸多问题还是无法避免。一方面是复议机关消极执法现象屡见不鲜。近年来，复议机关不作为、针对违法行政行为小错误不处罚、大错误不重罚、想方设法蒙蔽行政管理相对人的案件并不少见，在土地权属争议案件上更为突出。因为根据《行政复议法》的规定，土地、矿藏、水流权属争议等涉及自然资源所有权或者使用权的案件限定为复议前置程序。在实践过程中，如果当事人对行政机关作出的关于土地权属争议决定有异议，依法向其上级机关申请复议，存在的情形可能是行政复议机关寻找各种借口，能不受理就不受理，或是与行政管理相对人进行所谓"协商"，讲明利害关系，让其因为有所畏惧而忍气吞声选择撤回申请。即使出现表面上受理了的情形，但是，由于土地确权牵涉当地政府重大利益，也是对存在的违法行政行为睁一只眼闭一只眼，能维持的就维持，该处罚却不处罚，该重罚的从轻发落，以求维护行政系统的既得利益。另一方面是复议机关并未严格按照法律、法规规定开展工作。一是未设立具体行政复议机构，案件受理无门。多数应当承担行政复议职责的各级行政机关通常都会在部门内部设立法制办公室等类似机构处理行政复议具体事宜，从而方便行政管理相对人就近、及时寻求救济。但是，仍有不少地方因为考虑到行政编制数额、财政经费紧张等情况，行政复议机构也是有名无实，当地的老百姓即使听说过行政复议这一制度，也打听不到负责机构设在哪里，因为很有可能这一部门根本没有存在过。还有的就是有些地方即使表面上设立了行政复议机构，也是形同虚设，部门里面并没有能够解决争议和纠纷的具体复议人员。二是未配备专业行政复议工作人员，案件受理无人。法律在明确规定行政复议机关的法制工作机构具体办理行政复议事项的同时,也要求行政复议机构应当合理配置行政复议工作人员,处理案件要靠人才能审查行政纠纷,必要时与当事人沟通,所以,复议人员是复议实践过程中的核心。但是现在很多行政机关对复议事项并没有加大重视,复议的机构中人员少、素质低下现象普遍存在。复议机构内只安排几名工作人员,甚至是不配备,复议机构徒有虚名。在仅考虑配备人员少的情况下,随着行政复议广泛被众人知晓,越来越多的人选择不收任何费用又省时省力的行政复议途径解决行政争议,相伴随的就是行政复议案件的逐步增多。比如近些年来一些设区的市政府和省级的政府的受案数量增幅最为明显,最高的一年可能达到五六百件,最少的也会有三四十件,这种情形下复议机构三五个人的力量就会明显不足,工作人员也会感到巨大压力。由此导致的复议人员要么婉拒受理、要么拖延压案、要么草草了事也就不足为奇了。另外,行政复议制度尚处于发展阶段,国内还没有积累太多经验,在法律上也没有明确复议人员的任职资格。实践中行政复议机构的工作人员多半没有受过相关专业的培训,更别提具有其他专业性、技术性人才。行政复议机关受理申请、调查取证并做出复议决定,如果没有与其职责相应的专业知识和工作经验,就无法应对当前社会分工越来越细、行政纠纷越来越复杂的局面。衡量行政救济手段的好坏,不光看其是否公正,还要看它的效率高低。正所谓迟来的正义非正义,即使行政复议期限不得超过法律规定,但由于复议期间具体行政行为一般不停止执行,复议裁决作出的不及时也会影响复议申请人的合法权益。

三、现行行政复议监督机制上的缺陷

法律监督体系庞大,目前存在的行政复议监督形式主要包括:(1)行政复议程序内的监督;(2)行政复议程序外的行政监督;(3)司法监督;(4)社会监督。行政复议制度的建设离不开紧密联系在一起的各种监督形式,只有这样才会促使行政复议机关切实履行宪法和法律赋予的职责。但在当下,监督这一环节并没有体现出其真正的作用,反而出现诸多弊端。复议制度最初创立时为了达到一种新的效果,对审理、案件管辖等带有司法性质的用语避而不用,转而采用一些带有浓厚行政色彩的

字段来表述复议制度的多个环节，可见当初在构建行政复议这一新的制度形式时是设想要把复议制度与司法制度作严格区分。但是，总归来说在复议程序中，一件复议案件不论是受理还是审查都是一个分析作出决断的过程，与司法程序中的案件审查其实具有诸多相似之处甚至是相同之处。在行政诉讼过程中，可以有一审二审程序，当事人可以进行申诉，法院对于已经发生法律效力的裁判可以提起再审监督，这样的规定既是为了弥补诉讼制度形式中可能出现的不足，同时也是为了更好地保护当事人的正当权益。而行政复议却没有相关方面的规定，案件审查过程中，复议人员靠个人主观意志判断是非对错，加之复议人员的法律素质良莠不齐，这就令人不得不怀疑复议决定的作出是否达到了十足的可靠与公正。正是由于缺乏法律对这些方面内容的监督，无论是行政复议程序内的监督还是行政复议程序外的行政监督等形式都无法发挥作用，导致本应让行政复议机关积极主动采取措施完善复议程序的方式，却因为立法空白而造成复议结果与行政复议法最本质的立法宗旨相悖。

《行政复议法》中第 13 条第 2 款关于根据国务院或者省、自治区、直辖市人民政府对行政区划的勘定、调整或者征用土地的决定，省、自治区、直辖市人民政府确认土地、矿藏、水流、森林、山岭、草原、荒地、滩涂、海域等自然资源的所有权或使用权的行政复议决定为最终裁决的规定，意味着复议机构一旦作出复议决定，复议当事人将别无选择地履行复议决定，并丧失以诉讼方式请求救济的途径。而一旦这种决定实质上是确有错误或是有所遗漏，由于缺乏监督，复议机构也无须承担风险与责任，这种做法严重不利于保护复议当事人的合法权益，甚至是伤害弱势群体的一种违法行为。当然，根据现实条件和法制环境不可能否定全部终局裁决，规定必要的终局裁决是合理合法且是符合实际需要的，但终局裁决不宜规定过多，以防损害程序的公正。行政复议机关负责法制工作的机构具体办理行政复议事项，对行政机关违反《行政复议法》规定的行为依照规定的权限和程序提出处理建议。行政机关作为被申请人不履行或者无正当理由拖延履行行政复议决定的，直接负责的主管人员和其他直接责任人员将会受到相应的行政处分。尽管法律作出了规定，但并不明确，现实中行政复议机构提出处理建议经常流于形式，导致行政复议决定作出容易执行困难的情况屡见不鲜。

此外,《国家赔偿法》明确规定了经行政复议的案件,最初造成侵权行为的行政机关为赔偿义务机关,但复议决定加重损害的,复议机关为加重的部分履行赔偿义务。在这一规定下一些复议机关为了避免惹上麻烦,经常对于进入行政复议程序的案件尽可能做出维持决定,甚至明知行政行为违法也要维持,从而不用承担任何的赔偿义务。行政相对人本以为可以获得行政救济,却最终没有解决任何问题,长期下去行政复议将失去自我监督制度的权威性。而根据《行政复议法》的有关规定,行政复议机关不履行行政复议职责,在复议过程中存在违法、失职情形时,相关复议人员将承担一定的行政责任,但是,这种问责机制局限于一种内部责任,落实到实践中多数都变成一纸空文。

第二章　行政许可复议实践

第一节　行政许可概述

一、行政许可的概念与特征

（一）行政许可的概念

给行政许可下定义是一个比较复杂的问题，有的学者从行政行为的角度来界定行政许可，认为行政许可是行政机关根据相对人的申请，依法准予其从事某种活动，或者赋予其某种权利或资格能力的行为。有学者认为，行政许可是行政机关根据行政相对方的申请经审查并通过许可证、执照等方式，依法赋予相对方从事某种活动的法律资格或实施某种行为的法律权利的行政行为；也有的学者从行政许可相对人的权益的角度来阐明行政许可，认为行政许可是行政机关根据相对人的申请，做出回复相对人行使某种权利，对其解除法律禁止的行政行为。有的学者则强调了行政许可行为的权力属性，提出行政许可是行政权的一种表现形式；也有学者从制度的角度界定行政许可，认为行政许可是指"行政主体针对行政相对方的申请，依法决定是否赋予行政相对方从事某种活动或实施某种行为的权利和资格的一种法律制度，包括准许和不准许两种具体的行政行为"。

事实上，行政许可既是一种法律制度，又是一种行政行为。它是"由法律、法规设定一般性禁止的制度，由行政机关依据公民、法人或者其他组织的申请，准予其从事法律、法规作一般性禁止的事项或活动的行政行为，是行政机关依法对公民、法人或者其他组织的行为进行法律控制的行政法律手段。行政许可作为一种法律制度，旨在对行政管理相对人的行为进行法律控制”,而不仅限于是否准予相对人的申请。正因如此,有的学者认为,行政许可是指行政主体针对行政相对方的申请,依法决定是否赋予行政相对方从事某种活动或者实施某种行为的权利和资格的一种法律制度,包括准予或者不予准予两种具体的行为方式。作为一种制度,行政许可属于经济学、社会学、政治学和法学等众多学科共同研究的对象。

行政法和行政法学更多地关注作为行政行为的行政许可,以规范行政许可的设定与实施。而规范行政许可行为的一系列规范,又构成了行政许可法律制度。现行《行政许可法》第2条规定:“本法所称行政许可,是指行政机关根据公民、法人或者其他组织的申请,经依法审查,准予其从事特定活动的行为。”

(二)行政许可的特征

1. 行政主体具有特定性

行政许可的行为主体是行政主体,而不是处于行政相对人地位的公民、法人和其他组织。只有基于行政管辖职权,行使对行政相对人申请的审核与批准权的行政机关或法律、法规授权的组织,才是行政许可的主体。一般的社会团体、自治协会向其成员颁发资格证书及许可性文件的行为不是行政许可行为。公民、法人或其他组织允许对方从事某种活动的行为也不能称之为行政许可。

2. 行政许可具有被动性

相对方提出的申请是引起行政主体实施行政许可行为的起点,行政相对人提出申请是行政许可的前提条件,没有相对方的申请,行政主体不能主动予以许可。例如,海洋局发放废弃物倾倒许可证、文化行政管理部门发放文物出口凭证等行为,都是以有关相对人的申请为前提的。行政相对人对须许可事项提出申请,是其从事某种法律行为之前必须履行的法定义务。

3. 行政许可具有行政管理性

行政行为的管理性主要是通过行政主体实施行政行为的单方性来表现的,即行政主体依法自行决定行政管理的内容,而不须经相对方的同意。尽管行政许可是在行政相对人申请之后而作为,但作为的内容是行政主体依法审查后单方做出的准许或不予准许的决定,相对人的申请并不意味着必定得到行政主体的许可,行政主体的行政决定也不必与相对方协同后作出。

4. 行政许可具有准予性

许可是对一般禁止的解除。“一般禁止”是指不经过个别批准、认可或资质确认便不能从事的活动,是和“绝对禁止”相对应的概念。行政许可领域的“一般禁止”,大多是基于行政管理、公共利益以及社会秩序维护或财政上的理由而暂且设定的禁止。换言之,行政许可的内容是国家一般禁止的活动,为适应社会生活和生产的需要,对符合一定条件者解除禁止,允许其从事某项特定活动,享有特定权利和资格,如制作、运输、销售爆破物品是国家一般禁止的行为,但是,国家为了国防安全、社会治安和社会建设的需要,对符合特定条件的组织或个人准予其实施这类特定行为。

5. 行政许可具有外部行政性

行政许可是一种管理性行为,同时,我国的行政许可亦是一种外部行政行为。我国《行政许可法》第 3 条第 2 款规定:“有关行政机关对其他机关或者对其直接管理的事业单位的人事、财务、外事等事项的审批,不适用本法。”根据此款规定,行政许可是行政机关针对行政相对人的管理行为,是管理经济和社会事务的外部行为。至于行政机关对其他机关(包括党的机关、国家其他机关、人民团体等),或者对机关直接管理的事业单位(如文化行政部门直接管理的文艺团体、卫生行政部门直接管理的医疗单位等)的人事、财务、外事等事项的审批,都属于该机关的内部管理行为,不属于行政许可的行为。

6. 行政许可具有要式性

行政许可包括行政主体对许可事项的设定和对行政许可的实施。由于行政许可的设定关系到维护公共利益和社会秩序,促进经济、社会和生态环境协调发展,行政许可的实施是对相对人解除某些法律禁止的事项,允许他们具有其他个人或组织所不具有的从事特定活动的资格与权利。因此,行政许可必须要有特定的形式,便于一般社会主体了解掌握国家设定许可事项的范围,按法律、法规和规章的要求办理许可事项的申请,并不断提出对行政许可设定及实施的新的合理建议。同时,也便于行政主体和社会对获得许可的相对方与未获得许可的其他个人、组织相区别,便于行政主体对相对方准予的行政许可行为进行监督检查。我国《行政许可法》第 38 条明确规定,行政许可实施机关对申请人的申请均应依法做出准予或不予准许行政许可的书面决定。在行政实践中,行政许可实施机关通常是采用颁发许可证、执照等形式作为准予许可的证明。

二、行政许可制度的历史发展

(一)西方国家许可制度的历史溯源

“许可”一词最早源于民法的规定。许可即准许、允许,指一方允许另一方从事某种活动,非经允许而为之,即属违法行为。“许可”一词被非常广泛地运用在不同的部门法中,但含义却不尽相同。在民法上,许可通常指土地所有人允许他人通过或使用其土地的行为;在知识产权法中,许可是指专利权、商标权和著作权所有人允许他人使用其专利、商标和著作权的行为,非经所有人的允许而使用其专利、商标和著作权的,即构成侵权,须对所有人承担相应的民事责任,并有可能承担相应的刑事责任。在上述意义中,许可是平等民事主体之间关于特定民事权利的有条件使用行为,是以不得随意剥夺民事主体权利为前提的私权利行为,同时也是充分发挥民事主体权利效能的最佳途径。当民法中的许可行为被运用于公权力行为后,许可行为演变为一种国家管理社会经济事务的有效公权力手段,即行政许可。

与现代意义上的行政许可含义相近的许可,具有较为悠久的历史。在西方,较早在法典中正式规定许可制度的是《阿里亚诺法令》,这是南意大利的诺曼王国的国王罗杰二世于 1140 年颁布实施的西方历史上的第一部王室法典。《阿里亚诺法令》第 36 条规定,医生无国王签发的执照不得行医。这一法律规定表明,当时的诺曼王国在事实上采用了对医生的考试制度,这是欧洲关于此种制度的第一例证。现在西方国家将我国的行政许可制度称为许可证明制度,即有关许可证的申请、审查、颁发、使用、效力、撤销和废止方面的法律制度。在 19 世纪以前,由于社会及经济发展程度不高,政府在扮演一个“守夜人”的角色,人们普遍认为“管的越少的政府越是好政府”,所以,政府的行为内容相当有限。进入19世纪中期,垄断开始形成,出现了许多靠社会主体的个人能力不能解决的公共问题,政府有限的职能已经不能适应社会发展的需要,行政权力的扩张成为社会的客观要求,许可制度作为一种事前调整的主要形式,也获得了更加广泛的运用。

(二)我国行政许可的历史脉络

行政许可制度在中国也有悠久的历史。早在先秦时期就有“春三月,山林不登斧,以成草木之长,夏三月,川泽不入网,以成鱼鳖之长”的规定,这一条被认为是大禹时期所发布的禁令,是见之最早的官方干预经济的规定。商贷已出现了专门从事手工业的氏族,并且有了专职的手工业的官吏,被称之为“尹工”或“司工”。到西周时,官府对手工业及商业的垄断逐渐完备,官府通过对商业市场的管制来制约民间手工业的发展,从而出现了如“宗庙之器,不粥于市”,“用器不中度,不粥于市”等规定,体现了官府对一定物品(主要是宗庙祭祀用品)的管制和对不合格产品交易的禁止,并对违反者依法给予制裁。这种制度得到了以后各个朝代的沿用。

民国时期的南京政府也制定过大量的变卖法,对不同的商品实行专卖政策。如1938年的《非常时期农矿工商管理条例》就规定对棉、丝、钢铁、粮食、植物油等47种物品及经营这些物品的农矿工商业进行管理。

新中国成立初期,国家面临着巩固胜利和重建经济的严峻形势,确立了“行政主导型”的经济发展战略,并建立和实施了与之相应的行政许可制度。如在1951年中央人民政府制定的《无线电器材管理暂行规定》《城市旅栈管理规则》《印铸字业暂行管理规则》等法令规定,凡从事上述行业经营的,都必须持有公安机关颁发的特种行业营业许可证。

进入20世纪80年代以后,改革使政府职能逐步由直接管理为主向间接管理为主转变,许可成为一种运用广泛的宏观调控手段。但是,行政许可制度是一把“双刃剑”,其功能既有积极的一面,也有消极的一面。由于没有统一的行政许可法,我国的行政许可制度也在运行中出现许多问题。如行政许可设定权不明确、许可的范围不清、事项过度、许可实施主体混乱、许可条件不具体、标准不统一、许可程序不完备、行政机关滥收许可费、对各种许可监督不力等，存在的弊端带来了行政腐败，也给公共利益和个人合法权益带来了损害。因此，2003 年 8 月 27 日，第十届全国人民代表大会常务委员会第四次会议通过并颁布了《行政许可法》，于 2004 年 7 月 1 日开始实施。该法的颁行与实施标志着我国行政许可制度进入了一个依法行政的新时期。

（三）我国现行行政许可的法律制度

1. 专门行政许可制度的设定

现行的中国行政许可体制主要是由《行政许可法》进行规范的，该体制的制定和运行可简述如下：

国家层面，全国人大及其常委会、国务院有权通过法律和法规来设立适用于全国范围的行政许可制度。从 2004 年《行政许可法》开始施行起，中央部委无权制定设立行政许可的规章。地方层面，只有省级人大及其常委会有权制定地方条例来设定行政许可以管理地方事务。尚未制定法律、行政法规和地方性法规的，因行政管理的需要，确需立即实施行政许可的，省级政府可以设定一年的临时性的行政许可。

涉及国家安全、公共安全、经济宏观调控、生态环境保护以及关系人身健康、生命财产安全等特定活动，可以设定行政许可，如有限自然资源开发利用，提供公用事业和专业的职业服务。个人、法人或其他组织能够自主决定的，行业组织或者中介机构能够自律管理的，行政机关采用事后监督等其他行政管理方法能够解决的，可以不设定行政许可。地方性法规和省、自治区、直辖市人民政府规章，不得设定应当由国家统一确定的公民、法人或者其他组织的资格、资质的行政许可。

2. 专门行政许可制度的实施

在中国现行行政许可制度下，中央和地方都有授予许可的权利，但是极少由自律组织负责授予许可的。中央政府是指国务院各部委、直属机构。类似的，地方政府是指其组成部门和其他行政机构。省级、县级的地方政府也有权授予许可。申请人申请许可之前，必须了解哪一机构有权授予许可。

一般而言，全国性的国家安全等国家重要利益直接相关的许可，由中央政府颁发。例如,核电站的建立许可由国家核安全局颁发。有学者认为,级别高的政府授予的许可,比级别低的政府授予的许可涉及的公共利益更重要、更广泛,当然,为了获得更高级别政府的许可,往往也需要花费更长的申请时间,以及更多的费用,如差旅费。相比之下,层次较低的政府授予的许可通常涉及更多的申请人和更高的申请频率,而许可授予机关只需要较少的专业知识和技能即可确定申请人是否符合条件。此外,这些许可也与公民的日常生活联系的更为紧密。例如,捕杀国家一级保护动物,申请人必须直接向国务院野生动物行政主管部门申请特别许可,如果是国家二级保护动物,则只需向省级政府的野生动物行政主管部门申请,而其他野生动物可以由县级政府授予许可。

未经公布的许可标准和程序,不得作为实施行政许可的依据。设定和实施行政许可,应当依照法定的权限、范围、条件和程序。许可授权机构也负责对被许可人的行为进行监督,并且有权在某些情形下吊销或撤回许可(如因贿赂而获得的许可)。行政许可的实施和结果,除涉及国家秘密、商业秘密或者个人隐私的外,应当公开。

任何申请人或被许可人,不服驳回申请、吊销或撤销许可的决定的,或认为其权利受到侵害的,可以申请行政复议或司法审查。在行政复议程序中,可以申请许可授予机构的上级行政机关对许可进行重新审查。在这一程序之下,复议机构有权进行合法性和合理性审查。相比之下,法院负责的司法审查,只能进行合法性审查,而不能进行合理性审查。

一般而言,随着官方逐渐接受并且更多地使用市场机制,中国的行政许可体制也逐步演变。现行的许可制度改革表明,在某种程度上,中国政府与西方国家有所不同,但中国的行政许可体制已经确立了一系列制度来规范许可的使用,以及对许可标准和程序的执行。

三、行政许可的分类

(一)行政许可的学理分类

1. 对人的许可、对物的许可、混合许可

以许可的对象作为标准可以将行政许可划分为对人的许可、对物的许可、混合许可。对人的许可主要是依据人的能力、知识等主观因素来确定许可的方式和内容,如对医师执业的许可、律师执业的许可。对物的许可主要是以物件的内容、状态等客观要素为对象而进行的许可,如建筑许可等。混合许可则包含人和物的二重因素,如枪支管理许可、火药制造许可等。在混合许可中,物的许可是同人的因素来起作用的,两者具有不可分的联系。

2. 一般许可和特殊许可

以许可的范围为标准可以将行政许可划分为一般许可和特殊许可。一般许可对申请人本人没有特殊的限制,申请人按照许可程序向有关机关提出申请即可。在全世界各国的许可证制度中,大部分许可属于一般许可,如营业许可、驾驶许可等。特殊许可对申请人提出了特殊要求,它是指除符合法律上规定的一般条件外,对申请人的条件进行特殊限制的许可,这种许可又称特许。如我国《枪支管理法》对持枪许可的规定,只有符合特定法律规定的特别人员方可以获得持枪许可;又如《烟草专卖法》规定烟草收购、生产和销售由烟草公司统一管理等,均属于特殊许可。

3. 可放弃的许可和不可放弃的许可

以许可的效力为标准可以将行政许可划分为可放弃的许可与不可放弃的许可。可放弃的许可是指在领取许可证后,当事人根据需要,可以放弃因许可带来的权利并不因此承担法律责任,如狩猎许可、资源开采使用许可等;不可放弃的许可是指该许可有严格的时间或内容的限制,当事人如不按照许可证规定的期限或内容行使权利,发证机关有权收回许可,当事人即失去相应的权利,如我国《土地管理法》规定,未经原批准机关同意,连续两年未使用土地的,或未经批准项目使用土地的,土地管理部门可报县级以上人民政府批准,收回用地单位的土地使用权。

4. 排他性许可和非排他性许可

以许可享有的程度为标准可以将行政许可划分为排他性许可和非排他性许可。排他性许可也称独占许可,是指申请人获得该许可后,其他任何人都不能再申请或者获得该许可,如专利许可、商标许可等,它只能为某一相对人独占。

5. 不附条件的许可和附条件的许可

以许可是否附条件作为标准可以将行政许可划分为不附条件的许可和附条件的许可。不附条件的许可是指在取得许可证时，许可证已把有关许可的内容都规定在许可证之中，无须另加条件。如卫生许可证、驾驶证等，有关许可的范围、事项等内容明确，不再附加说明。附条件的许可是指许可证的申请、审批或使用时，需要附相应的文件作补充说明，否则，许可证无法使用。如商标许可、专利许可等许可证书，应当附有商标、专利的设计图样、照片或说明书等；建筑许可证应当附有建筑设计图及其他说明。

6. 行政许可和资格许可

以许可内容的性质为标准所作的划分，行政许可可以分为行政许可和资格许可。行政许可是指行政主体允许符合条件的申请人从事某种活动的许可。这类许可的内容具有行为性质，即在内容上仅限于被许可人进行某种行为活动，不包含资格权能的特别证明内容。对被许可人不进行资格能力方面的考核，如开业、经营许可等。资格许可是指行政主体对申请人的申请，经过一定的考核程序后，核发一定的证明证书，允许其享有资格或具有某种能力的许可。这种许可一般也同时包含了对被许可人相当行为的许可，如驾驶证、会计、律师执业许可。

7. 长期许可与附期限许可

以行政许可有效期长短为标准可以将行政许可划分为长期许可与附期限许可。长期许可是指被许可人取得许可后，只要本人不放弃或不因法定事由终止，将能长期持续有效的许可。如生产某种产品的许可、经营某类业务的许可等，一般长期有效。

附期限许可，是指许可只在一定时间内具有效力，逾期便失效。

（二）《行政许可法》确立的行政许可类别

我国的《行政许可法》对行政许可类别的确认是根据行政许可的性质、功能和使用条件为划分标准，规定有下列几类许可：

1. 普通许可

普通许可是指行政机关准予符合法定条件的公民、法人或其他组织从事特定活动的行为。这类许可主要适用于下列事项：直接关系国家安全、公共安全的活动；基于高度社会信用的行业的市场准入和法定经营活动；利用财政资金或者由政府担保的外国政府、国际组织贷款的投资项目和涉及产业布局、需要实施宏观调控的投资项目；直接关系人身健康、生命财产安全的产品、物品的生产、销售等活动。这类许可的主要特征有三个：

第一，是对相对人行使法定权利或者从事法律没有禁止但附有条件的活动的准许。

第二，这类许可一般没有数量控制，只要符合条件即可。

第三，行政许可机关必须按法定条件作出许可与否的决定，而无自由裁量的空间。

2. 特许

特许是指行政机关代表国家依法向相对人转让某种特定权利的行为。特许的主要功能是分配有限又缺乏的资源。这类许可的主要特征有：

第一，相对人必须支付一定费用后取得特许权，该特许权取得后可以转让、继承；

第二，特许一般有数量控制；

第三，行政许可机关在实施特许时有自由裁量权。这类许可主要适用于下列事项：有限自然资源的开发利用；有限公共资源的配置；直接关系公共利益的垄断性企业的市场准入等。

3. 认可

认可是指行政机关对申请人是否具备特定技能的认定，主要适用于提供公众服务并直接关系公共利益的职业、行业需要确实具备特殊信誉、特殊条件或特殊技能等资格、资质的事项。其特征有四：

第一，一般要根据专门的考试结果决定认可与否；

第二，此类认可与被认可人身份密切联系，不可转让、继承；

第三，没有数量限制；

第四，行政机关实施认可行为时必须依据法定条件，无自由裁量权。

4. 核准

核准是指行政机关对某些事项（如消防验收等）是否达到特定技术

标准、经济技术规范的判断、确定。此类许可的特征是：

第一，许可的依据是技术性、专业性的标准；

第二，要根据实地验收、检测决定；

第三，没有数量限制；

第四，行政机关实施许可时无自由裁量权。

此类许可主要是用于：直接关系公共安全、人身健康、生命财产安全的重要设备、设施的设计、建造和安装使用；直接关系人身健康、生命财产安全的特定产品、物品的检验、检疫。

5. 登记

登记是指行政机关确立相对人的特定主体资格的行为。登记主要适用于确立个人、企业或其他组织特定主体资格、特定身份的事项，通过登记，使相对人具有某种能力的信息或信誉被社会知晓。这类许可的特征是：

第一，从事涉及公众关系的经济、社会活动须有经登记后取得的主体资格或特定身份；

第二，没有数量限制，只要经过合法的登记，取得特定的主体资格或特定身份即可进行活动；

第三，对申请登记的标准一般是进行形式审查；

第四，行政机关实施登记没有自由裁量权。

四、行政许可的原则

行政许可的设定和实施与社会的经济、生态、环境、安全秩序密切相关，关系到社会的公共利益与公共秩序，也关系到行政相对人从事某些特定活动的资格与权利问题，因此，行政许可无论在设定和事实上都须遵循一定的原则，以保证实现社会公益与保障相对人合法权益的平衡。根据我国《行政许可法》的规定，行政许可的原则包括合法原则、公开原则、公平原则、公正原则、便民原则、救济原则、信赖保护原则、监督原则等。

行政许可的合法原则是指行政主体设定和实施行政许可，应依照法定的权限、范围、条件和程序进行。例如，在权限上，除法律、法规、国务院决定以及省级地方政府规章可以根据法定条件设定行政许可外，其他规范性文件一律不得设定行政许可。又如，无行政许可实施权的机关、单位，不得实施行政许可，有法定实施权的行政机关亦必须在法定权限内施行，不得越权、失职、滥用职权。

公开原则是对公众知情权、参与权、监督权的保护，是对合法性原则的补充。例如，在实施许可时，当行政机关发现受审查的行政许可申请会关系他人利益的，应告知该利害关系人，听取申请人、利害关系人的陈述与申辩。

便民原则要求行政许可机关提高办事效率，提供优质服务，推行电子政务、完善相关制度，使申请人迅速、便捷地提出申请并获得许可决定。便民原则应当体现在行政许可的全过程，行政许可权的相对集中行使就体现了便民原则。

救济原则是指公民法人或者其他组织认为行政机关实施行政许可致其合法权益受到损害时，有权请求国家予以补救的原则。这种救济既可以是行政复议也可以是行政诉讼。

信赖保护原则是指行政管理相对人基于行政主体生效行政行为的信赖而展开的具体行为，应受国家保护，行政主体不得擅自改变已经生效的行政行为，确实需要改变的，应补偿相对人的损失。

监督原则是指行政主体应当依法对行政机关实施的行政许可和被许可人从事行政许可事项的活动进行监督。前者如行政许可设定时是否遵循经济和社会发展规律，是否有利于公民、法人及其他组织的积极性主动性的发挥等。后者如依法取得的行政许可，除法律、法规规定依照法定条件和程序可以转让外，被许可人不得转让，否则承担相应的责任等。

第二节　行政许可争议的主要类型

行政许可是一项重要的权利，也是一项重要的行政行为，“涉及政府与市场，政府与社会，行政权力与公民、法人或者其他组织的权利的关系，涉及行政权力的配置及运作等诸多问题”。同时它又是行政机关在日常行政管理活动中经常运用的一种手段，无论是公安、交通管理，还是卫生、教育管理领域，或是建设、规划管理领域还是资源环境管理领域，都运用了大量的许可、审批、核准、特许等行政许可。我国虽然以《行政许可法》为核心的各类法律规范对行政许可加以规范，但是，其规定仍然比较原则。行政许可主体众多，执法依据和层次种类众多，行政许可执法的程序弹性较大，加之社会生活瞬息万变，因此，公民、法人和其他组织与行政机关之间产生行政许可争议的概率也就较大。

行政许可争议是行政争议的一种。所谓行政许可争议是指行政主体（有行政许可权的主体）在实施行政许可过程中与行政相对人发生的，可以依据行政许可相关法律规范解决的争议。依照行政许可争议的主要事由，可以将行政许可争议分为行政许可主体资格争议、行政许可事项争议、行政许可收费争议、行政许可程序争议、行政许可监督检查争议、行政许可适用依据争议等六种主要的行政许可争议。

一、行政许可主体资格争议

在理解何为行政主体资格争议前，应当对行政许可主体的概念及其主要的种类，资格条件有明确的认识。行政许可主体，即实施行政许可的机关或组织，是指基于相对人的申请，对相对人的申请进行审查从而决定是否准许或者认可相对人所申请的活动或资格的行政机关和法律法规授权的组织。它是行政主体概念在行政许可活动领域中的具体表现形式。我国实施行政许可的主体，根据《行政许可法》的有关规定，包括三类：行政机关、法律法规授权的组织和行政机关委托的组织。

（一）行政机关

行政机关可以成为行政许可实施主体，而且也是行政许可实施主体的一种类型。但是，并不是所有的行政机关都可以成为行政许可的主体。行政机关要成为行政许可主体，还必须同时具备法律规定的一些其他必要条件。这些条件主要包括：（1）必须是履行外部行政管理职能的行政机关。（2）必须有法律明确授予其一定的行政许可权。（3）法律授予的行政许可职权应当小于或者等于其外部行政管理职权及范围。现阶段，我国具有行政许可主体资格和法律地位的行政机关主要有：国务院、国务院各部委、国务院直属机构、国务院部委归口管理的国家局、县级以上地方各级人民政府及其所属部门、地方人民政府的派出机关等。具体各个行政机关是否拥有行政许可权,以及拥有怎样的许可权限,还要根据不同的法律法规的具体规定来认定。

(二)法律、法规授权的组织

法律、法规可以授权具有管理公共事务职能的组织,在法定授权范围内,以自己的名义实施行政许可。被授权组织应当具有"公共事务职能"。除此之外,其他从事经济、社会活动的组织,尤其是从事营利性活动的组织,不能经由法律法规授权,成为行政许可的实施主体。目前,在我国行政许可制度中最常见的被授权组织主要是行政机构。此外还有,还有一些专业技术组织,可以根据法律法规的授权,对直接关系公共安全、人身健康、生命财产安全的设备、设施、产品、物品进行检验、检测、检疫。专业技术组织及其有关人员对所实施的检验、检测、检疫结论承担法律责任。

(三)行政机关委托的组织

行政机关在其法定职权范围内,依照法律、法规、规章的规定,可以委托其他行政机关实施行政许可。一般来说,行政机关委托的组织,其主体性质应为非行政机关,以及其他非国家机关,但是,我国《行政许可法》中的行政许可委托却将被委托主体限定在行政机关,形成一种行政机关的内部委托关系。这种行政机关之间的委托,与行政机关与其他组织之间的一般委托在形式和内容上都有较大的差别。要成立一项合法有效的行政许可委托,必须具备如下的基本条件:第一,必须依法委托;第二,委托必须必要;第三,委托事项必须属于委托行政机关职权范围内的事项;第四,委托的事项范围必须明确并应受到限制;第五,委托应以书面形式进行;第六,受委托的主体不得再委托其他组织和个人实施行政许可。同时,受委托行政机关在委托范围内,以委托行政机关的名义实施行政许可。委托行政机关对受委托行政机关实施行政许可的行为负责监督,并对该行为的结果承担法律责任。

(四)行政许可主体资格争议

行政许可主体资格争议通常指行政相对人就某一行政主体具有或

不具有行政许可主体资格而与该行政主体产生的行政争议。这种行政许可争议的主要情况有三个方面：第一，行政主体不具有行政许可主体资格而违法实施行政许可；第二，行政主体有行政许可主体资格但超出其法定职权范围实施行政许可；第三，行政主体实际有资格但拒绝颁发许可。

2007年10月，沈某、张某等人相继退休后，协商组织一批退休医生举办一个个体医院，按照《医疗管理机构管理条例》第10条、第16条的有关规定，向某区卫生局提交了相关材料，但是卫生局就是不予答复。为此沈某等人向市卫生局提起了复议申请。市卫生局审理后认为，某区卫生局应当按照规定30日内向复议申请人发放行医开业许可证。在此案中，沈某、张某认为区卫生局有发放行医开业许可证的资格，而区卫生局则拒不颁发许可证，双方之间对于区卫生局是否有行政许可资格存在争议。

二、行政许可事项争议

在论述行政许可事项争议前，有必要对行政许可事项的范围，以及行政许可设定的权限作详细的阐述，因为多数行政事项争议均与此密切相关。

（一）行政许可的事项

关于行政许可的事项，哪些可以设定，哪些不可以设定，我国的《行政许可法》已作了明确的规定。

1. 可以设定行政许可的事项

（1）直接涉及国家安全、公共安全、经济宏观调控、生态环境保护以及直接关系人身健康、生命财产安全等特定活动，需要按照法定条件予以批准的事项。这类行为被称为普通许可。

（2）有限自然资源开发利用、公共资源配置以及直接关系公共利益的特定行业的市场准入等，需要赋予特定权利的事项。这类许可一般被称为特许。

（3）提供公众服务并且直接关系公共利益的职业、行业，需要确定具备特殊信誉、特殊条件或者特殊技能等资格、资质的事项。这类行为一般被称为认可。

(4)直接关系公共安全、人身健康、生命财产安全的重要设备、设施、产品、物品,需要按照技术标准、技术规范,通过检验、检测、检疫等方式进行审定的事项。这类许可一般被称为核准。

(5)企业或者其他组织的设立等,需要确定主体资格的事项。这类许可即所谓的登记。

(6)法律、行政法规规定可以设定行政许可的其他事项。除了上述五类可以设定许可的事项以外,全国人大及其常务委员会的法律和国务院的行政法规还可通过单一性的法律、法规来设定新的可设定许可的事项。

2. 可以不设定行政许可的事项

(1)公民、法人或者其他组织能够自主决定的。也就是说,如果某种事项由当事人自己来决定、处理,不实行许可一般也不会妨害国家安全、公共安全和他人权利的,那么对该事项不必设定许可,如对于保姆资格就是一例。

(2)市场竞争机制能够有效调节的。也就是说,如果某种事项能够通过市场竞争机制有效调解的,无须通过政府干预来解决,也可不设定许可,例如对于服务业的价格。

(3)行业组织或者中介机构能够自律管理的。行业组织和中介机构是连接市场主体与政府的桥梁,他们具有自律、高效等特点。随着市场经济的成熟,这类机构越来越能担当起一定的社会管理职能。所以,诸如资质评定等,能够由行业组织或者中介机构自律解决的,也可不设定行政许可。

(4)行政机关采用事后监督等其他行政管理方式能够解决的。如果某些事项不以事先许可,事后发现违法追究其责任即可解决问题的,也可不设定行政许可,如一般的生活用品的假冒伪劣问题。

(二)行政许可的设定

行政许可的设定是:指有权机关根据国家管理的需要,通过立法为公民、组织的行动自由设置一般性禁止的活动。行政许可的设定应当符合行政许可法所规定的基本原则,不能够违背经济和社会的发展规律,打击行政相对人的积极性、主动性,损害公共利益和扰乱社会秩序。

行政许可设定权是实现行政许可制度规范化的基础,科学地确定行政许可的主体范围,是保证行政许可范围合理性的前提条件。这具体体现在《行政许可法》之中:

第十四条 本法第十二条所列事项,法律可以设定行政许可。尚未制定法律的,行政法规可以设定行政许可。

必要时,国务院可以采用发布决定的方式设定行政许可。实施后,除临时性行政许可事项外,国务院应当及时提请全国人民代表大会及其常务委员会制定法律,或者自行制定行政法规。

第十五条 本法第十二条所列事项,尚未制定法律、行政法规的,地方性法规可以设定行政许可;尚未制定法律、行政法规和地方性法规的,因行政管理的需要,确需立即实施行政许可的,省、自治区、直辖市人民政府规章可以设定临时性的行政许可。临时性的行政许可实施满一年需要继续实施的,应当提请本级人民代表大会及其常务委员会制定地方性法规。

地方性法规和省、自治区、直辖市人民政府规章,不得设定应当由国家统一确定的公民、法人或者其他组织的资格、资质的行政许可;不得设定企业或者其他组织的设立登记及其前置性行政许可。其设定的行政许可,不得限制其他地区的个人或者企业到本地区从事生产经营和提供服务,不得限制其他地区的商品进入本地区市场。

第十六条 行政法规可以在法律设定的行政许可事项范围内,对实施该行政许可作出具体规定。

地方性法规可以在法律、行政法规设定的行政许可事项范围内,对实施该行政许可作出具体规定。

规章可以在上位法设定的行政许可事项范围内,对实施该行政许可作出具体规定。

法规、规章对实施上位法设定的行政许可作出的具体规定,不得增设行政许可;对行政许可条件作出的具体规定,不得增设违反上位法的其他条件。

第十七条 除本法第十四条、第十五条规定的外,其他规范性文件一律不得设定行政许可。

总体来看,行政许可设定权遵循依法设定的基本原则,并且以国家设定为主,地方设定为辅。

(三)行政许可事项争议

行政许可事项争议是指行政相对人就某一事项是否为行政许可事项而与行政许可主体产生的行政争议。这种行政许可争议的主要情况有三:第一,行政主体与行政相对人就相关事项是否属于国家对外公布的行政许可事项有争议;第二,行政主体与相对人就相关事项是否是现行有效的行政许可事项有争议;第三,行政许可事项虽然是国家对外公布的行政许可,且现行有效,但设定该许可的法律规范本身没有设定此类许可的权限。也就是说,如果行政许可本身就是违法设定的,那么行政许可主体"依法行政",而行政相对人则认为所依之法为"恶法",则势必引起争议。

2008 年 9 月,某镇的农民投诉,称收割自家的玉米须先向镇政府缴费办理"砍伐证""准运证",如果不办,就要受镇政府的处罚。据调查,有些地方的农民一直采用收割完玉米后,就地焚烧的传统方式处理玉米秸秆,不但严重污染空气,也不利于保护土地生态环境。为此,国务院办公厅发布了《国务院办公厅关于加快推进农作物秸秆综合利用的意见》,提倡和引导农民采用秸秆还田的科学做法。据此,镇政府针对实际情况出台了《某镇关于加强秋季秸秆禁烧工作的紧急通知》。通知明确规定,对确因养殖、青贮等需要,农户要求看法的应先报镇"三秋"秸秆禁烧指挥部同意,按照要求办理相关手续后经批准方可砍伐,否则按违反秸秆禁烧规定,依法进行严肃处理。本案中,镇政府以没有设定权限的行政规范性文件设定了行政许可,且该许可属于"可以不设定许可的事项"范围之内,故而该设定行为本身就是违法的,因此,在农民和镇政府之间产生行政许可事项争议也就不足为奇了。

三、行政许可程序争议

行政许可实施程序是指行政许可的实施机关从受理行政许可到作出准予、拒绝、中止、变更、撤回、撤销、注销等行政许可决定的步骤、方式和时限的总称。行政许可实施程序是规范行政许可行为、防止滥用权力、保证正确行使权力的重要环节。

（一）行政许可实施的一般程序

行政许可实施的一般程序有四个步骤，申请、受理、审查和决定，变更与延续适用于获得许可之后的两个后续程序。此外，关于行政许可的听证程序也是行政许可程序的重要内容之一。

1. 申请程序

行政许可程序因申请人行使自己的申请权而开始。行政许可的申请是指自然人、法人或者其他组织等行政许可申请人向行政机关提出从事依法取得行政许可的活动的意思表示。申请行为必须符合以下条件：（1）申请行为必须向有行政许可权的机关提出。（2）申请人有明确的意思表示行为。（3）申请人必须提交所需的有关材料，如实告知行政机关所提交材料的真实性，并对其负责。

2. 受理程序

申请人的申请行为只要符合申请行为的有效构成要件，申请人的行为就是合法有效的，并引起行政许可机关的受理义务，一般行政许可申请自行政机关收到之日即为受理，但并不意味着行政机关必须发给申请人许可证。行政机关收到许可申请后，可依据不同情形作如下处理：

（1）予以受理。申请事项属于本机关职权范围，申请材料齐全，符合法定形式，或者申请人按照行政机关的要求提交全部补正申请材料的，受理行政许可申请。

（2）要求当场改正。申请材料存在可以当场更正的错误的，应当允许申请人当场更正。

（3）限期补正。申请材料不齐全或者不符合法定形式的，应当当场或者在确定的时间内一次性告知申请人需要补正的全部内容，逾期不告知的，自收到申请材料之日起即为受理。

（4）不予受理。此种情况有二：申请事项依法不需要取得行政许可的；申请事项依法不属于受理行政机关职权范围，此时行政机关应当即时做出不予受理的申请，并告知申请人向有关机关申请。

3. 审查程序

审查程序包括形式性审查和实质性审查。形式性审查是指行政机关对申请人提交的申请材料是否齐全,是否符合法定形式进行审查。审查合格后,行政机关能够当场做出决定的,应当当场作出书面的行政许可决定。实质性审查则要审查以下数项内容:(1)申请人是否具有相应的权利能力;(2)申请人是否具有相应的行为能力;(3)申请是否符合法定形式;(4)授予申请人许可证是否会损害公共利益和利害关系人利益;(5)申请人的申请是否符合法律法规规定的其他条件。

4. 听证程序

我国《行政许可法》规定了行政许可听证程序的适用范围和程序环节。适用听证程序的许可事项有:法律、法规、规章规定实施行政许可应当听证的事项或者行政机关认为需要听证的其他涉及公共利益的重大行政许可事项。听证的具体程序一般分为:(1)申请。由申请人或利害关系人要求听证并在被告知有权要求听证之日起一定期限内提出听证申请。(2)组织听证。行政机关应自受到申请人或者利害关系人听证申请之日起一定期限内组织听证。(3)通知有关事项。行政机关应当于举行听证之前将举行听证的时间、地点通知申请人、利害关系人,必要时予以公告。(4)举行听证。行政机关应当制定审查该行政许可申请的工作人员以外的人员为听证主持人,审查行政许可申请的工作人员应当提供审查意见的证据、理由,申请人、利害关系人可以提出证据,进行申辩和质证。(5)决定。行政机关应当根据听证笔录,并在法定的许可决定期限内做出是否准予行政许可的决定。

5. 决定程序

行政许可通常有三种决定程序:(1)当场决定程序。如果申请人提交的材料齐全、符合法定形式,行政机关能够当场作出决定的,应当当场作出书面的行政许可决定。(2)上级机关决定程序。对于某些依法应当经下级行政机关审查后报上级行政机关决定的行政许可事项,下级行政机关在法定期限内将初步审查意见和全部申请材料送上级行政机关,由上级行政机关作出许可决定。(3)限期做出决定程序,这是最常见的程序。行政机关对行政许可申请进行检查后,除当场作出行政许可决定外,应当在法定期限内按照规定程序作出行政许可决定。

6.期限

行政许可期限是行政程序中一个很重要的问题,一般涉及以下几个方面的规定:(1)行政许可决定的作出期限。(2)上级机关书面复查程序中下级机关的审查期限。(3)颁发送达许可证件的期限。(4)关于行政许可期限的计算。

我国《行政许可法》规定,除可当场做出行政许可决定的外,行政机关应当自受理行政许可申请之日起20日内做出行政许可决定。20日内不能做出决定的,经本行政机关负责人批准,可以延长10日,并应当将延长期限的理由告知申请人。但是,法律、法规另有规定的,依照其规定。

7.变更和延续

变更和延续是行政许可决定的后续程序。被许可人在获得行政许可后,可能因为各种原因又要求变更行政许可事项,这种情况下应当向作出行政许可决定的行政机关提出申请。行政机关审查后,认为符合法定条件、标准的,即可以依法办理变更手续。如果被许可人需要延续依法取得的行政许可的有效期,也必须在该行政许可有效期届满前一定期限内向做出行政许可决定的行政机关提出申请,由行政机关决定是否予以延期。

(二)行政许可实施的特别程序

一般来说,实施行政许可行为需要遵守行政许可的一般程序,但是由于行政许可的种类较多,除普通许可之外,还涉及特许、许可、核准、登记等不同类型的许可,上述行为在具体内容、功能、性质等方面存在较大差异,许可条件、方式各异,在审查决定中需要不同的形式和程序。因此,还需规定特别程序,以确保行政机关合法、高效实施行政许可。

1.招标、拍卖程序

所谓招标,是指行政机关发布招标广告,邀请特定或者不特定的公民、法人和其他组织参加有关特许事项的行政许可的投标,行政机关根据投标结果作出决定的行为。招标的具体程序可以分为招标、投标、开标、评标、中标、签订合同和颁发许可证。

所谓拍卖，是指行政机关对某些特许事项以公开竞价的方式，将特定物品或者财产权利转让给最高出价人，并颁发特许证的行为。拍卖应该遵循公开、公平、诚实信用的原则。拍卖的具体程序分为拍卖委托阶段、拍卖公告与展示阶段、拍卖实施阶段。

2. 认可程序

认可程序一般有三种：(1)考试。考试主要适用于对公民赋予特定资格。考试程序主要涉及以下几个方面的内容，第一，考试的依据和组织，即考试是依据法律还是行政法规举行，应当由国家组织或者地方组织；第二，考试应当公开举行；第三，关于考试禁止的行为，包括考试与培训分开、禁止指定教材行为；第四，考试成绩的效力。(2)考核。考核主要适用于对法人或者其他组织赋予资格、资质。考核程序主要涉及下列事项：第一，应该确保考核的公开、公正、公平；第二，行政机关应当事前公布考核内容、考核时间、各类考核试行的考核标准、考核等次及依据等与考核有关的事项。(3)核准。核准是指由行政机关按照技术标准、技术规范对某些事项依法进行检验、检测、检疫，并根据检验、检测、检疫的结果作出行政许可决定。

3. 登记程序

登记的具体步骤包括：(1)申请登记。企业或其他组织向登记机关提出登记申请。(2)受理申请。登记机关受理申请登记事项。(3)审查与决定。其中，行政机关对于登记的审查包括形式审查和实质审查。我国《行政许可法》中规定的登记程序是以形式审查为原则，即只要申请材料齐全、符合法定形式，而不论申请材料的内容真实与否，行政机关就应当当场予以登记，行政机关对于是否予以行政许可没有自由裁量权。对申请登记事项，申请人对其申请材料所反映的内容的真实性承担全部责任，包括虚假陈述的行政责任或刑事责任。

（三）行政许可程序争议

行政许可程序争议是指行政主体与行政相对人就行政许可的程序是否正当、合法的一种行政争议。行政许可程序争议主要有以下几种情形：在申请程序上，申请行为的对象是否是有权机关；在受理程序上，申请材料是否齐全、符合法定形式；在审查程序上采用实质审查还是形式审查;在听证程序上,行政许可事项是否属于应当听证的事项;在决定程序上,是否按照法定期限作出决定。

2008 年 5 月 15 日,崔某向某市某区计划生育局申请办理其子金乙(2006 年出生)的独生子女证。在办证过程中,该计划生育局要求崔某的丈夫金甲办理某商业公司的子女养老保险(商业性)并缴纳 200 元办证费,而后才给办理独生子女证。金甲表示已经办理了其他保险,不愿再办,该计划生育局即拒绝办理。随后金甲提起行政诉讼并胜诉。在此案中,计划生育局在审查时没有按照《人口与计划生育法》与《中国人口与计划生育条例》的规定,对其申请依法进行形式审查,相反地,提出了违法要求,且没有按照法定期限作出决定,由此与金甲即崔某之间形成了行政许可程序争议。

2009 年初,某政府发布《某部关于 1990—1920MHz 频段相关适宜的通知》,其中关于“1990—1920MHz 频段应在 2011 年年底前完成清频退网工作”等内容是针对“无线电频率分配”的决定,这意味着自 1996 年开始进入我国市场,届时有 9000 多万用户的小灵通将在 3 年内彻底退网。无线电频率分配实质上是一种行政特许,它联系着用户的“信赖利益保护”,所以无线电频率的调整,1990—1920MHz 频段的退网直接关系到 7000 万小灵通用户的合法权益,政府部门应当根据《行政许可法》的规定,公开无线电频率调整的依据,事先征求小灵通用户的意见、举行听证和论证以后再决定是否退网,以及如何退网的问题。简言之,在此案中,政府部门的行为与民众之间产生了行政许可程序争议。

四、行政许可收费争议

行政许可的费用,系指行政机关实施许可和对行政许可事项进行监督检查所产生的费用。《行政许可法》第五章作了专章规定。

(一)行政许可不得收费的原则

《行政许可法》第 58 条规定:“行政机关实施行政许可和对行政许可事项进行监督检查,不得收取任何费用。但是,法律、行政法规另有规定的,依照其规定。”这就确立了一个总原则,即行政许可不得收费原则。确立这一原则的法理基础在于:实施行政许可是国家公权力行为,不是一项有偿的民事行为,而公权力行使的费用来自纳税人的税款,相对人在总体上已经承担了这一费用。现行的法规与解释已明确了以下几点:第一,行政机关提供行政许可申请书格式文本,不得收费。第二,申请人、利害关系人不承担行政机关组织听证的费用。

(二)行政许可收费的条件

行政许可不得收费的原则,是指行政机关实施行政许可和对行政许可事项进行监督检查,不得收取任何费用。如说属于"实施行政许可和对行政许可监督检查"以外的费用,不受本原则的约束。所以,如果申请人申请鉴定的,应当承担鉴定费用。

行政许可不得收费原则还有一个例外,即如果法律和行政法规有收费规定,那就可以收费。这里的收费依据范围很严格,只限于法律和行政法规,地方性法规、政府规章和行政规范性文件均无权设定收费项目。

(三)对行政许可费用的监督管理

《行政许可法》规定,行政机关实施行政许可,依照法律、行政法规收取费用的,应当依照公布的法定项目和标准收费;所收取的费用必须全部上缴国库,任何机关或者个人不得以任何形式截留、挪用、私分或变相私分。财政部门不得以任何形式向行政机关返还或者变相返还实施行政许可所收取的费用。

行政机关实施行政许可,擅自收费的或者不按照法定项目和标准收费的,由其上级行政机关或者监察机关责令退还非法收取的费用。对直接负责的主管人员和其他直接责任人员依法给予行政处分。截留、挪用、私分或者变相私分实施行政许可依法收取的费用的,予以追缴;对直接负责的主管人员和其他直接责任人员依法给予行政处分;构成犯罪的,依法追究刑事责任。

行政机关实施行政许可所需经费应当列入本行政机关的预算,由本级财政予以保障,按照批准的预算予以核拨。

(四)行政许可收费争议

行政许可收费争议是指行政许可主体和行政相对人就实施行政许可时收费而产生的一种行政争议。行政许可收费争议通常见于下列情况:第一,行政许可主体没有明确的法律、行政法规依据而擅自收费的;

第二,行政许可收费超出其所依据的法律、行政法规规定项目和标准的;第三,行政许可收费的依据本身违法的,即其依据为地方性法规、规章或其他行政规范性文件。

2009 年 1 月至 2016 年 5 月,海南省道路运输局在定线旅游客运经营行政许可过程中,把缴纳公车公营保证金作为行政许可的前置条件,共计收取 8 家中标企业旅游客运公车公营保证金 1.469 亿元,违反了海南省人民政府《关于同意推进旅游客运管理体制改革工作实施方案的批复》的相关规定,多收取保证金 5840 万元;在客运班线经营行政许可过程中,把缴纳公车公营保证金作为行政许可的前置条件,违规对 25 家营运公司收取公车公营保证金 3431 万元。目前,海南省价格主管部门已责令该局将多收的 9271 万元全部退还相关企业。在该例中,海南省道路运输局在没有法律、行政法规的依据下,擅自向相关企业收取费用,其结果是导致双方产生行政许可收费争议。

执业药师注册费属于政府定价项目。根据广东省食品药品监督管理局发布的《关于广东省执业药师协会承接执业药师注册职能的公告》,自 2014 年 10 月 1 日至 2016 年 9 月 30 日,广东省执业药师注册中心(以下简称注册中心)的执业药师注册职能转移至广东省执业药师协会。但注册中心在职能转移后,仍于 2014 年 10 月 1 日至 2015 年 12 月 4 日收取执业药师注册费,共计 505.8 万元,属于不执行政府定价、政府指导价的行为。广东省价格主管部门依法责令其退还违法所得 505.8 万元,未按要求退还的依法予以没收。该例中,广东省执业药师注册中心在其行政许可主体资格丧失后,实际上等同于失去了收费的资格,更无收费的依据,故而将导致执业药师注册中心与注册者之间的行政许可收费争议。

五、行政许可监督检查争议

行政许可监督检查是指有权行政机关对依法实施的行政许可事项进行了解、检查、监督以及纠正的活动。行政许可监督检查一般包括两种情形:一是指上级行政机关对下级行政机关实施行政许可的情况进行了解、检查、监督以及纠正的活动。二是指行政机关依照法定职权,对被许可人从事行政许可事项的活动是否遵守法律、法规、规章以及执行行政命令、决定的情况进行了解、检查、监督以及纠正的行政行为。第一种监督检查情形发生的法律效果虽然最终及于行政许可事项的被许可人，但主要是通过上下级行政机关的内部工作程序实施的，并不直接对外发生效力，实施行政许可过程中所引发的法律责任也主要是由下级具体负责实施行政许可的行政机关承担。第二种许可监督监察情形则是行政许可实施过程中的一个重要阶段，并直接关系到被许可人的法律上的权益。

（一）行政许可监督检查的主体

行政许可监督检查主体也就是行使监督检查权的机关，既可以是颁发许可证的行政主体，也可以是其他非颁发许可证但也依法享有监督权的行政主体，如颁发许可证机关的上级行政机关。行政许可申请人获得行政许可后即成为被许可人，被许可人职能按照许可的具体内容和要求从事活动，一旦违背或超越许可范围，都不合法，此时就要求行政许可监督检查主体对被许可人是否在许可范围、方式、期限等要求下活动进行监督、控制；同时被许可人在许可范围内的活动和利益也将受到法律的保障，因此，通过行政许可监督检察，一方面可以及时发现违法从事行政许可事项的生产经营活动并进行查处，以防止社会风险的发生或扩大；另一方面则依法保障许可的正常、合法利用并对被许可人实施许可活动获取利益采取积极保障措施、创造良好的环境。

（二）行政许可监督检查的程序

行政许可的实施多由行政许可实体法完成，而行政许可的监督只是对行政许可机关适用实体法的情况进行事后监督和检查。因此，行政许可监督检查的方式本身就是一系列专门程序制度，它们依托在行政许可监督步骤之中，构成行政许可程序的完整内容。行政许可监督程序是一种事后审查的行为方式。在实践中，一般的步骤为：第一，拟定监督检查计划；第二，确定监督检查的对象、内容和检查措施；第三，表明身份；第四，通知当事人到场；第五，进行检查和调查；第六，对违法或不当行为进行处理；第七，说明理由；第八，告知权利；第九，总结检查情况，撰写检查报告书。

（三）行政许可监督检查的法律后果

通过许可监督检查机关的检查，发现被许可人在从事许可事项的活动过程中未严格按照许可的范围、方式、期限及其他事项进行，监督检察机关为制止或惩罚被许可人，通常依据违法情形的不同作出不同处理，并形成不同的法律后果，主要包括中止许可、变更许可的内容、宣告许可无效以及撤销、注销许可等后果。

若许可人在从事许可事项活动中轻微违法，监督检查机关通常会以暂时收回许可的方式加以制止和惩罚，此为中止许可。行政许可的中止是暂时停止行政许可的效力，使行政许可处于一种未确定状态。从法律、法规规定来看，中止权的运用形式主要有暂扣、扣缴、收缴等。

若随着客观情况的发展变化，原先的许可内容或许可期限不再符合公共利益，则监督检查机关可以变更许可的内容。变更的内容可能涉及许可的范围、活动的方式、许可的期限、许可人的身份、资格等。

若行政许可主体在批准行政许可后，发现被许可人获得许可是基于某种错误的事实或行为，则可以宣告许可无效。许可的无效不同于许可的失效。许可的失效是一个自然过程，无须行政机关撤销或确认无效，且无溯及力，只向后生效。许可的无效是非自动发生的，须经行政机关确认，且经确认后，行政许可自始不发生法律效力。它具有溯及既往的特点，向前向后均失去效力。

若行政许可主体颁发许可证后，被许可人未遵守许可的内容或未履行法定义务，从事违法活动，监督检查（机关）可以永久地撤回许可证，不再允许其从事许可事项活动，此即为行政许可的撤销。

若被许可人违反要求不再适宜持有行政许可，或行政许可被撤销，或行政许可有效期已满，或其他特定情形，行政许可自然失去效力，则决定给予行政许可的机关应将其予以注销，此为行政许可的注销。行政许可的注销属于行政许可废止的一种情形。

（四）行政许可监督检查争议

行政许可监督检查争议是指行政许可监督检查主体与行政相对人就行政监督检查而产生的一种行政争议。行政许可监督检查争议一般体现为行政相对人对行政主体经由行政许可监督检查后作出的中止许可、撤销许可、变更许可等处理决定不服，提起行政复议或者行政诉讼的过程。

某药业制品有限公司于2001年向某省商业厅申请了《药品经营企业许可证》，并获得核准。2006年，某省某市工商管理局依法对该药品制品有限公司增设分支机构的变更登记和设立的某药品制品有限公司贸易部的申请予以核准登记。2008年，某市工商管理局经由举报，对该药品制品有限公司以虚假手段骗取公司登记的行为进行立案查处。经对公司董事长、数名董事等人的调查询问，认定该公司伪造董事签字、提供虚假董事会决议文件，向登记机关申请办理了增设分支机构某药业制品有限公司贸易部的变更登记及其设立登记，违反了我国《公司法》第199条的规定。故而某市工商管理局于当年10月撤销了其于2006年做出的核准该公司增设分支机构的变更登记和核准某药业制品有限公司贸易部的设立登记。该公司不服此行政处理决定，向某省工商行政管理局提出了行政复议申请，复议机关维持了某市工商管理局的具体行政行为。在此案中，某药品制品有限公司与某市工商管理局之间因撤销决定而产生了行政许可监督检查争议。行政复议的过程也体现了上级机关对下级行政许可机关的监督检查。

（五）行政许可适用依据争议

行政许可适用依据争议主要是指行政主体与行政相对人就行政许可行为所适用的法律依据产生的行政争议。行政许可适用依据争议与前述五种主要的行政许可争议类型之间是相互交叉的。如行政许可机关决定撤销行政许可，而行政相对人对该行为不服，必然也对其行为的依据不服，此为行政监督检查争议，又为行政许可适用依据争议。又如，行政许可机关依据某一法律规范向行政相对人征收行政许可费用，而行政相对人不服的，那么该行政许可争议既为行政许可收费争议，亦为行政许可适用依据争议。再如，上述关于“玉米砍伐许可证”一例中，乡镇府若要对未经“许可”而砍伐的农民实施处罚时，其依据必然面临合法性争议。故而，将行政许可适用依据争议作为一种独立类型的行政许可争议，是因为某一类型行政许可争议发生之时，即有绝大可能发生适用依据的争议，有加以重视之必要。由于前述已详言各种行政许可争议的主要类型,故而此处不再加以赘述。

第三节 行政许可争议复议审查要点

由于我国行政许可制度尚未臻于完善,社会发展又日新月异,因此,行政许可争议不可避免地在现实中发生。当此之时,行政许可争议的双方应当积极采取有效的方式解决之。所谓"有效的方式"在我国现行的法律制度体系主要表现为行政和解、行政复议和行政诉讼。此三种形式之中,又以行政复议的方式最为高效、便捷。行政许可争议采用行政复议的救济方式,一方面可以解决争议,保护行政相对人的利益;另一方面,由于行政复议是行政机关内部监督和纠错的环节,故而还有利于修复被"争议"所损伤的"官民关系"。行政复议制度已经建立起较为完备的制度体系,并且规定在《行政复议法》之中。

那么,行政复议机关审查行政许可争议,应当如何为之呢?根据《行政复议法》第 28 条的规定,可以得出行政复议的审查重点主要有:事实是否清楚、证据是否充足、适用法律依据是否正确、是否遵循法定程序,有无超越或滥用职权行为,具体行政行为是否明显不当。主要可以归纳为事实审查、合法性审查、合理性审查。事实审查主要审查行政许可行为的真实情况;合法性审查主要审查行政许可行为是否合乎法律规范,合理性审查主要审查行政许可行为是否在行政许可机关的自由裁量范围以内,有无滥用。根据《行政许可法》《行政复议法》的具体规定,结合行政复议的经验,笔者认为,行政许可争议的复议审查要点,应当是以合法性审查为重点,以合理性审查为辅助,以事实审查为基础。鉴于行政复议是对行政许可争议的"二审",采取书面审查的原则,因此,可以假定行政许可的争议事实已经基本查清。只有在书面审查中发现行政许可争议事实不清的情况下才需要进行事实审查,故而事实审查虽然是基础和前提,但是仍然放在最后做简要叙述。

一、合法性审查

行政许可是具体行政行为的一种,因此,对行政许可争议的复议审查要点实际上遵循着具体行政行为复议审查的一般程序和对争议行政许可进行审查的特殊程序。就一般程序而言,当行政相对人提起复议申请时,行政复议机关首先应当依据《行政复议法》的规定,审查争议行政许可是否属于复议范围、复议申请人是否适格、是否属于行政复议机关权限范围、是否属于复议期限范围,从而确定是否受理。决定受理后,行政复议机关首先应当确定行政争议的类型,是行政处罚争议还是行政强制争议,抑或是行政许可争议,从而确定下一步的复议审查方向。若该行政行为是行政许可争议,则进入行政许可争议的特殊审查程序,即依照《行政许可法》审查争议行政许可主体是否适格、事项是否合法、适用依据是否合法、收费是否合法、实施程序是否合法、监督检查是否合法。需要说明的是,复议机关还应当就行政争议的事实进一步判断行政许可争议的类型,以确定对行政许可争议的审查重点。此类重点,一般体现为行政许可主体与行政相对人之间的争议焦点。以下就行政许可争议的合法性审查要点做逐一说明。

(一)审查争议行政许可是否属于复议范围

行政许可的复议范围是指是指行政相对人认为行政许可机关作出的行政许可行为侵犯其合法权益,依法可以向行政复议机关请求重新审查的范围。需要明确的是,并非所有的行政许可争议都属于行政复议的受案范围。《行政复议法》规定了可申请复议的行政行为和不可申请行政复议的事项。由此,我们可以得知可以申请行政复议的行政许可争议和不可以申请行政复议的行政许可争议各自的范围。

1. 可以申请复议的行政许可争议

首先,行政相对人对行政机关作出的有关许可证、执照、资质证、资格证等证书变更、中止、撤销等决定不服的,可以申请行政许可复议。这类证书通常是行政相对人从事某种职业的前提条件。其次,行政相对人认为行政机关不依法办理行政许可等事项的,也就是说,行政相对人认为自己符合法定条件而向行政主体申请许可证、执照、资质证、资格证等证书,或者申请行政机关审批、登记有关事项的,行政主体拒绝办理或者不予答复的,均可申请复议。最后,行政相对人认为具体行政行为所依据行政规范性文件不合法的,在对具体行政行为申请复议时,也可以一并向行政复议机关提出对该规定的审查申请:国务院部门的规定;县级以上地方各级人民政府及其工作部门的规定;乡、镇人民政府的规定。

2. 不可以申请复议的行政许可争议

若行政相对人认为行政许可机关作出的行政许可行为所依据的行政法规或规章不合法的,则不可以申请行政复议。行政主体的抽象行政行为包括行政主体制定和发布的行政法规、规章以及其他具有普遍约束力的决定、命令。行政相对人对抽象行政行为中的行政法规、规章不服的,可以向有关国家机关提出,由有关国家机关依照法律、行政法规的有关规定处理。

审查争议行政许可是否属于复议范围时,可以使用排除的方法,只要该复议申请不是以复议行政许可所依据的行政法规和规章的,均应认定为属于行政许可的复议范围。

(二)审查争议行政许可复议申请人、被申请人是否适格

1. 争议行政许可复议申请人

争议行政许可复议申请人是指对行政许可机关作出的行政许可行为不服,依据法律、法规的规定,以自己的名义向行政复议机关提起行政复议申请的公民、法人或者其他组织。根据法律、法规的规定,申请人具有如下法律特征:

(1)争议行政复议申请人必须是行政相对人,包括公民、法人或其他组织以及外国人、无国籍人。公民是指具有中国国籍的自然人。外国人和无国籍人在中国境内也必须遵守中华人民共和国的法律,同时其合法权益也受中华人民共和国法律的保护。在对等原则下他们与我国公民一样有权作为申请人提起行政复议。法人是指符合法定条件而成立的一种组织,它可以分为企业法人、机关法人、事业法人和社团法人。国家机关在作为行政管理对象时,可以作为机关法人成为行政复议中的申请人。其他组织是指不具备法人条件的组织,如合伙组织、联营企业等。

(2)争议行政许可复议申请人是认为被行政许可行为侵害其合法权益的人。行政相对人在行政管理关系中是被管理的对象,他们必须服从行政主体的管理。如行政主体对其实施了某种具体行为,行政相对人认为行政主体的具体行政行为违法侵犯其合法权益的,有权依据《行政复

议法》的规定提起行政复议。这里的“认为”是申请人的一种主观认识，具体行政行为是否确实侵犯了其合法权益，必须等到行政复议机关审查后才能确定。只要申请人认为行政主体的具体行政行为侵犯了其合法权益，即可以提起行政复议。

在一般情况下，争议行政许可侵害的当事人是争议行政许可复议的申请人。但是，在特定条件下，争议行政许可复议申请人的资格也可能发生转移。根据《行政复议法》规定，争议行政许可复议申请人资格转移的情况有：

(1)有权申请争议行政许可复议的公民死亡的，其近亲属可以申请行政复议。近亲属包括其配偶、父母、子女、兄弟姐妹、祖父母、外祖父母、孙子女、外孙子女。

(2)有权申请争议行政许可复议的法人或者其他组织终止，承受其权利的法人或者其他组织可以申请行政复议。

行政复议机关在审查争议行政许可复议申请人时，应当将其与法律规定的争议行政许可复议申请人应当满足的条件和特征加以对照，凡符合的，即认定其为合法的争议行政许可复议申请人。

2. 争议行政许可复议被申请人

争议行政许可复议被申请人是指其争议行政许可被争议行政许可复议的申请人指控违法侵犯其合法权益，并由行政复议机关通知参加行政复议的行政主体。争议行政许可复议被申请人包括行政机关和法律、法规授权的组织。争议行政许可被申请人具有如下法律特征：

(1)争议行政许可被申请人必须是行政主体。根据我国法律的规定，行政主体只能是行政机关和法律、法规授权的组织。

(2)争议行政许可被申请人必须是实施相应行政行为的行政主体。行政主体既可以实施具体行政行为，也可以实施抽象行政行为。在行政复议中，被申请人一般是实施了具体行政行为的行政主体。

(3)争议行政许可被申请人必须是相应的争议行政许可受申请人指控并由行政复议机关通知参加行政复议的行政主体。

根据《行政复议法》的规定，争议行政许可被申请人主要有以下几种情形：

(1)争议行政许可申请人对行政许可机关作出的行政许可行为不服,直接申请复议的,该行政许可机关是争议行政许可被申请人。

(2)两个或两个以上行政许可机关以共同名义作出同一行政许可的,共同作出行政许可的行政机关是共同争议行政许可被申请人。

(3)法律、法规和规章授权的组织作出的行政许可行为引起行政复议,该组织是争议行政许可被申请人。

(4)行政许可机关委托的组织作出的许可行为引起行政复议,委托的行政许可机关是争议行政许可被申请人。

(5)作出行政许可行为的行政许可机关被撤销的,继续行使其职权的行政许可机关是争议行政许可被申请人。

行政复议机关审查争议行政许可复议被申请人是否合法时,应当特别注意行政许可由多个许可机关共同作出,作出行政许可的原行政许可机关被撤销,受行政机关委托的组织作出行政许可等情形。在此几类情形中,争议行政许可的申请人往往难以弄清究竟谁是争议行政许可复议机关,故而在提出申请时往往会错认争议行政许可复议被申请人。按照《行政复议法实施条例》第 29 条的规定,行政复议机关应当在此时告知其补正。

(三)审查争议行政许可是否属于行政复议机关管辖范围

行政复议的管辖,是指各行政复议机关对行政复议案件在受理上的具体分工,即行政相对人提起行政复议申请之后,应当由哪一个行政复议机关来行使行政复议权。根据我国现行的法律、法规的规定,行政复议的管辖如下:

(1)对县级以上地方各级人民政府工作部门作出的具体行政行为不服的复议,由申请人选择,由该部门的本级人民政府或上一级主管部门管辖。

(2)对海关、金融、国税等实行垂直领导的行政机关和国家安全机关的具体行政行为不服的,由上一级主管部门管辖。

(3)对地方人民政府的具体行政行为不服的,由上一级地方人民政府管辖。

(4)对省、自治区人民政府依法设立的派出机关所属的县级地方人民政府的具体行政行为不服的，由该派出机关管辖。

(5)对国务院部门或者省、自治区、直辖市人民政府的具体行政行为不服的，向作出该具体行政行为的国务院部门或者省、自治区、直辖市人民政府申请复议。对行政复议决定不服的，可以向人民法院提起行政诉讼，也可以向国务院申请裁决，国务院依照本《行政复议法》的规定作出最终裁决。

(6)对县级以上的地方人民政府依法设立的派出机关作出的具体行政行为不服申请复议的，由设立该派出机关的人民政府管辖。

(7)对人民政府的工作部门依法设立的派出机构根据法律、法规和规章规定以自己名义作出的具体行政行为不服申请复议的，由设立该派出机构的部门或者该部门的本级人民政府管辖。

(8)对两个或两个以上行政机关以共同名义作出的具体行政行为申请复议的，由它们共同上一级行政机关管辖。这里“以共同的名义作出”具体行政行为应当理解为共同签署和作出具体行政行为。在实践中，主要有两种情形：一是隶属于同一人民政府的两个或两个以上的工作部门共同作出具体行政行为，应当由同一级人民政府管辖；二是两个或两个以上地方人民政府或者政府所属工作部门共同作出具体行政行为，应当由共同的上一级人民政府或共同的上一级主管部门管辖。

(9)对法律、法规授权的组织作出的具体行政行为不服申请复议的，由直接主管该组织的地方人民政府、地方人民政府的工作部门或者国务院部门管辖。

(10)对被撤销的行政机关在其被撤销前作出的具体行政行为不服，申请复议的，由继续行使其职权的行政机关的上一级行政机关管辖。

行政复议机关在审查争议行政许可时，首先，行政复议机关还应审查其他行政复议机关是否已受理同一行政复议申请以及人民法院是否已受理同一主体就同一事实提起的行政诉讼。其次，应当对行政许可被申请人属于何种性质、何种层级的行政机关准确认定，进而选择应当适用上述十种复议管辖的哪一项，从而确定自己是否有管辖权。

(四)审查争议行政许可是否属于复议期限范围

争议行政许可属于复议范围，其申请人、被申请人适格，且行政复议机关有管辖权限，一般来讲，该争议行政许可即可进入行政许可复议审查的特殊程序。但是，不应忽视的是，若该争议行政许可已经超过复议期限，则亦应排除其继续进行行政复议的可能。因此，争议行政许可复议申请人必须在法定期限内提出复议申请，否则争议行政许可申请人的申请权不受法律保护，申请不会产生预定的法律效果。根据《行政复议法》的规定，争议行政许可复议申请人应当在知道相应行政许可行为作出之日起60天内提出复议申请，法律另有规定的除外。因不可抗力或者其他正当理由耽误法定申请期限的，申请期限自障碍消除之日起继续计算。

（五）审查争议行政许可主体是否适格

争议行政许可的复议申请人，提交复议申请，且上述四项内容审查结束后，行政复议机关应当在法定期限内决定受理。受理后，行政复议机关即需要对争议行政许可复议案件的事实、证据、法律适用及争论的焦点等进行全面的审查，这一阶段是行政复议程序的关键阶段。行政复议机关首先应当审查争议行政许可主体是否适格。

虽然我国法律已对行政许可的主体作出相应的规定，只有行政机关、法律法规授权的组织以及行政机关委托的组织才能够成为行政许可的主体。但是，由于行政许可涉及的行政主体的数量极大，各类行政许可的实施情形又不尽相同，因此，行政主体不具有行政许可权而实施行政许可或者超越自身行政许可法定职权范围而实施行政许可的情形屡禁不绝。在审查争议行政许可的主体是否适格时应当依照下列各项逐一审查：

1. 若争议行政许可主体为行政机关，应当审查其是否满足行政许可机关的三个基本条件；若争议行政许可主体为具有管理公共事务职能的组织，应当审查其是否有法律、法规关于行政许可的授权；若争议行政主体为受委托组织，应当审查委托机关是否具有行政许可权，授权依据是否为法律、法规、规章，委托机关是否已将受委托行政机关和受委托实施行政许可的内容予以公告。

2. 争议行政许可主体在实施行政许可时是否有不正当的要求，其工作人员是否索取或者收受申请人的财物。

3. 若行政许可主体对直接关系公共安全、人身健康、生命财产安全的设备、设施、产品、物品的检验、检测、检疫，则还应审查其是否具有法律、行政法规的依据。

（六）审查争议行政许可事项是否合法

审查争议行政许可事项应当依照以下所列各项逐一进行审查：

1. 审查争议行政许可事项是否属于可以设定行政许可的事项以及是否属于可以不设定行政许可的事项。

2. 审查设定行政许可的法律规范的效力层级，若是法律、行政法规、地方性法规，则合法；若是规章，除省政府的规章设定的临时规章外，应进一步审查规章是在上位法设定的行政许可范围内规定具体事项还是超出上位法设定的行政许可事项，违法设定行政许可；若是行政规范性文件，除国务院决定设定的行政许可外，其余规范性文件设定的行政许可事项均属违法。

3. 审查行政许可事项是否仍在有效期限内。

（七）审查争议行政许可适用依据是否合法

审查争议行政许可适用的依据是否合法，应当依照下列各项逐一审查：

1. 审查争议行政许可是否适用有关依据。

2. 审查争议行政许可适用依据的效力层级，若为行政规范性文件则该适用依据违法。

3. 审查行政许可所适用依据是否现行有效。

4. 审查行政许可适用依据是否正确，包括受理或不受理的决定适用的依据是否正确或准予行政许可的决定所适用的依据是否正确。

5. 审查行政许可引用依据的名称及内容是否规范、无误，应具体到条、款、项、目。

（八）审查争议行政许可收费是否合法

现行行政许可制度以不收费为原则，以收费为例外。审查争议行政许可收费是否合法，尤其应当慎重。主要应从以下几点加以审查：

1. 审查收费的缘由是否合法。因提供行政许可申请书格式文本或听证而收费的属于违法收费；因鉴定而收费属于合法收费。

2. 审查收费的依据是否为法律和行政法规，其他效力层级的依据均不合法。

3. 审查收费是否按照公布的法定项目和标准收费。

4. 审查收费是否有合法的票据。

5. 审查收费最终是否全部上缴国库。

(九)审查争议许可实施程序是否合法

1. 受理阶段的审查。审查受理的决定是否在法定期限内作出;行政机关是否制作受理或不受理的书面通知。

2. 审查阶段的审查。需对申请材料进行书面形式审查的,应有行政机关的书面审查意见书。审查申请材料是否齐全并符合法定形式,如材料齐全并符合法定形式,应当在法定期限内作出决定;审查申请材料有当场可以更正的错误时,行政许可机关是否及时告知行政相对人更改;审查对申请材料的实质内容需核查的,行政许可机关是否指派两名以上工作人员进行核查。

3. 听证阶段的审查。审查法律、法规、规章规定实施行政许可应当听证的事项以及行政许可机关认为需要听证的涉及公共利益的重大行政许可事项,是否向社会公告,并举行听证;审查听证是否在法定期限内组织,是否符合法定程序,制作相应的文书。

4. 决定阶段的审查。审查行政许可机关是否在法定期限内依法作出决定。

5. 送达阶段的审查。审查送达是否符合法定时限和方式。

6. 结案阶段的审查。审查行政许可机关是否按照规定制作结案审批文书。

7. 归档阶段的审查。审查立卷归档标准是否符合《行政许可法》有关规定及《档案法》的有关要求。

(十)审查争议行政许可监督检查是否合法

审查争议行政许可监督审查是否合法,应当根据行政监督检查的决定的不同而进行不同的检查,表述如下:

1. 审查监督检查是否有记录及执法人员的签名。

2. 审查行政许可工作人员是否具有行政执法证件。

3. 撤销许可的审查。审查行政许可机关是否制作撤销行政许可决定书,该决定书中被许可人基本情况、被许可事项名称、撤销的理由、复议或诉讼途径和期限、许可机关印章、许可日期是否符合相关规定。

4. 注销许可的审查。审查行政许可机关是否制作注销行政许可决定书,该决定中被许可人基本情况、被许可事项名称、注销的理由、复议或诉讼途径、许可机关印章、许可日期是否符合相关规定。

5. 变更、撤回许可的审查。审查行政许可机关是否制作变更、撤回行政许可决定书,该决定书中被许可人基本情况、被许可事项名称、变更及撤回的理由、变更许可的内容和办理要求、复议或诉讼途径、许可机关印章、许可日期是否符合相关规定。

二、合理性审查

现实生活中,很多行政许可争议不是因为行政许可行为是否合法引起,而是由于行政行为是否合理导致。针对这种行政许可争议,如果行政复议机关只是进行简单的合法性审查,援引法条作出行政复议决定,可能在法律适用上不存在错误,但很难真正消除争议的根源,案结事不了,案件办理质量和办理效果不好。只有对行政行为是否合理、适当进行审查,才能搞清申请人申请行政复议真正要解决的问题,从而彻底化解行政许可争议,达到案结事了的目的。

《行政复议法》规定的"公正原则"以及"具体行政行为明显不当的",是对行政复议机关对行政许可主体进行合理性审查的明确要求。因此,在行政复议中,对被申请的具体行政行为的审查,不仅要考虑其合法性,而且还应当考虑其合理性。只有这样才能真正保障行政相对人的合法权益。

虽然行政许可实施过程中,行政许可主体的自由裁量空间不是很大,但是,仍然有一定的"自由度",而这种自由度却仍然足以侵犯行政相对人的合法利益。《行政许可法》第6条规定:"实施行政许可,应当遵循便民的原则,提高办事效率,提供优质服务。"所谓便民的原则,其中就包含行政许可行为必须合理的意思。

争议行政许可的合理性审查应当针对行政许可实施过程中自由裁量空间较大的情形重点加以审查。例如,《行政许可法》第46条规定:

“法律、法规、规章规定实施行政许可应当听证的事项，或者行政机关认为需要听证的其他涉及公共利益的重大行政许可事项，行政机关应当向社会公告，并举行听证。”此处“涉及公共利益的重大行政许可事项”的认定，行政许可机关有较大的自由裁量空间，行政复议机关在复议争议行政许可时就应当审查该争议行政许可是否应当举行听证，而不是完全遵循争议行政许可被申请人的意思。

三、事实审查

查清行政争议的事实，既是行政复议发挥效果的前提，也是行政复议的重要功能之一。虽然行政复议制度基于行政复议机关对被申请的具体行政行为所涉及的行政事务相对比较熟悉，通过书面复议一般可以查清行政复议案件的事实真相而确立了书面审查的原则，但是，在书面审查无法查清事实的情况下，行政复议机关就有必要先进行事实审查。

对一些争议行政许可行为而言，尤其是涉及行政许可主体不作为时，查清事实尤为重要。在这种情况下，行政复议机关不可能通过行政许可主体提供的材料来认定事实，因此，行政复议机关必须自行查清行政许可争议的来龙去脉。

根据《行政复议法》和《行政复议法实施条例》，行政复议机关为查清争议行政行为的事实，可以采用实地调查核实证据的方式；可以查阅、复制、调取有关文件和资料，向有关人员进行询问。对重大、复杂的行政许可案件，争议行政许可复议申请人提出要求或者行政复议机构认为必要时，还可以采取听证的方式审理。

第四节　行政许可争议复议的案例解读

行政许可争议复议案件，是行政复议的主要类型之一。行政许可涉及的范围广、数量大，各种许可的标准、程序均有所不同，并且规定于各类法律、法规之中，因此，审查行政许可争议案件具有一定的难度。南京市浦口区人民政府在复议行政许可争议过程中，积累了相关经验，特举一例加以解读。

案例:朱某某认为区市场监管局违规办理工商注册登记案

一、案情介绍

2010年10月17日,朱某某与润阳集团签订房屋买卖合同并支付了购房款。由于润阳公司未履行购房合同约定的两年内办理房屋产权证的义务,朱某某向浦口区人民法院提起了民事诉讼,浦口区人民法院判决润阳公司返还申请人购房款并赔偿相关损失。判决生效后,朱某某申请浦口区人民法院强制执行,浦口区人民法院未能将上述款项执行到位。朱某某认为浦口区人民法院未能将上述款项执行到位的原因是被申请人为润阳公司办理工商注册登记和年检时未能审查润阳公司实际住所与工商登记住所是否一致。

2015年11月17日,朱某某向浦口区市场监督管理局写信反映南京润阳建设集团有限公司和南京金箍棒家具有限公司注册登记问题。2015年12月4日,浦口区市场监督管理局在给朱某某的回复中称:

“2015年11月25日,执法人员到上述两公司注册地点核查,在注册地点未发现两家公司。执法人员向两家公司的注册地点管理部门桥林经济开发区管委会、星甸镇经济开发区管理委员会了解情况时,两管委会均表示上述企业均为注册型企业,是招商引资来的,注册地仅用于办理企业注册登记,实际经营地不在注册地点。目前,两家公司已背上查无下落警示。鉴于以上情况,目前无法核查你反映的情况。”

2016年1月8日朱某某向浦口区人民政府申请行政复议,请求确认被申请人为润阳公司办理工商注册登记,并连续五年为润阳公司营业执照进行年审的行为违法。2016年1月11日,南京市浦口区人民政府向朱某某送达了《行政复议受理申请通知书》(〔2016〕浦行复第2号)。2016年1月12日,浦口区人民政府向浦口区市场监督管理局送达了《行政复议答复通知书》。2016年1月21日,南京市浦口区市场监督管理局提交了《行政复议答复》。

该份《行政复议答复》的主要内容如下:

(一)润阳公司登记程序和提交的材料规范、合法

2002年9月10日周某某代表汤某某、周某某向我局申请公司设立

登记,申请人提交了以下材料:(1)名称预核登记核准通知书;(2)董事长签署的《公司设立登记申请书》;(3)股东的身份证复印件;(4)全体股东签字的《股东指定办理登记注册委托书》;(5)法定代表人履历表、董事会成员、经理、监事会成员情况表及全体股东签署的法定代表人、监事任职证明书;(6)全体股东签字的公司章程;(7)与浦口区星甸镇企管站签署的浦口区星甸镇工业园区17号的租赁合同;(8)具有法定资格的验资机构出具的验资证明;(9)企业从业人员名册;(10)房地产开发资质证书复印件;(11)《企业法人代表人证书》申报表;(12)法定代表人签字备案书;(13)领取营业执照的委托书;(14)法定代表人作出的承诺。

1994年6月24日发布的《公司登记管理条例》第17条规定,设立有限责任公司,应当由全体股东指定的代表或者共同委托的代理人向公司登记机关申请设立登记。设立国有独资公司,应当由国家授权投资的机构或者国家授权的部门作为申请人,申请设立登记。法律、行政法规规定设立有限责任公司必须报经审批的,应当自批准之日起90日内向公司登记机关申请设立登记;逾期申请设立登记的,申请人应当报审批机关确认原批准文件的效力或者另行报批。申请设立有限责任公司,应当向公司登记机关提交下列文件:(1)公司董事长签署的设立登记申请书;(2)全体股东指定代表或者共同委托代理人的证明;(3)公司章程;(4)具有法定资格的验资机构出具的验资证明;(5)股东的法人资格证明或者自然人身份证明;(6)载明公司董事、监事、经理的姓名、住所的文件以及有关委派、选举或者聘用的证明;(7)公司法定代表人任职文件和身份证明;(8)企业名称预先核准通知书;(9)公司住所证明。法律、行政法规规定设立有限责任公司必须报经审批的,还应当提交有关的批准文件。

经审查,申请人提交的材料齐全、符合法定形式,我局依法予以受理。根据1994年6月24日发布的《公司登记管理条例》第45条规定,公司登记机关收到申请人提交的符合本条例规定的全部文件后,发给《公司登记受理通知书》。公司登记机关自发出《公司登记受理通知书》之日起30日内,作出核准登记或者不予登记的决定。公司登记机关核准登记的,应当自核准登记之日起15日内通知申请人,发给、换发或者收缴《企业法人营业执照》或者《营业执照》。

（二）我局办理润阳公司设立登记已尽到审查义务

1. 润阳公司设立登记时提交的公司住所证明是瑞阳公司全体股东代表润阳公司与南京市浦口区星甸镇乡镇企业管理服务站前述的财产租赁合同原件，该合同明确约定双方签字盖章后生效，且无证据证明合同双方的签字盖章系伪造，因此该合同本身是真实有效的。

2. 1994 年 6 月 24 日发布的《公司管理登记条例》第 3 条规定："公司经公司登记机关依法核准登记，领取《企业法人营业执照》，方取得企业法人资格。自本条例施行之日起设立公司，未经公司登记机关核准登记的，不得以公司名义从事经营活动。"根据该条款，在润阳公司取得营业执照之前，在注册地经营本身就是违反该规定，因此要求登记机关在核发营业执照前核实该公司是否在注册地经营本身就不符合规定。

故我局的审查职责应当是以形式审查申请人提交的材料是否齐全，符合法定形式为原则，对材料真实性应当由润阳公司负责，在润阳公司设立登记过程中登记人员已尽到审查职责，我局的该具体行政行为合法。

综上所述，我局认为，对润阳公司所作出的设立登记决定程序合法，材料齐全符合法定形式、适用法律法规准确。为维护法律法规的权威性和严肃性，敬请予以维持。

2016 年 3 月 6 日，浦口区人民政府经审理后，作出行政复议决定，驳回朱某某的行政复议申请。

行政复议决定书主要内容如下：

申请人：朱某某，住南京市××区××小区××幢3××单元××室

身份证号：320104194612××××××

被申请人：南京市浦口区市场监督管理局

地址：南京市浦口区浦珠北路 151 号

申请人认为被申请人未依法审查南京润阳建设集团有限公司（以下简称：润阳公司）工商注册申请资料真实性，违法办理了工商注册登记，致使其合法权益受到了侵害，2016 年 1 月 8 日向本机关申请行政复议，本机关依法予以受理，现本机关已审理完结。

申请人请求确认被申请人为润阳公司办理工商注册登记,并连续五年为润阳公司营业执照进行年审的行为违法。

申请人称:2010年购买了润阳公司房屋一套,后由于润阳公司未履行购房合同确定的义务,申请人向人民法院提起了民事诉讼,判决生效后,法院在执行时发现工商营业执照上登记的润阳公司的住所地星甸镇工业园区17号不是润阳公司的住所地,致使法院无法执行生效的判决。由于被申请人未能审查润阳公司工商注册申请资料的真实性,违法为润阳公司办理工商注册登记,致使申请人的利益受到了损害,请求确认被申请人为润阳公司办理工商注册登记行为违法。

被申请人辩称:为润阳公司进行工商注册登记符合1994年6月24日发布的《公司登记管理条例》第十七条、四十五条规定,其登记程序规范合法;登记机关审查职责应当是以形式审查申请人提交的材料是否齐全,是否符合法定形式为原则,材料真实性应当由润阳公司负责;润阳公司设立登记时提交的公司住所证明是润阳公司全体股东代表与南京市浦口区星甸镇乡镇企业管理服务站签署的财产租赁合同原件,且无证据证明合同双方的签字盖章系伪造,因此,该合同本身是真实有效的;为润阳公司进行企业年检符合1998年修订施行的《企业年度检验办法》第七条和2006年修订施行的《企业年度检验办法》第六条对企业年检程序的规定,其年检行为合法。

经审理查明:2010年10月17日,申请人与润阳集团签订房屋买卖合同并支付了购房款。由于润阳公司未履行购房合同约定的两年内办理房屋权证的义务,申请人向浦口区人民法院提起了民事诉讼,浦口区人民法院判决润阳公司返还申请人购房款并赔偿相关损失。判决生效后,申请人申请浦口区人民法院强制执行,浦口区人民法院未能将上述款项执行到位。申请人认为浦口区人民法院未能将上述款项执行到位的原因是被申请人为润阳公司办理工商注册登记和年检时未能审查润阳公司实际住所与工商登记住所是否一致。2016年1月8日申请人向本机关申请行政复议,请求确认被申请人为润阳公司办理工商注册登记,并连续五年为润阳公司营业执照进行年审的行为违法。

以上事实由1.〔2014〕浦桥商初字第46号民事判决书;2.浦口区人

民法院文书生效证明;3.申请执行书;4.复议申请书予以证实。

本机关认为:申请人利益受到损害的原因是润阳公司未能履行购房合同约定的义务,与被申请人为润阳公司办理工商注册登记并为其实施年检的行为没有利害关系。根据《中华人民共和国行政复议法实施条例》第二十八条、第四十八条第一款第二项规定,本机关决定:驳回申请人的行政复议申请。

如不服本决定,可以在接到本决定书之日起15日内,依法向南京市中级人民法院提起行政诉讼。

二、案例审查

本案中,朱某某向浦口区人民政府申请行政复议,请求确认被申请人为润阳公司办理工商注册登记,并连续5年为润阳公司营业执照进行年审的行为违法。工商注册登记是《行政许可法》第12条第5项规定的"企业或者其他组织的设立等,需要确定主体资格的事项",是行政许可的一种。本案系行政许可争议,可以运用上述关于行政许可争议复议审查的要点一一加以分析。

(一)合法性审查

1.审查争议行政许可是否属于复议范围

工商注册登记属于行政许可的一种,即属具体行政行为的范畴。因此,朱某某认为南京市市场监督管理局未能审查润阳公司工商注册申请资料的真实性,违法为润阳公司办理工商注册登记,致使申请人的利益受到了损害,符合《行政复议法》第6条第11项"认为行政机关的其他具体行政行为侵犯其合法权益的"的规定,属于行政复议的范围。

2.审查争议行政许可复议申请人、被申请人是否适格

本案中行政许可复议申请人为朱某某,为中国公民,是行政相对人。朱某某认为该浦口区市场监督管理局的违法工商注册行为侵害了其利益,故而是被具体行政行为侵害利益的人,因此,朱某某是适格的争议行政许可复议申请人。

根据《行政复议法》的规定,争议行政许可申请人对行政许可机关作出的行政许可行为不服,直接申请复议的,该行政许可机关是争议行政

许可被申请人。本案中朱某某对浦口区市场监督管理局的工商注册行为不服而提起行政复议,因此,争议行政许可被申请人是作为行政机关的浦口区市场监督管理局,完全适格。

3. 审查争议行政许可是否属于行政复议机关管辖范围

对县级以上地方各级人民政府工作部门作出的具体行政行为不服的复议,由申请人选择,由该部门的本级人民政府或上一级主管部门管辖。朱某某对浦口区市场监督局作出的工商注册登记不服,而浦口区市场监督管理局是浦口区人民政府的工作部门,因此,浦口区人民政府作为浦口区市场监督管理局的本级人民政府,作为本案的复议机关,对本案有管辖权。

4. 审查争议行政许可是否属于复议期限范围

根据《行政复议法》的规定,争议行政许可复议申请人应当在知道相应行政许可行为作出之日起 60 天内提出复议申请,法律另有规定的除外。因不可抗力或者其他正当理由耽误法定申请期限的,申请期限自障碍消除之日起继续计算。本案中,朱某某于 2015 年 11 月 17 日,朱某某向浦口区市场监督管理局写信反映南京润阳建设集团有限公司和南京金箍棒家具有限公司注册登记问题。因此,应当认定朱某某是在该日知道工商注册登记行为的,而朱某某提起行政诉讼的时间为 2016 年 1 月 8 日,相差 52 天,故而争议行政许可仍然在复议期限范围内。

基于以上分析,浦口区人民政府于 2016 年 1 月 11 日决定受理本案,是完全正确的。接下来,应当对工商注册登记行为进行进一步的审查。

5. 审查争议行政许可主体是否适格

本案中工商注册登记的行政主体为浦口区市场监督管理局,根据《公司登记管理条例》第 8 条规定,设区的市工商行政管理局的区分局负责本辖区内的工商注册登记。浦口区市场监督管理局有权为润阳公司进行工商注册登记。因此,浦口区市场监督管理局作为是争议行政许可的适格主体。

6. 审查争议行政许可事项是否合法

工商注册登记属于国家规定的,现行有效的行政许可事项,因此,合法。

7. 审查争议行政许可适用依据是否合法

浦口区市场监督管理局依据1994年6月24日发布的《公司管理登记条例》第3条、第17条为润阳公司进行工商注册登记，适用的依据为行政法规。虽然该行政法规已经两次修改，但是，作为原行为的依据的是旧的《公司管理登记条例》的条款，因此，仍然可以认定适用依据合法。

8. 审查争议行政许可收费是否合法

本案中不涉及行政许可收费问题，故无须审查。

9. 审查争议许可实施程序是否合法

本案中争议许可实施时，《行政许可法》尚未颁布，无法用相关条款审查。但是，1994年6月24日发布的《公司管理登记条例》中规定，由润阳公司提交了申请材料，发出了《公司登记受理通知书》，并由浦口区市场监督管理局在法定期限内进行了形式审查，核准登记，发给《企业法人营业执照》。因此，争议许可实施程序合法。

10. 审查争议行政许可监督检查是否合法

浦口区市场监督管理局对润阳公司进行年审、年验的行为均是依照《公司登记管理条例》的规定作出的，因此，不存在违法行为。

（二）合理性审查

本案中，浦口区市场监督管理局的注册登记行为是羁束行政行为，自由裁量的空间较小，因此，无须进行合理性审查。

（三）事实审查

本案中，浦口区市场监督管理局接到朱某某的反映信后，派人前往润阳公司注册地查清了事实，即润阳公司的注册场所与经营地点确实并不一致。但该事实并不影响行政复议机关的复议审查。本案的大部分事实，通过浦口区市场监督管理局的行政复议答复都能够认定清楚，因此，本案只需进行合法性审查，而无须经由事实审查。

综上所述，本案属于典型的争议行政许可复议案，经过全面的审查，应当维持原行政许可行为。

三、案例反思

本案争论的焦点实际上是登记机关对于登记这一种行政许可应当

采取形式审查还是实质审查。在本案中，浦口区市场监督管理局依照《公司登记管理条例》(1996年)对润阳公司登记提交的材料进行形式审查，由润阳公司对材料的真实性负责，因此，其工商注册登记的行政许可行为完全合法，并得到了复议机关浦口区人民政府的维持。而朱某某之所以认为浦口区市场监督管理局核准润阳公司的工商注册登记侵犯其合法权益，乃是因为朱某某认为浦口区市场监督局应该负有对注册登记申请材料实质审查的职责，并应该对材料的真实性负责。因此，对本案的最重要的反思应当是登记机关行政许可应采用形式审查还是实质审查。

我国《行政许可法》是一部规范政府行为的重要法律，行政许可实施行为是国家进行行政管理的有效手段，登记是行政许可最重要的种类之一。为了规范行政许可实施行为，《行政许可法》严格规定了行政许可的实施程序，分为几个方面：申请与受理、审查与决定、期限、听证和变更与延续等。其中，审查与决定程序是行政许可实施的关键环节。行政机关对行政许可的审查是行政机关在受理行政许可申请后，按照法定的程序对行政许可申请材料进行审查，决定是否应该核发许可证的活动。

(一)形式审查与实质审查的概念

《行政许可法》第34条规定："行政机关应当对申请人提交的申请材料进行审查。申请人提交的申请材料齐全、符合法定形式，行政机关能够当场作出决定的，应当当场作出书面的行政许可决定。根据法定条件和程序，需要对申请材料的实质内容进行核实的，行政机关应当指派两名以上工作人员进行核查。"通过该条文我们可以看到，行政机关受理申请以后，行政许可程序进入审查阶段。根据法律、法规的规定，行政机关对申请材料的审查，包括形式审查和实质性审查。

1.形式审查

所谓形式审查，是指行政机关仅对申请材料的形式要件是否具备进行的审查，即审查其申请材料是否齐全，是否符合法定形式。对于申请材料的真实性、合法性不作审查。例如，民办学校的登记，在《民办教育促进法》第18条中规定："民办学校取得办学许可证，并依照有关的法律、行政法规进行登记，登记机关应当按照有关规定即时予以办理。"因此,民办学校在登记时,登记机关不需要对民办学校的设立是否符合条件作实质审查,包括可以不需要对民办学校办学的资金来源是否真实、教师是否具备资格、场地和校舍是否符合国家的有关规定等进行审查,因为这些内容已经由民办学校的审批机关如教育行政部门或者劳动部门等进行过审查。民办学校登记的目的仅是确立其法人资格,所以,民办学校只要取得了审批机关颁发的办学许可证,登记机关就应当即时予以登记。由于形式审查不对申请材料的内容进行审查,因此,根据效率原则,《行政许可法》规定对于能够当场作出决定的,行政机关应当当场作出决定,以方便申请人,提高行政效率。

2. 实质审查

所谓实质审查,是指行政机关不仅要对申请材料的要件是否具备进行审查,还要对申请材料的实质内容是否符合条件进行审查。对于许可申请的实质审查,有的可以采取书面审查的方式,即通过申请材料的陈述了解有关情况,进行审查;有的实质审查还需要进行实地核查,才能确认真实情况。例如,《餐饮服务许可管理办法》第 14 条规定:“食品药品监督管理部门应当根据申请材料和现场核查的情况,对符合条件的,做出准予行政许可的决定;对不符合规定条件的,做出不予行政许可的决定并书面说明理由,同时告知申请人享有依法申请行政复议或者提起行政诉讼的权利。”从此规定可以看到,食品药品监督管理部门对餐饮服务提供者的许可申请需进行现场实地核查后方可做出许可决定。

(二)我国关于登记机关审查责任的争论及原因

在登记行为中,对于形式审查与实质审查义务一直是我国登记机关审查责任争论所在。一种观点是只需形式审查,彻底放弃实质审查。另一种观点是在形式审查基础上,绝不放弃实质审查。

对于第一种观点,以企业登记为例,持此观点者认为登记注册是政府对企业提供的一种权威而统一的程序性服务,而不是行政控制。基于这种定位,登记机关对公司提交的申请及有关文件资料,只作形式审查,即审查是否按公司法的规定提交了必需的文件资料。至于这些文件资料是否真实、内容是否合法等问题不在登记审查范围。他们认为,企业登记的根本作用在于公示事实和法律关系,实质审查根本不能有效地控制欺诈行为。形式审查在公信力方面已经准确表达了公司人格的虚拟性和与其交易的风险性,反而有助于促使当事人在与公司交易时认真考察其资信状况,养成良好的利用法律保护自己权利的习惯。而且,形式审查在使公司迅速成立的同时,借助责任制度的配合同样可以控制欺诈行为。鉴于此,世界各国在立法、实务以及司法审判中,普遍倾向于形式审查,而对实质审查不作要求,例如,英国、法国、日本等国家及我国香港地区等。

对于第二种观点,持此观点者认为,《行政许可法》第78条规定:"行政许可申请人隐瞒有关情况或者提供虚假材料申请行政许可的,行政机关不予受理或者不予行政许可并给予警告。"这是法律对申请人的要求,但这并不排除登记机关在申请人提出许可申请后随即负有的审查的义务。而且,一旦因行政机关疏于审查而违规实施行政许可,不仅将被责令改正,也会使相关人员受到行政责任乃至刑事责任追究;给当事人的合法权益造成损害的,还将承担赔偿责任。由此可见,行政机关虽不对申请材料实质内容的真实性负责,但仍负有审慎审查的责任,在具体免责条款出台之前绝不能放弃实质审查。

第二种观点之所以存在,主要是因为在我国长期以来传统意义上的登记不单纯是一种程序性服务,还保持一定的行政控制,这种目的必然需要通过对登记事项的实质审查来实现。例如,企业登记中登记主管机关审核登记注册的程序是受理、审查、核准、发照、公告。其中,审查的范围包括提交的文件、证件和填报的登记注册书是否符合有关登记管理规定,并核实有关登记事项和开办条件。经过审查和核实后,做出核准登记或者不予核准登记的决定。

并且,改革开放以后我国国民经济迅速繁荣发展,企业登记出现了申请人故意乱设、滥设企业的情况。众多的"皮包公司""三无企业""空壳企业"以及一些根本不具备经营条件和资格的主体进入市场,从事各种投机、违法和商业欺诈活动,致使合法经营者的交易风险大大增加。即使当前社会主义市场经济体系发展到现阶段,但市场主体不诚信的现象还是比较严重。登记机关通过一定程度上加强实质审查,的确取得了一定的积极效果。

（三）登记机关履行审查责任的探讨

从上述争论可见，在登记机关的工作实务中，如何把握好两者之间的关系，使两者有机结合，不仅在认知上存在歧义，在而且在操作中有较大的难度。笔者认为，鉴于当前《行政许可法》正在实施，而对登记类型的行政许可行为审查责任尚未有更明确的法律规范出台之前，综合两种观点应当确立以形式审查为主，实质审查为辅的审查方式，履行审慎责任。

1. 登记机关应当承担审慎审查的责任

登记机关的审慎审查是指登记人员对申请材料进行认真慎重地审查，并尽到了注意的责任。把握审慎审查原则，应该从三个方面来理解：一是依法行政的要求。登记人员应该做到主观上无过错，客观上做到了法律法规规章所要求的标准、步骤、条件等。二是实际操作的需要。登记人员是通过一般的方法和手段进行审查，如直观的、字面上的，对申请材料的语言文字、文件数量等作出判断，而非通过特别的方法和手段，如调查、鉴定、勘验等。三是考虑认知的能力。应按照一般的登记人员的知识范围和工作经验，做与其职责和能力相应的恰当理解。因此，登记审查不是不审查，也不是随便审查，而是要遵守审慎审查的原则，既不能苛求对一切把关，也不能做任意的狭义解释。

2. 登记机关应当确立以形式审查为主，实质审查为辅的审查方式

笔者认为，登记机关的审查应该理解为一般情况下主要是形式审查，申请材料齐全，符合法定形式。“一般情况下”是指没有出现需要进行实质审查的情形，“主要”是指对大多数企业是形式审查，只有少数企业进行实质审查。“形式审查”可以理解为，登记机关对申请材料是否齐全、是否符合法定形式进行审查。“申请材料齐全”是指依照企业登记法律、行政法规和规章要求申请人提交了全部材料。“符合法定形式”是指申请材料符合法定时限、记载事项符合法定要求、文书格式符合规范。

形式审查也要摒弃一种错误的理解，即认为既然是形式主义的就全盘放弃审查，只是对材料予以收集而完全不加任何判别的思想，如登记人员对复印件与原件是否一致应予核对而放弃责任，只要求申请人签字

确认即予以认可等。

3. 应当注意的几个原则

笔者认为，确立以形式审查为主，实质审查为辅的审查方式应当注意几个原则：一是遵守法律条文的规定；二是遵守效率和便民的原则；三是启动实质审查的必要性原则。必须进行实质审查的，登记机关应当启动实质审查程序，主要可以有以下四种：(1)审查时发现申请材料表面上存在明显瑕疵，如申请材料中有涂改痕迹等；(2)接到举报反映申请材料虚假，如反映公章、签字、文件造假等；(3)关系他人重大利益，如相邻关系、知识产权关系、契约关系等；(4)法律、法规、规章规定的须实质审查的情形。

第三章　行政确认复议实践

第一节　行政确认概述

行政确认明确当事人的法律地位、法律关系和法律事实，可以起到预防纠纷、保护当事人合法权益的作用；行政确认的结果也可以作为其他行政处理的前提和依据，为司法判决提供辅助作用，因此，行政确认是国家行政管理的重要手段。

一、行政确认的概念

行政确认一般指行政主体依法认定并公开宣告特定的法律事实或法律关系是否存在、是否真实以及行为是否合法的行为。行政确认作为一种确认性行为，不直接为相对人设定特定作为、不作为或者容忍义务，因此，不涉及强制执行，但是，可以作为其他命令性行政行为的前提。虽然行政确认不以设定、变更和废止具体的法律关系为目标，但是，这种认定行为也具有法律上的某些创设效力和拘束力，具有规制的特性，应当被认定为具体行政行为。行政确认是对特定法律事实或法律关系是否存在的宣告，这种确认行为必须是由客观事实和法律规定决定，所以，必须严格依照法律规定和技术鉴定规范进行。总体而言，学界对于行政确认这一概念形成了以下几种看法：

第一种，行政确认是行政机关对个人、组织的法律地位或权利、义务关系的确认、认可和证明。第二种，行政确认是指行政主体根据法律、法规的规定或授权，依职权或依当事人的申请，对一定的法律事实、法律关系、权利、资格或者法律地位进行确认、甄别、证明的行政行为。第三种，行政确认是指行政主体依法对相对人的法律地位、法律关系或有关法律事实进行甄别,给予确定、认定、证明(或否定)并通过法定方式予以宣告的具体行政行为。

综合上述观点,我们认为,行政确认是指行政主体依法对某一特定的法律地位、法律关系和法律事实的真实性、合法性给予确定、认定或证明的具体行政行为。这一定义包括以下三层含义:首先,行政确认的主体是特定的行政机关以及法律法规授权的组织。行政确认只能由特定的行政机关在职权范围内,依照法定程序和方式进行。其次,行政确认的内容必须是对某一特定的法律地位、法律关系和法律事实的真实性、合法性给予的确认、认定或证明。行政确认的目的在于,对已存的具有相应法律意义、依法需要确认的事项的真实性、合法性作出认定。最后,因为行政确认实质上是一种对特定相对人的法律地位、法律关系和法律事实的评价认定,因此,是一种外部的具体行政行为。

二、行政确认的特征

行政确认作为行政决定的一种行为形式,有着与其他行政行为不同的特性,具有以下几个基本特征:

(一)非处分性

行政确认是由行政机关判断特定的事实或法律关系是否存在,确定既存事实和法律关系。从这个角度来看,行政确认更多地起到一种证明作用,不直接对相对人的权利和义务进行增减,因而不具有处分性。

(二)准法律性

行政确认行为不属于严格意义上的法律行为,而属于准法律性行为。法律性行政行为与准法律行为性行政行为的区分标准是该行为是否包含作为行为主体的行政机关的效力意思。与法律性行政行为包含有效力意思相反,准法律性行政行为中不含有行政主体的效力意思,而仅仅是单纯的观念认识的表示。这些行为一般并不直接影响相对方的权利义务,但往往是相对人获得特定法律地位或权利利益的前提条件,如对公务员地位的确认是私人获得公务员职位的前提。

（三）要式性

由于行政确认的直接表现形式是对特定的法律事实或法律关系等的确定、认定或者证明，所以行政主体在作出确认行为时，一般须采用法定的书面形式载明行政确认的内容，以增强行政确认的权威性和信用性。

（四）证明性

行政确认是一种甄别、认定或证明行为。行政确认的基本目的和任务并不是为行政相对人设定权利和义务，而是为限定行为主体资格性、合法性、合理性、等级性、合格性、资格性等属性依法所做的评价和证明。例如，产品质量行政主管部门对产品质量的检验与评定、工商行政管理部门对经济合同的签证等均属于行政确认行为。

（五）效力先定性

一般公民作证或一般技术人员鉴定必须经过有权机关的审查认可才具有法律效力，而行政确认所标的结果具有法定确定力和强制力，除非有相反的证据能够推翻，否则有关当事人必须服从。行政确认通常是以独立完整的形式出现的行政行为。例如，对于交通事故责任的认定，当交通肇事者被认定为无责任时，行政机关也可以通过发布交通事故责任认定书结束该案件，而无须后续的行政处罚行为，交通事故责任的认定在这种情况下就是独立行为。但是，有时行政确认行为也被包含在其他行政行为之中，例如，在行政许可的过程中的确认行为，即行政确认行为中行政机关对申请人的资格进行审查确认，以行政确认的结果作为行政许可的前提，将行政确认行为包含于行政许可行为之中，此时的行政确认不具有独立性。

三、行政确认的主要形式

行政确认的主要形式具体有以下几种：

（一）确定

确定是指对个人、组织的法律地位与权利义务的确定，如劳动部门对个人或组织的劳动关系的确定。

（二）认可

认可又称认证，是行政主体对个人、组织已有法律地位和权利义务，以及确认事项是否符合法律要求的承认和肯定，如国家质量技术监部门对认证机构在开展食品质量管理、节能标志、无公害农产品标志时是否符合法定要求条件的承认和肯定。

（三）证明

证明即行政主体向其他人明确肯定被证明对象的法律地位、权利义务或某种情况，如婚姻登记机关对遗失结婚证的相对人出具的婚姻关系证明书。

（四）登记

登记即行政主体应申请人申请，在政府有关登记簿册中记载相对方的某种情况或事实，并依法予以正式确认的行为，如工商机关对拍卖合同进行的登记行为。

（五）鉴证

鉴证指行政主体对某种法律关系的合法性予以审查，然后确认或证明其效力的行为，如对文化产品是否合法的认定。

（六）鉴定

鉴定即行政主体对特定的法律事实或客体的性质、状态、质量等进行的客观评价，如医疗事故鉴定、交通责任事故鉴定、技术标准鉴定。

四、行政确认的原则

行政确认虽然未建立起统一制度，但各类行政确认一般遵循以下原则。

（一）依法确认原则

行政确认的目的在于维护公共利益，维护社会秩序的安定，保护公民、法人和其他组织的合法权益。因此，行政确认必须严格按照法律、法规和规章的规定进行，遵循法定程序，确保法律所保护的公益和行政相对人权益得以实现。

（二）客观、公正原则

行政确认，是对法律事实和法律关系的证明或者明确，因而必须始终贯彻客观、公正的原则，不允许有任何偏私。为此，需要建立一系列监督、制约机制，还须完善程序公开、权利告知等有关公正程序。

（三）保守秘密的原则

行政确认往往较多地涉及商业秘密和个人隐私，尽管其确认程序要求公开、公正，但同时必须坚决贯彻保守秘密的原则，行政确认的结果不得随意用于行政管理行为以外的信息提供。

五、行政确认的种类

行政确认的种类多、范围广，依据不同的标准可以做出不同的分类。

（一）依确认的启动方式

根据行政主体是否主动进行确认行为将行政确认分为依申请的确认和依职权的确认。依申请的确认，指必须由相对方提出申请，行政主体才能进行的确认，非依申请不得主动为之，如婚姻登记、工商企业登记、专利证书。依职权的确认，指行政主体不需对方申请，可主动实施的行政确认，如纳税鉴定、审计鉴定等。

（二）依确认涉及的领域

根据行政确认的主体或涉及领域的不同，行政确认可以分为公安机关进行的公安行政确认、卫生行政机关进行的卫生行政确认、工商行政管理机关进行的工商行政确认等。

（三）依确认的内容和对象

依据行政确认的内容和对象，具体分为以下几类：

对身份的行政确认，是指行政主体对相对方在法律关系中的地位的确认，如颁发居民身份证、学历和学位证书、烈士军属和优抚对象的证明等。

对能力或资格的确认，是指行政主体对相对方是否具有从事某种行为的能力或者资格的证明，如授予技术职称，对个体导游、驾驶人员、饮食服务、建筑师、会计师等的能力、条件、资格的认可。

对事实的行政确认，是指行政主体对某项事实的性质、状态、真伪、等级、数量、质量、规格等的确认，如对违反行政法律规范的具体违法行为性质的认定、对各种商品质量的检验认证、货物原产地的认定都属于行政确认。

对法律关系的行政确认,是指行政主体对某种权利义务关系是否合法有效的确认,如对经济合同的鉴证就是对法律关系的行政确认。

对权利归属的行政确认,是指行政主体对相对方享有某项民事权利的确认,也可称为行政确权。行政确权涉及的领域主要有:(1)不动产所有权的行政确权。主要指行政机关对集体所有制单位的土地、草原、水流等国有自然资源的所有权和个人的房屋、机器、设备、林木等的所有权依法核发所有权证书的行为。(2)不动产使用权的行政确权。主要指行政机关对公民、法人的土地、草原、矿产资源、山林等国有自然资源的使用权依法颁发使用证的行为。(3)经营权的行政确权。主要指行政机关对公民、组织取得工商业、建筑业等方面的生产经营权依法进行营业登记并核发营业执照的行为。(4)工业产权的行政确权。主要指专利管理机关和商标管理机关对公民组织的专利权、商标专用权依法颁发专利证书、商标专用证书的行为。

(四)依确认的从属性

依行政确认的从属性,可以分为独立的行政确认和附属的行政确认。独立的行政确认是指不依赖他种行政行为而独立存在的行政确认行为,即这种行为不是他种行政行为成立的必要前提,如公证、鉴定、证明、确认伤残等级等。附属性的行政确认,是指确认依赖于他种行政行为的补充,或者确切地说,确认是作出这种行政行为的前提。任何行政法律行为,都要经过确认事实、适用法律的过程,确认是作出法律行为过程中的一个环节。

六、行政确认的程序和救济手段

(一)行政确认的程序

我国尚未制定统一的行政确认制度,因此,不存在统一的行政确认程序。相关的行政确认程序散见于相应的法律、法规,如房产登记有房产登记的程序,结婚有结婚登记程序。

但是,一般认为行政确认有以下共同程序:

1. 立案或者申请与受理

依职权启动的行政确认,其开始的标志就是行政机关的主动立案。

依申请启动的行政确认,必须要以相对人提出申请为前提,以行政主体受理为启动标志。

2. 审查核实

行政机关在收到相对人的确认申请或依职权决定进行行政确认后,根据确认内容的不同进行审查。行政主体既要从形式上审查确认内容,很多时候也需要从事实上审查。审查的方式可分为形式审查与实质审查,必要时还应当进行现场勘察,对于专业技术鉴定的事项,也可以委托民间专业机构进行鉴定。行政机关在审查确认内容时,应当听取相对人以及利害关系人的意见,允许相对人或利害关系人提供有关的证据材料。

3. 作出确认决定

行政机关在审查的基础上作出确认决定,确认决定一般以书面形式作出,并以适当方式送达相对人。此外,某些依职权作出的行政确认决定未必向相对人送达,而是作为其他行政行为的前提,在作出其他行政行为时一起向相对人进行说明。

(二)行政确认的救济

目前,行政确认已经成为一种几乎覆盖所有行政领域的行政行为种类,随着社会发展和行政法理论的不断完善,行政确认行为的救济越来越得到实务界和理论界的重视。在我国,“行政确认”却长期以来是以学术词汇而存在,不被作为一种具体的行政行为所承认,被排除在行政复议和行政诉讼之外。直到 2004 年最高人民法院发布的《最高人民法院关于增加民事案件案由的通知》,其法律性质才通过官方文件进行了明确,也仅仅是被承认属于具体行政行为的一类。自此,行政确认才被正式纳入行政复议的受案范围。但是,行政确认的行政可诉性仍有疑问,大部分法院不直接承认行政确认行为的独立可诉性。直到 2014 年修改《行政诉讼法》,才第一次将自然资源权属的行政确认归入行政诉讼的受案范围。对于其他行政确认行为的可诉性,目前理论界和实务届都有较大争议。

行政确认所覆盖的范围广、内容复杂性强,司法界缺乏关于行政确认明确的界定与定性。在我国还没有关于行政确认制度、程序方面的专门法,涉及行政确认程序方面也只是散见于行政法的相关法规中。目前,行政确认行为虽然大部分可以获得行政救济,其中部分确认行为如行政确权也被司法救济所覆盖,但是,行政确认的行政救济和司法救济还有很长的路要走。

七、行政确认的效力

一般认为,具体行政行为具有公定力、确定力、拘束力和执行力。但是,行政确认由于一般不直接涉及相对人的权利和义务,因此,一般不具有执行力。所以,行政机关和利害关系人不能直接以行政确认书作为强制执行或者强制申请的依据。但是,行政确认一般具有以下效力:

(一)效力作用

行政确认后,使被确认的当事人权利与义务发生法律效力,如房产权被确认登记后,当事人就开始有权处分自己的房产。

(二)证据作用

行政确认是对当事人法律事实与法律关系的认定,因此,"行政确认书"(表现为各种证)能作为证据证明被确认事实与关系的存在,除非有相反证据通过法律程序推翻之。

(三)对抗善意第三人的作用

当事人的所有权与使用权,只有依法律法规的规定经过相应程序进行登记的,才能对抗善意取得的第三人。

八、行政确认与相关概念的辨析

(一)行政确认与行政许可

行政许可,是指在法律一般禁止的情况下,行政主体根据行政相对方的申请,经依法审查,通过颁发许可证、执照等形式,赋予或确认行政相对方从事某种活动的法律资格或法律权利的一种具体行政行为。

行政确认和行政许可虽然在很多方面有重合,有时,行政确认被包含在行政许可的某些阶段。但是,行政确定作为独立的行政行为时,与行政许可还是有很大的区别。具体在以下几个方面:

1. 启动方式不同

行政确认的启动既可以是依申请也可以是依职权,如交警依职权对交通责任进行认定。但是,行政许可一般而言是一种典型的依申请的行政行为,无申请则无许可,行政机关一般不得主动做出行政许可。

2. 行为对象不同

行政确认是指对行政相对人既有法律地位、权利义务的确定和认可,主要是指对身份、能力和事实的确认;行政许可的行为对象是行政相对人获得为某种行为的权利或资格。一般来说,前者是业已存在,而后者是许可之前不得为之。

3. 行为的法律效果不同

行政确认中未被认可的行为或地位将发生无效的结果而不适用法律制裁;而在行政许可中,未经许可而从事的行为将发生违法后果,当事人将因此受到法律制裁。行政确认的法律效果具有前溯性,对今后仅是种预决作用,而后者的法律效果具有后及性,不具有前溯性。

4. 所为的意思不同

行政确认行为表明行政主体的态度是对某种状态、事件、物或行为予以法律上的承认、确定或否定;而行政许可行为则是行政主体在对申请人的申请进行审查和判断的前提下,对申请是否予以准许或同意的行为。

5. 行为性质不同

行政确认属于确认性或宣示性行政行为,它仅表明现有的状态,而不以法律关系的产生、变更或消灭为目的。行政许可,从其正常状态而言是建立、改变或者消灭具体的法律关系,是一种法律形成性行政行为。

6. 内容不同

行政确认行为的内容具有“中立性”,它并不直接为当事人设定权利或义务,对当事人是有利还是不利,取决于确认时原已存在的法律状态或事实状态;而行政许可行为则是一种授益性行政行为,它直接为申请人授益。

7. 表现形式不同

行政确认一般只能以证书形式出现;而行政许可的表达尽管大部分

以书面的形式为主,但也存在口头、默示等许可方式,比如生猪的检疫章也是一种许可的表现形式。

(二)行政确认与行政裁决

行政裁决指行政机关依法律、法规授权,对当事人之间发生的与行政管理活动有关,或行政合同有关的民事纠纷进行审查,并做出裁决的行为。一般来说,行政裁决以确认作为前提。行政机关在行政确认的基础上对争议的事实作出客观的裁决。例外情况是,行政确认要通过行政裁决来表现。例如,土地使用权发生纠纷时,土地主管部门确定土地的归属,确认为某一方所有,这就是以裁决为表现形式,但实际是对权利的确认。

行政确认和行政裁决的不同表现在以下几个方面:

1. 行为对象不同

行政确认是指行政机关对行政相对人法律地位以及责任认定的确定。行政裁决的行为对象是相对人的纠纷矛盾,确认的是相对人的法律地位。

2. 行为性质不同

行政确认的结果只能为司法裁决提供证据。行政裁决行为则是行政主体依照申请人的申请根据法律规定进行裁判直接解决纠纷,具有与司法裁决相似的作用。

3. 内容不同

行政确认具有"中立性"的特点,不管对当事人有利与否,都只能由相关法律决定;但行政裁决是一种直接的判决行为,虽然过程具有中立性,但是结果是分对错定黑白的,直接关系到当事人双方权利义务的履行。

4. 行为的法律效果不同

行政确认不创设权利、不增加义务,没有强制执行力。行政裁决一旦做出,就会设定权利义务,行政相对人必须接受裁决确定的内容,不然会引发行政强制执行的效果。

第二节　行政确认争议的主要类型

在中国,由于目前缺乏对于行政确认的统一认定标准,同时也未建立统一的行政确认制度,行政确认行为没有统一可参照的程序标准。因此行政确认争议,难以通过行政确认的主体、行政确认的程序等标准来划分争议类型。只能通过行政确认过程中具体的行为划定争议类型。同时行政确认是一种羁束行政行为,必须基于事实、严格依照相应的认定标准,可自由裁量的空间较小。因此,行政确认行为的争议类型和数量并不多,以下做简要说明。

一、责任认定类争议

责任认定类行政确认行为涉及行政管理的诸多领域,如医疗领域的医疗事故责任认定、消防领域的火灾事故责任鉴定、交通管理领域的交通责任事故认定等。其中容易引发争议的两类行政确认行为:一是由社会劳动保障部门做出的工伤认定;二是由公安部门做出的道路交通事故责任认定。

(一)工伤责任认定

工伤认定是指由社会保险行政部门根据法律的授权,依据《工伤保险条例》的规定,基于对劳动者遭受事故伤害的调查,以及双方是否存在劳动关系的判断后,对职工因事故伤害或者患职业病是否属于工伤或者视同工伤的情形予以确认的行为。根据我国相关法律的规定,社会保险行政部门是工伤认定的主管单位,负有工伤认定的法定职责。工伤的认定需要对两方面进行实际确认:第一,对工伤事实的认定。根据相关法律,社保机构对劳动者的申请进行处理,通过调查事故伤害的事实,结合现行法律的规定,对劳动者是否属于工伤的情形、是否属于职业病的类型进行综合判断,作出认定。第二,对相对人法律地位的确定。工伤认定作为劳动者获得工伤赔偿的前提,确认是否属于工伤的情形,实际上是赋予劳动者是否是工伤人员的法律地位,进而享有获得赔偿的权利。利害关系人不服工伤认定情形的,想要消除工伤认定的效力,只能通过行政复议或行政诉讼。

目前,《工伤保险条例》和《工伤认定办法》中工伤确认的部分规定已趋于稳定,申请主体、内容和客体等实体问题已然成熟和完善,可对工伤确认的程序问题等之规定少之又少。工伤制度在我国兴起较晚,理论规定与实践操作结合还不是很紧密,加上立法技术有限、国外的相关成熟经验因为体制原因等又不能很好地直接引用借鉴。因此实践过程中对工伤的行政确认争议主要集中在具体操作程序上。现行的工伤认定程序过于繁琐复杂,根据相关法律规定,在受理了当事人关于受伤职工工伤确认申请后,工伤保险行政部门第一步要审核的是受伤职工与用人单位之间的劳动关系。这意味着,整个工伤确认的案件可能会从确认劳动关系的劳动仲裁起步。作为工伤确认案件对立的另一方用人单位可以借由繁琐的程序,逃避自己的责任。具体说来,在确认劳动关系的整个阶段,用人单位可以对仲裁结果不服,提起行政诉讼,将整个案件转入司法程序,经过一审、二审的裁判结果后,社会保险行政部门开始对工伤的相关事实进行认定最后做出结论,用人单位又可以针对该结论不服进而申请行政复议,或者进行行政诉讼,案件二次进入司法程序,又经过了一轮一审、二审甚至再审的诉讼程序。根据目前法律相关的法定审理期限,全过程耗时将近30个月,不利于保障受伤职工的合法权益。

(二)道路交通事故责任认定

交通事故责任认定,是公安交通管理部门运用专业的知识和技能,在查明交通事故原因后,根据当事人的违章行为与交通事故的因果关系,依法对当事人各方的交通事故责任进行认定的行为。1991年国务院《道路交通事故处理办法》第5条将道路交通事故的责任认定的职责法定给了公安机关,这一公安机关的行政确认职责也被后续的法规所保留。但是,1992年最高人民法院和公安部联合发布了《关于处理道路交通事故案件有关问题的通知》。此通知规定:“当事人仅就公安机关作出的道路交通事故责任认定和伤残评定不服,向人民法院提起行政诉讼或民事诉讼的,人民法院不予受理。当事人对作出的行政处罚不服提起行政诉讼或就损害赔偿问题提起民事诉讼的,以及人民法院审理交通肇事刑事案件时,人民法院经审查认为公安机关所作出的责任认定、伤残评定确属不妥,则不予采信,以人民法院审理认定的案件事实作为定案的依据。"实际上不承认对于交通事故责任的认定属于行政确认的一种,排除了交通事故责任认定行为的可诉性。2007 年 12 月 29 日,新修订的《道路交通安全法》第 73 条更是将公安机关对交通事故的责任定性为"证据",亦有排除纳入行政复议和行政诉讼范围之意。此外,《火灾事故调查规定》第 31 条也规定,对火灾事故的责任认定不服的只能向公安机关申请重新认定。可以说,公安机关对于各类事故的责任认定,都被认为是对事实的行政鉴定,不是独立的行政行为。

但是,公安机关的道路交通事故责任认定等责任认定行为应属于行政确认的一种类型。因为行政确认在功能上具有多样性,责任认定既可以作为独立的行政行为,同时在其他法律关系中又可以作为证据,不能单纯地认为是证据鉴定。相对于普通的婚姻登记、房产登记等确认行为,事故责任认定实际上起到了一种义务认定的作用,不应被简单定义为证据认定。行政确认应当与行政鉴定合理区分,行政鉴定是一种事实行为,只涉及技术层面不涉及法律关系,但是,事故责任认定涉及"责任"划分,虽然不直接涉及当事人义务范围,却可间接影响当事人的权利与义务范围。因此,事故责任认定应被视为一种行政确认行为,作为一个独立的行政确认行为,事故责任认定不应该作特殊处理,被排除在行政复议和行政诉讼之外。

二、确权类争议

行政确权,原先特指行政机关在法律授权前提下,通过一定的法律程序,确认自然资源所有权、使用权归属的行政行为。作为一种典型的行政确认行为,行政确权经过发展,目前已涉及生活的诸多领域,如房屋产权确认、著作权产权确认、草场使用权的确认、集体企业财产的产权界定等。权属确认关系到权利人对物的支配,势必会对相对人的权利义务产生实际影响。

我国存在大量的土地、森林、草原等自然资源权属的争议,随着自然资源权属价值的日益凸显,这种争议会成为影响社会稳定的潜在风险。此类自然资源权属确认属于行政确认,特指行政主体依法对行政相对人所享有的某项自然资源的权利予以确认的行为。行政机关根据法律法规的规定和自然资源的属性,依据当事人的申请,对自然资源的使用权或者所有权的归属进行确认,以此来明确权利。目前权属确认类行为虽然并没有完全排除在行政复议的受案范围外,但是,《行政复议法》和《行政诉讼法》中明确承认的确权行为受案范围只包括行政机关作出的关于确认土地、矿藏、水流、森林、山岭、草原、荒地、滩涂、海域等自然资源的确权。在此类资源行政确权行为中,行政机关的审慎审查和程序容易引发争端。以"武汉华珍药业有限公司土地行政确认案"为例,国土资源局在办理权属变更登记过程中,未尽审慎审查的义务,在土地转让方未提交变更登记的书面申请,缺少土地转让和受让方法定代表人身份证明,且公司印章与代表人签名涉嫌伪造的情况下,仍进行土地使用权变更登记,程序严重违法。以上的问题绝非个案,在社会生活中广泛存在。

三、登记类争议

登记根据法律效果的不同,可分为许可式登记、备案式登记和确认式登记。许可式登记是行政机关以登记的方式赋予相对人从事某些特定活动的权利。例如,在《行政许可法》中规定,企业或者其他组织在设立时,要进行登记,这种登记确定主体享有的权利、资格,这种登记行为实质上是行政许可。备案式登记是法律关系的变动,只是行政主体为了管理的方便,将需要的信息记录在册的行为,这种行为并不会引起行政相对人或第三人的法律关系的变动,其实质是一种事实行为。比如,房东出租房屋时,要与房客签订书面合同,并向有关部门登记备案。这种备案是为了方便行政主体的管理,并不能产生什么法律效力。确认式登记是指行政主体依据行政相对人的申请,对行政相对人的某种情况或事实予以确认,并进行书面记载的行为。常见的确认性登记包括婚姻登记、姓名登记、房屋产权登记、抵押登记等。确认式登记与当事人的权益密切相关,行政登记的类型多种多样,所依据的法律、法规各不相同。在实践中姓名登记和婚姻登记行为受到广泛关注,是容易诱发争议的行政确认行为。

（一）姓名登记

姓名登记是确认性登记，属于行政确认的范畴。姓名登记是公安机关根据当事人的申请，对其享有该姓名的事实予以确认，并进行书面记载。姓名登记行为不能使申请人因此获得新的权利，也没有事前禁止性法律，不应被认为是一种行政许可。

姓名登记的争议点在于法律的适用，依据《民法总则》和《婚姻法》的规定，公民享有姓名权，登记机关应当根据当事人的申请，办理姓名登记。《民法总则》规定公民依法享有姓名权，但没有具体规定；《婚姻法》规定子女可以随母姓可以随父姓，但没有规定可以自创姓氏。因此，在公安机关拒绝对一些比较怪异的姓名进行登记时，会引起相对人的不满，引起诸如“北雁云依案”和“赵C案”的行政诉讼案件。公安机关在进行姓名登记时，虽然相关上位法没有做出明确的具体规定，但是，全国人大常委会立法解释的规定：在父母姓氏之外自创其他姓氏必须符合以下要求：一是不违反公序良俗；二是有其他正当理由。公民仅凭个人喜好，随意选取姓氏自创姓氏的做法具有明显的随意性，会对传统文化和伦理观念造成冲击，违背社会风俗和一般道德要求，不符合立法解释关于在父母姓氏之外选取姓氏的规定。由此可见，姓名登记虽然是一类行政确认，但是，姓名登记不是行政机关简单的根据当事人的申请，予以书面记载，还涉及对民事实体法的理解和适用。姓名登记这一行政确认行为不仅要符合登记的相关要求，还要符合民事实体法的规定。

（二）婚姻登记

婚姻登记是一种严格的要式行为，是缔结或解除婚姻关系的法定形式。由于人身依附性强，不管是结婚还是离婚，双方必须亲自到场向民政部门提出申请，民政部门根据申请颁发结婚证或离婚证。婚姻登记作为一种行政行为，是民政部门以签发婚姻证书为表现形式肯定或者消灭当事人之间婚姻关系的行为，会对当事人的权利义务产生潜在影响，比如财产关系、继承权问题、子女抚养等。对于结婚登记不服，当事人根据不同的角度和实际情况既可以提起民事诉讼也可以提起行政诉讼。对违反结婚登记的行为，通过行政诉讼确认登记行为违法后，可以撤销结婚登记。

问题是婚姻登记实际上包含了结婚登记和离婚登记两类行政确认行为，目前仅有结婚登记被确认为一种行政确认并被纳入行政救济的范围。离婚登记被排除在行政确认的范围外。这主要是因为现行《婚姻法》对结婚只规定了无效婚姻和可撤销婚姻，但没有规定无效离婚或可撤销离婚，离婚证一经颁发即生效，具有公信力。但是，一方面离婚登记具有公法和私法的双重属性，是民政部门确认婚姻关系解除的证明行为，具有公示公信的效果，是一种特殊的行政确认；另一方面是《婚姻法》《婚姻登记条例》中没有关于无效离婚和可撤销离婚的规定，民事诉讼中也没有设立无效离婚和可撤销离婚的诉讼，若将离婚登记排除在行政救济之外，当事人对离婚登记的争议就无法获得有效救济，这不符合"有权利就有救济"的法治理念。

第三节　行政确认复议审查要点

我国行政确认没有统一的立法，只是散见于各个单行法中，比较常见的就是《中华人民共和国道路交通安全法》以及《中华人民共和国道路交通安全法实施条例》中有关交通责任事故认定的规定、《医疗事故处理条例》中有关医疗事故技术鉴定的相关规定。这些法律、规章中也只是泛泛、粗浅的规定了行政确认的相关规则。因为行政确认的行为方式千千万万，所以各种行政确认的行为审查侧重倾向也各有不同，学界和司法界对行政确认的系统性研究还很薄弱。行政确认行为与一般行政行为而言，虽然不直接涉及相对人的权利与义务，不具有执行性，行政确认行为仍旧是一种具体的行政行为。因此，行政确认在复议过程中除非另有规定的，应适用《行政复议法》的一般规定进行审查。依据《行政复议法》和《行政复议实施细则》的相关内容，行政确认复议的审查工作重点在于以下几个方面：(1)被申请行政确认行为是否属于行政复议受案范围；(2)被申请行政确认行为的复议管辖；(3)复议过程中的时限问题；(4)被申请复议的确认行为的合法性；(5)被申请复议的确认行为的合理性。

一、受案范围

《中华人民共和国行政复议法实施条例》第28条明确了复议机关受理行政复议申请的必要条件是：申请事项属于《行政复议法》规定的行政复议范围。依据《行政复议法》第6条第11款的相关内容，行政确认作为行政机关作出的具体行政行为是被包含在行政复议的受案范围中的。同时根据《行政复议法》第8条和《江苏省关于贯彻实施〈中华人民共和国行政复议法〉的若干意见》第6条的相关内容，行政处分、行政机关的民事调解行为、依照《刑事诉讼法》的明确授权实施的行为、行政机关针对不特定对象发布的能反复适用的规定、不具有强制力的行政指导行为、驳回当事人对行政行为提起申诉的重复处理行为、行政机关对落实私房政策等历史遗留问题作出的处理等被排除在行政复议的受案范围外。

二、复议管辖

行政复议管辖，是指不同层级和职能的行政机关之间受理案件的分工。行政复议的管辖认定，对行政机关而言可以明确行政复议权的行使机关，对相对人而言可以明确应向哪个行政机关提起行政复议申请。行政确认行为作为一种具体的外部行政行为，在复议管辖上并无什么特殊，应执行现行的行政复议管辖规定。《行政复议法》第13条到第15条的相关规定明确了行政复议的管辖权。行政复议管辖制度如下：

(1)对县级以上地方各级人民政府工作部门的具体行政行为不服的，由申请人选择，可以向该部门的本级人民政府申请行政复议，也可以向上一级主管部门申请行政复议。对海关、金融、国税、外汇管理等实行垂直领导的行政机关和国家安全机关的具体行政行为不服的，向上一级主管部门申请行政复议。

(2)对地方各级人民政府的具体行政行为不服的，向上一级地方人民政府申请行政复议。对省、自治区人民政府依法设立的派出机关所属的县级地方人民政府的具体行政行为不服的，向该派出机关申请行政复议。

(3)对国务院部门或者省、自治区、直辖市人民政府的具体行政行为不服的,向作出该具体行政行为的国务院部门或者省、自治区、直辖市人民政府申请行政复议。对行政复议决定不服的,可以向人民法院提起行政诉讼;也可以向国务院申请裁决,国务院依照《行政复议法》的规定作出最终裁决。

(4)对其他行政机关、组织的具体行政行为不服的,按照下列规定申请行政复议:

①对县级以上地方人民政府依法设立的派出机关的具体行政行为不服的,向设立该派出机关的人民政府申请行政复议;②对政府工作部门依法设立的派出机构依照法律、法规或者规章规定,以自己的名义作出的具体行政行为不服的,向设立该派出机构的部门或者该部门的本级地方人民政府申请行政复议;③对法律、法规授权的组织的具体行政行为不服的,分别向直接管理该组织的地方人民政府、地方人民政府工作部门或者国务院部门申请行政复议;④对两个或者两个以上行政机关以共同的名义作出的具体行政行为不服的,向共同上一级行政机关申请行政复议;⑤对被撤销的行政机关在撤销前所作出的具体行政行为不服的,向继续行使其职权的行政机关的上一级行政机关申请行政复议。有上述五项所列情形之一的,申请人也可以向具体行政行为发生地的县级地方人民政府提出行政复议申请。

在管辖权明确的情况下,具体办理行政复议事项的机构由《行政复议法实施细则》和《江苏省关于贯彻实施〈中华人民共和国行政复议法〉的若干意见》规定:“县级以上地方各级人民政府的法制办公室和具有行政复议职责的县级以上地方各级人民政府工作部门负责法制工作的处(科、室、股)(以下简称法制工作机构),具体办理本级政府或所在部门的行政复议事项。省政府法制办公室主管全省的行政复议工作。市、县(市、区)人民政府法制办公室主管本行政区域内的行政复议工作。县级以上地方各级人民政府工作部门负责指导和监督本系统的行政复议工作。”

三、复议期限

目前,在我国不存在统一的行政确认程序,所以,不同的行政确认行为适用各自的程序。所以,行政确认的复议期限在没有特别的规定的情况下,应适用一般的行政复议程序。

对于行政确认不服的提出行政复议期限,依照《行政复议法》第9条:“公民、法人或其他组织认为具体行政行为侵犯其合法权益的,可以自知道该具体行政行为之日起六十日内提出行政复议申请;但是法律规定的申请期限超过六十日的除外。”此外《行政复议法实施条例》第15条又作出相应的补充:当场作出具体行政行为的,自具体行政行为作出之日起计算;载明具体行政行为的法律文书直接送达的,自受送达人签收之日起计算;载明具体行政行为的法律文书邮寄送达的,自受送达人在邮件签收单上签收之日起计算;没有邮件签收单的,自受送达人在送达回执上签名之日起计算;具体行政行为依法通过公告形式告知受送达人的,自公告规定的期限届满之日起计算;行政机关作出具体行政行为时未告知公民、法人或者其他组织,事后补充告知的,自该公民、法人或者其他组织收到行政机关补充告知的通知之日起计算;被申请人能够证明公民、法人或者其他组织知道具体行政行为的,自证据材料证明其知道具体行政行为之日起计算。行政机关作出具体行政行为,依法应当向有关公民、法人或者其他组织送达法律文书而未送达的,视为该公民、法人或者其他组织不知道该具体行政行为。

对于行政确认行政复议受理的期限,遵照《行政复议法》第17条之规定,复议机关收到复议申请起5日之内决定是否受理。当复议机关收到属于其他行政复议机关受理的行政复议申请时,应依照第18条的相关规定自接到该行政复议申请之日起7日内,转送有关行政复议机关,并告知申请人。接受转送的行政复议机关应当依照《行政复议法》第17条的规定办理。

对于行政确认行政复议决定的期限,《行政复议法》第31条规定:“行政复议机关应当自受理申请之日起六十日内作出行政复议决定;但是法律规定的行政复议期限少于六十日的除外。情况复杂,不能在规定期限内作出行政复议决定的，经行政复议机关的负责人批准，可以适当延长，并告知申请人和被申请人；但是延长期限最多不超过三十日。”

四、被复议行政行为的合法性

行政复议机关应当审查申请行政复议的具体行政行为的合法性与适当性。《行政复议法》第 28 条规定了行政复议决定的种类，其中，第 1 款第 1 项、第 2 项规定的决定维持、决定履行的适用条件易于把握，而第 3 项规定的决定撤销、变更或者确认具体行政行为违法的适用条件则不十分清晰，由于司法界并未出台统一的标准因此被复议行为的合法性认定存在一定问题。认定被复议行为不合法的情形主要有五种：(1)主要事实不清、证据不足的；(2)适用依据错误的；(3)违反法定程序的；(4)超越或者滥用职权的；(5)具体行政行为明显不当的。行政确认行为作为一种具体行政行为，在合法性审查的过程中，应当重点注意被确认内容的法律地位、法律关系和法律事实的真实性、合法性，同时符合必要的行政确认程序。

审查争议行政确认事项合法性应当依照以下所列各项逐一进行审查：

1. 审查争议行政确认事项是否属于应当进行行政确认的事项以及是否属于确认机关的职权范围。

2. 审查行政确认依据的法律规范。若是法律、行政法规、地方性法规有明确的行政确认规定，则依照相关上位法进行行政确认工作；若是规章规定了行政确认的相关内容，除省政府的规章设定的临时规章外，应进一步审查规章本身是否合法，所设定的行政确认事项是否与上位法冲突。同时，要审查行政确认所适用依据是否现行有效。审查行政确认适用依据是否正确，包括受理或不受理的决定适用的依据是否正确或行政确认决定所适用的依据是否正确。

3. 审查争议确认实施程序是否合法

程序主要包括对受理阶段的审查和审查阶段。前者审查的重点在于：(1)受理的决定是否在法定期限内作出；(2)行政机关是否制作受理或不受理的书面通知。后者审查的重点在于：(1)需对申请材料进行书面形式审查的,应有行政机关的书面审查意见书。审查申请材料是否齐全并符合法定形式,如材料齐全并符合法定形式,应当在法定期限内作出决定;(2)审查申请材料有当场可以更正的错误时,如行政确认机关是否及时告知行政相对人更改;(3)审查对申请材料的实质内容需核查的,行政确认机关是否指派相应工作人员进行核查。

五、被复议行政行为的合理性

行政复议具有“化解社会矛盾,促进社会和谐”,“引导人民群众以理性合法的方式表达利益诉求……减少集体上访、特别是非正常上访……尽可能避免政府与老百姓对簿公堂”的政治意义。因此,行政复议对于复议事项的合理性审查尤为重要,《行政复议法》第28条第3款第5项,将具体行政行为明显不当的作为撤销、变更或者确认该具体行政行为违法的前提。同时行政法中比例原则要求行政机关实施行政行为应该兼顾行政目标的实现和行政相对人合法权益的保护,如果行政目标的实现可能造成相对人权益的损害,应该将这种损害限制在尽可能小的范围内,使两者维持适度的比例。然而,行政确认行为自由裁量的空间较小,是一种要式的羁束行政行为,一般不会引起较大的合理性争议。行政确认合理性,需要重点考察确认行为的作出是否符合授权法目的、是否考虑了相关因素、是否对相关事实和证据进行合理的认定和采用。

第四节　典型案例分析

行政确认类复议案件,虽然在行政复议案例中并不常见,不是行政复议工作中的工作重点。但是,行政确认复议案件审查具有一定的难度,其根本原因在于国家对行政确认缺乏统一的规定,行政确认行为本身缺少完善的可操作制度,因此,在复议过程中容易出现审查依据存在不足的情况。浦口区人民政府处理行政确认复议案件实践中有一系列经典案例,现举一例分析如下。

案例:浦口区原浦物资再生利用中心七里回收站不服南京市浦口区人力资源和社会保障局《工伤认定》案

一、案例简介

案由:申请人要求撤销被申请人作出的宁人社工认字〔2014〕PK171号职工工伤认定书。

申请人:南京市浦口区原浦物资再生利用中心七里回收站

被申请人:南京市浦口区人力资源和社会保障局

复议机关:南京市浦口区人民政府

高某是在南京市浦口区原浦物资再生利用中心七里回收站从事废品切割、分解等处理工作的工人。2004年8月起,高某在未与七里回收站签订相关劳动合同情况下,在七里回收站从事相关的切割、分解工作,2008年时高某离开七里回收站。2011年3月高某因七里回收站负责人陶某口头通知,返回工作岗位继续工作,但是依然没有签订相关合同,只购买了商业保险。2013年5月9日下午2时左右,高某在工作过程中左手受伤导致左手第一掌骨骨折,随后在浦口中心医院进行了切开复位内固定手术。七里回收站的负责人陶某支付了相应入院费用、医疗费用,但是双方对于赔偿事项难以协商一致。2013年8月6日,高某就确认劳动关系纠纷向南京市浦口区劳动人事争议仲裁委员会申请劳动仲裁,该委于2013年8月14日作出仲裁决定(宁浦劳人仲裁〔2013〕1004号),对于劳动关系争议依法终止审查。2013年8月19日,高某向南京市浦口区人民法院提起民事诉讼,要求确认与七里回收站之间存在劳动关系。南京市浦口区人民法院于2013年11月11日做出一审判决,确认高某和七里回收站自2011年3月起建立了事实劳动关系。七里回收站不服一审判决,于2013年12月27日向南京市中级人民法院提起上诉。南京市中级人民法院于2014年3月4日作出终审决定,驳回七里回收站的上诉,维持一审原判,认定七里回收站与受伤员工高某间存在事实劳动关系。

在劳动关系已被明确的情况下,2014年4月29日,高某委托江苏天九律师事务所两位律师向南京市浦口区人力资源和社会保障局提起工伤认定申请,浦口区人社局依法作出了宁人社工认字〔2014〕PK171号工伤认定。七里回收站因不服南京市浦口区人力资源和社会保障局作出的《职工工伤认定书》(宁人社工认字〔2014〕PK171号),于2014年7月25日向南京市浦口区人民政府提出行政复议申请。七里回收站认为自身不具备用工自主权,与高某之间属于雇佣关系因而不适用工伤保险的条款;要求被申请人撤销作出的《职工工伤认定书》(宁人社工认字〔2014〕PK171号)。南京市浦口区人民政府于2014年7月28日受理此行政复议申请,并于2018年8月1日向南京市浦口区人力资源和社会保障局送达了相关行政复议答复通知书[〔2014〕浦行复(答)字第26号]。2014年8月6日,南京市浦口区人力资源和社会保障局对该起工伤认定进行了答辩。

南京市浦口区人民政府经审查查明:2014年4月29日,受伤职工高某委托江苏天九律师事务所律师向被申请人浦口区人社局申请工伤认定,当日被申请人依法予以受理。2014年5月4日被申请人向申请人送达了举证通知,2014年6月4日,被申请人作出了(宁人社工认字〔2014〕PK171号)职工工伤认定,并于2014年6月13日、17日分别送达了申请人和高某。另查明,高某于2004年8月到申请人处从事废品切割、分解处理工作。2008年,高某离开申请人处,2013年3月,高某重新回到申请人处工作。2013年5月9日,高某在申请人处工作时受伤,并入院治疗。2013年8月6日,高某向南京市浦口区劳动人事争议仲裁委员会申请劳动仲裁,请求确认劳动关系。南京市浦口区劳动人事争议仲裁委员会依法终止后,高某向南京市浦口区人民法院提起诉讼,请求确认与申请人的劳动关系。2013年11月11日,南京市浦口区人民法院依法作出判决,确认高某与申请人2011年3月起建立事实劳动关系(〔2013〕浦民初字第2191号)。申请人不服向南京市中级人民法院提起上诉,2014年3月4日,南京市中级人民法院作出终审判决,驳回上诉,维持原判(〔2014〕宁民终字第130号)。

南京市浦口区人民政府综合上述情况,结合《中华人民共和国劳动合同法实施条例》第四条的规定,于2014年9月12日作出裁定,认为被申请人依据相关法律、法规作出的(宁人社工认字〔2014〕PK171号)职工工伤认定,事实清楚,证据充分,适用法律正确,程序合法。根据《行政复议法》第 28 条第 1 款第 1 项之规定,南京市浦口区人民政府作出(〔2014〕浦行复第 26 号)复议决定:依法维持南京市浦口区人力资源和社会保障局作出的职工工伤认定。浦口区人民政府分别于 2014 年 9 月 16 日和 17 日,将行政复议决定书送达高某和南京市浦口区原浦物资再生利用中心七里回收站。

二、案例审查

(一)引发复议的行政行为的合法性评价

1. 适用法律法规是否正确

本案中七里回收站虽是分支机构,无独立用工资格且属于国有机构,不具备独立的法人资格和用工条件。但是,依据《中华人民共和国劳动合同法实施条例》第 4 条的规定,劳动合同法规定的用人单位设立的分支机构,依法取得营业执照或者登记证书的,可以作为用人单位与劳动者订立劳动合同。同时,《劳动合同法》第 7 条规定了,用人单位自用工之日起即与劳动者建立劳动关系。因此,本案中劳动关系非常明确,应当适用《工伤保险条例》。此外,依据《工伤保险条例》第 19 条第 2 款的规定,用人单位认为不属于工伤的,由用人单位来承担举证责任。七里回收站又未能在有效举证期内,证明其受伤职工不存在劳动关系及职工非因工作负伤的事实。所以,浦口区人社局根据《工伤保险条例》第 14 条第 1 款规定,受伤职工高某是在工作时间和工作场所内,因工作原因受到事故伤害的,应当认定为工伤。

因此,南京市浦口区人力资源和社会保障局作出的(宁人社工认字〔2014〕PK171 号)工伤认定,所依据的法律、法规正确。

2. 主体是否超越权限

根据《工伤保险条例》第 5 条第 2 款的规定,浦口区人社局作为南京市浦口区人民政府社会保险行政部门负责本行政区域的工伤保险工作,因此浦口区人社局具有工伤认定的法定职权。因此,南京市浦口区人力资源和社会保障局作出的(宁人社工认字〔2014〕PK171 号)工伤认定,主体未超越职权。

3.程序是否正当

虽然我国目前没有出台行政确认的统一程序，但工伤认定无论是在中央层面还是地方实际操作层面已有了较为完备的程序规定。

首先，2014年4月29日，受伤职工高某委托江苏天九律师事务所向浦口区人社局提出工伤认定申请。高某是2013年5月9日受伤，提出工伤认定时间距受伤时间未满一年，符合《江苏省工伤保险条例实施细则》第12条的规定，工伤认定的申请应在一年内提交的要求。浦口人社局当日作出受理决定并出具《工伤认定申请受理决定书》。符合《江苏省工伤保险条例实施细则》第14条社会保险行政部门收到工伤认定申请后，在15日内对申请人提交的材料进行审核并作出受理决定的时限要求。

2014年5月4日，浦口人社局向七里回收站发出了举证通知（宁人社工举字〔2014〕PK第6号），通知载明了举证时限和举证内容。七里回收站并未在规定时间内进行举证也未申请延期举证，应视为放弃举证。社会保险行政部门受理工伤认定申请后，可以要求用人单位、职工或者其近亲属提交有关证据材料。用人单位、职工或者其近亲属应当配合社会保险行政部门调查核实取证，并提供有关证据材料，严格依照《江苏省工伤保险条例实施细则》第15条："职工或者其近亲属、工会组织认为是工伤，用人单位不认为是工伤的，社会保险行政部门应当书面通知用人单位举证。用人单位无正当理由在规定时限内不提供证据的，社会保险行政部门可以根据职工或者其近亲属、工会组织以及相关部门提供的证据，或者调查核实取得的证据，依法作出工伤认定决定。"

2014年6月4日，浦口区人社局在作出（宁人社工认字〔2014〕PK171号）职工工伤认定。并分别于2014年6月13日、17日，送达用人单位和申请人处。符合《工伤保险条例》第20条第1款"社会保险行政部门应当自受理工伤认定申请之日起60日内作出工伤认定的决定，并书面通知申请工伤认定的职工或者其近亲属和该职工所在单位"的程序要求。综上，南京市浦口区人力资源和社会保障局作出的工伤认定程序正当。

4.证据是否充分

南京市浦口区人力资源和社会保障局作出的（宁人社工认字〔2014〕

PK171 号）工伤认定，证据充分。

（1）高某符合工伤申报的主体资格且其代理人符合代理资格

证据包括：高某的《授权委托书》及被授权人的律师资格证。

（2）七里回收站与高某存在劳动关系

七里回收站的代理人符合代理资格、七里回收站是适格的用工主体、且高某与七里回收站存在事实劳动关系。这是本案最大的争议点，劳动关系的存在是工伤认定的基础。

证据包括：七里回收站提供的《授权委托书》；七里回收站企业登记资料查询表；浦口区法院的《民事判决书》（〔2013〕浦民初字第 2191 号）；南京市中级法院《民事裁定书》（〔2014〕宁民终字第 130 号）。以上证据证明七里回收站作为南京市浦口区原浦物资再生利用中心的分支机构可与劳动者订立劳动合同；申请人主张的与受伤职工之间应当认定为雇佣关系而非劳动关系没有法律依据，而且申请人与受伤职工间的事实劳动关系已经被人民法院所认定。

（3）高某受伤事实

证据包括：受伤职工高某的口述、浦口中心医院的病历、出院记录、DR 检查报告单。还原了受伤情况、证明了受伤程度，符合《工伤保险条例》第 14 条的工伤认定条件。

（4）行政确认的程序正当

证据包括：高某的工伤认定申请表、受理通知书、举证通知书、工伤认定书及其送达回执。

（5）是否存在明显不当

南京市浦口区人力资源和社会保障局作出的（宁人社工认字〔2014〕PK171 号）职工工伤认定事实清楚、证据充分、程序合法，适用法律、法规正确并无明显不当。维护了社会和谐稳定，维护了工伤职工的合法权益。

（二）行政复议工作评议

南京市浦口区人民政府对于本次工伤认定的行政复议工作，克服了目前国内行政确认缺乏统一制度和程序的困难。严格的审核了相关事实和证据情况，充分听取了双方当事人的辩解，所作出的复议决定，程序合法、依据充分、适用法律法规正确,对于保障社会的和谐稳定和公平正义具有极为积极的作用。

1. 受理是否正确

南京市浦口区人民政府受理申请人行政处罚复议是正确的。

根据《行政复议法》第 9 条第 1 款的规定:"公民、法人或者其他组织认为具体行政行为侵犯其合法权益的,可以自知道该具体行政行为之日起六十日内提出行政复议申请;但是法律规定的申请期限超过六十日的除外。"2014 年 6 月 4 日,南京市浦口区人力资源和社会保障局作出了(宁人社工认字〔2014〕PK171 号)工伤认定,并于当月 13 日向七里回收站送达(宁人社工认字〔2014〕PK171 号)工伤认定。对于南京市浦口区人力资源和社会保障局的工伤认定,七里回收站不服并委托站长于 2014 年 7 月 25 日向南京市浦口区人民政府提交了行政复议申请书,仍在法定的受理期限内。

《行政复议法》第 12 条规定:"对县级以上地方各级人民政府工作部门的具体行政行为不服的,由申请人选择,可以向该部门的本级人民政府申请行政复议,也可以向上一级主管部门申请行政复议。"申请人对南京市浦口区人力资源和社会保障局的行政确认不服,可向南京市人力资源和社会保障局或南京市浦口区人民政府申请复议。因此,南京市浦口区人民政府对于此行政复议案有管辖权。

2. 审查程序是否正当

南京市浦口区人民政府对申请人申请行政复议的审查程序是正当的。

根据《行政复议法》第 17 条的规定:"行政复议机关收到行政复议申请后,应当在五日内进行审查,对不符合本法规定的行政复议申请,决定不予受理并书面告知申请人;对符合本法规定,但是不属于本机关受理的行政复议申请,应当告知申请人向有关行政复议机关提出。除前款规定外,行政复议申请自行政复议机关负责法制工作的机构收到之日起即为受理。"申请人陶某站长于 2014 年 7 月 25 日向南京市浦口区人民政府向提交了行政复议申请书。南京市浦口区人民政府于 7 月 28 日受理复议申请,并于当月 30 日向浦口区人力资源和社会保障局下发行政复议答复通知书[〔2014〕浦行复(答)字第 26 号]。南京市浦口区人民政府依照法律规定对双方的证据进行了审查,并充分听取了双方的辩论意见。符合《行政复议法》第 22 条以书面审查为原则,必要时听取当事人意见的要求。

3. 复议决定是否正确

南京市浦口区人民政府依法维持南京市浦口区人力资源和社会保障局作出的(宁人社工认字〔2014〕PK171 号)工伤认定的具体行政确认行为是正确的。

申请人主张:七里回收站隶属南京市浦口区原浦物资再生利用中心,是该中心下属分支机构,虽然对外经营但没有用工自主权。尽管高某在申请人处,工作其两者之间应是雇佣关系而非劳动关系。由于申请人不是独立法人,导致申请人无法给高某缴纳社会保险,签订劳动合同。高某在申请人处干活受伤,根据相关法律适用人身损害赔偿的法律条款,而不适用工伤保险条款。但是,2013 年 11 月 11 日,南京市浦口区人民法院在针对高某的民事诉讼判决中确认了高某与申请人之间存在事实劳动关系(〔2013〕浦民初字第 2191 号)。申请人不服,向南京市中级人民法院提起上诉,2014 年 3 月 4 日,南京市中级人民法院作出终审判决,驳回上诉,维持原判(〔2014〕宁民终字第 130 号)。申请人的主张不成立。此外,根据《工伤保险条例》第 19 条第 2 款:“职工或者其近亲属认为是工伤,用人单位不认为是工伤的,由用人单位承担举证责任。”申请人又未能提供相关证据。

被申请人是依据高某的申请进行工伤认定的,且工伤认定程序合法;申请人是适格的用工主体,且高某与申请人之间存在事实上的劳动关系;高某是在申请人处工作时受到伤害的,(宁人社工认字〔2014〕PK171 号)职工工伤认定事实清楚、证据充分、程序合法。

《劳动合同法实施条例》第 4 条规定,劳动合同法规定的用人单位设立的分支机构,依法取得营业执照或者登记证书的,可以作为用人单位与劳动者订立劳动合同。申请人作为南京市浦口区原浦物资再生利用中心的分支机构依法可与劳动者订立合同。申请人认为与高某之间建立的是雇佣关系而非劳动关系没有法律依据,且申请人与高某的劳动关系已经法院判决确认。被申请人在当事人双方事实劳动关系确认存在的情况下，依据相关法律、法规作出的（宁人社工认字〔2014〕PK171号）职工工伤认定。

综上所述，根据《行政复议法》第28条第1款第1项的规定："行政复议机关负责法制工作的机构应当对被申请人作出的具体行政行为进行审查，提出意见，经行政复议机关的负责人同意或者集体讨论通过后，按照下列规定作出行政复议决定：（一）具体行政行为认定事实清楚，证据确凿，适用依据正确，程序合法，内容适当的，决定维持。"南京市浦口区人民政府依法维持南京市浦口区人力资源和社会保障局作出的（宁人社工认字〔2014〕PK171号）工伤认定，这样的行政复议决定是完全正确的。

三、案例反思

本案的争议焦点在于高某与七里回收站间是否存在劳动关系，南京市浦口区人力资源和社会保障局依照《工伤保险条例》和《江苏省工伤保险条例实施细则》认定高某属于工伤事实清楚、程序正当、适用法律正确，同时处置及时。南京市浦口区人民政府更是秉承着高效办公的原则，合法合理地尽快完成了工伤认定的行政复议工作。但是，这个案例的背后隐藏着一些工伤确认的共性问题。

（一）工伤确认程序性问题

七里回收站在法院已经确认劳动关系的情况下，依旧以双方劳动关系不明为由提起行政复议试图逃避责任。高某作为一个外来务工人员，自2013年5月9日受伤以来，在一年多的时间里面，经历了劳动仲裁、民事诉讼一审、民事诉讼终审、行政确认、行政复议后才能最终确认自己与七里劳动站的事实劳动关系和工伤认定，这漫长等待中的波折和艰辛恐怕只有当事人才能清楚。这暴露了目前工伤确认的一个大问题，我国现行的工伤确认过于烦琐复杂，从受伤职工和用人单位的角度来看，不仅没有很好的保障受伤职工的权益，反而成了用人单位规避责任的"保护伞"。纵观整个维权过程，经过民事诉讼和行政救济，时间漫长程序烦琐，对于急需工伤赔偿来保障自己权利且经济压力较大的受伤职工来说，根本等不起这么长的时间。高某是比较幸运的，在南京市浦口区人民政府和人社局秉公执法下，正义没有迟到，所有的程序都是在合理合法的前提下尽快完成的。但是，从其他具体实践操作来看，很多案件中经过一次诉讼程序后，用人单位倾向于以较低的赔偿数目同受伤职工进行和解，而对于需要赔偿金来治病的受伤职工，迫于经济压力只好放弃了自己本该有的法律规定的经济利益，与用人单位达成和解，得到数目少得多的赔偿。此外，工伤认定的背后隐藏着行政权和司法权的一对矛盾。根据我国现有法律规定，工伤认定的最终权力归属在社会保险行政部门，而工伤认定是一种行政确认行为，属于依申请的具体行政行为。根据现代行政法治原理，当事人对社会保险行政部门作出的工伤认定不服的，既可以提起行政复议，也可以直接向法院提起行政诉讼。而根据现行《行政诉讼法》第70条、第72条、第74条之规定，人民法院对工伤认定进行实质审查后，有权撤销社会保险行政部门的不予受理决定或者认定、不予认定的决定，并且可以责令其限期内重新作出认定，却无权直接对受伤的劳动者作出认定工伤与否的决定。这样，在法院只撤销了社会保险行政部门的认定决定的情况下，由于判决不具有执行的直接性，如果社会保险行政部门在判决后仍然做出相同的行政行为，劳动者不服再次起诉，即使法院又一次撤销社会保险行政部门的决定，该部门还是可以再一次作出同样的决定，这样则会导致工伤认定程序与认定救济程序之间的不断循环，造成程序的往返，使工伤认定变得冗长和艰难，当事人难免陷入循环诉讼的泥淖，合法权利难以得到及时救助。这样一种无尽循环的诉讼模式，不仅使劳动者不能及时得到工伤保险的赔偿，更浪费了社会资源和法律资源，更是对受伤劳动者及其家属身心上的双重折磨。还有一些职工因个人原因无法忍受繁杂的程序，或是急于得到单位赔偿勉强与用人单位私了，这种情况严重背离了《工伤保险条例》制定时希望确保劳动者及时得到补偿的初衷。

（二）完善建议

工伤确认程序是一项系统的工程，需要各个相关制度之间很好的衔接和配合。以劳动者合法利益保护为核心，笔者认为，完善工伤确认程序，建议从以下两个方面出发：

1. 立法技术层面

工伤确认的第一步是证明受伤职工与用人单位间存在劳动关系,实践中,社会保险行政部门硬性的以劳动合同为标准才处理工伤确认申请,在受伤职工没有签订书面劳动合同的情形下,只好自行收集相关事实证据来证明自己的劳动关系。这就给本来在工伤确认的过程中处于劣势的受伤职工增大了申请的成本和难度,导致其维权之路越走越难。应当通过立法的方式,明文规定简单事实劳动关系的确认。此时可以参考相关部门法,原劳动与社会保障部颁布的《关于确立劳动关系有关事项的通知》规定:“认定双方是否存在事实劳动关系时,工资支付凭证或记录、社会保险费证明、工作证、服务证、招工登记表、报名表、考勤记录等都可以作为证据。如果没有上述证据,仅有工友证明,急救出车记录,劳动保障行政部门可以对伤者所叙述的内容进行现场核实和调查取证。”此规定在一定程度上给予了工伤确认相关的立法支持,可以借鉴性地将该规定引入工伤确认的相关法律制度中,或者在法律条文上设置可以参照该通知的相关规定。

2. 职责划分层面

从实践情况看,简化程序、提高效率,重新分配工伤确认权,协调处理好行政权和司法权的关系是解决劳动争议仲裁和行政诉讼理性的出路。笔者建议应将工伤确认的最终决定权归入作为司法机关的法院。从实践操作来看,关于工伤类的行政诉讼案件的主要类型有社会保险行政部门的不作为、工伤确认的程序违法、作出的工伤确认结论事实不清、证据不足等几个方面。而到了行政诉讼阶段,社会保险行政部门作出的工伤确认的决定书就具备了多重功能:如果行政诉讼当事人对该决定书并无异议,只是对其他事项提出了行政诉讼,则该决定书可以直接作为法院审理案件时参考的有效力的证据;如果受伤职工是因为对社会保险行政部门的工伤确认决定不服而提起行政诉讼,则法院可以根据相关事实和证据,最终确认是否构成工伤。通过这种模式,合理地配置了各个部门的权力,既肯定了社会保险行政部门所具有的工伤确认权,又给予法院工伤确认决定权,通过引入司法最终救济的原则,平衡了行政机关和司法机关之间的权力,厘清了双方的权力范围,避免了因确认程序烦琐带来的诉讼不便。

同时,在确认劳动关系方面,社会保险行政部门在受理工伤确认申请时应当一并作出判断,避免当事人因向劳动仲裁委员会申请劳动仲裁、确认劳动关系造成的救济困难,解决当事人另行启动相关程序的烦琐,也体现以人为本的法治理念。

第四章　行政处罚复议实践

第一节　行政处罚概述

一、行政处罚名称及概念诸说

（一）国外关于行政处罚的定义及内涵

行政处罚是各国对违反行政法律规范的相对方当事人所给予的惩戒和制裁。即通过行政处罚剥夺或者限制违法行为人的一定的权利和利益，使其人身权或财产权受到一定的损失。从权利的角度说，行政处罚是对违法行为人的人身权和财产权合法地给予损害；从义务的角度说，行政处罚是让违法人在不履行法定义务的情况下，使之承担第二次义务。

国外也有行政处罚，由于各国法律文化和用语习惯的不同，从行政处罚的名称到内涵与我国存在较大相异性。首先，从名称来看，使用“行政罚”者较多，而在行政罚的内涵上又有广义与狭义之分。就广义而言，约与前述之行政制裁概念相当，大致可包括行政刑罚、行政秩序罚、惩戒罚与执行罚、行政强制执行。狭义之行政罚系以秩序罚为主要内容，故又称为行政秩序罚。行政秩序罚可以说是行政机关基于维持行政秩序之目的，对于过去违反行政义务者，所施以刑罚以外之处罚，即为制裁。[①]在日本和德国，行政处罚的概念都是在广义上使用的，其中既包括了行政刑罚，又包括了秩序罚，在英美法系国家则称为“行政制裁”。

---

① 参见翁岳生主编：《行政法》（下册），中国法制出版社2002年版，第824～825页。

(二)国内关于行政处罚的定义及内涵

在我国,行政法治理论和实践界对行政处罚都持狭义理解,认为行政处罚是行政主体行使行政管理职能的一种重要手段,也是行政相对人承担行政法律责任的主要形式。《行政处罚法》出台以前,行政法学界关于行政处罚相关问题的争论非常激烈,其中关于行政处罚概念的讨论就有上10种,分析起来内涵上却是差不多的。依应松年教授和马怀德教授的说法,在《行政处罚法》的起草制定过程中立法者曾多次试图给行政处罚下一个定义,这不仅是许多理论工作者的要求,也是对一部冠以行政处罚之名的法律在形式逻辑上的必然要求,但这个定义最终仍未明确出现在该法中。尽管如此,行政处罚的内涵应该已经贯穿于《行政处罚法》中,并且是清楚明确的,如《行政处罚法》第3条规定:"公民、法人或者其他组织违反行政管理秩序的行为,应当给予行政处罚的,依照本法由法律、法规或者规章规定,并由行政机关依照本法规定的程序实施。"正是基于此规定,《行政处罚法》出台后,对于行政处罚概念的认识更趋于一致,最多只不过是一些用语上的微不足道的差异而已。

不妨给行政处罚下这样一个定义,即行政处罚是国家行政机关依法对违反行政管理秩序而尚未构成犯罪的公民、法人或其他组织所实施的一种惩戒行为。它属行政制裁范畴。行政处罚具有如下特征:

行政处罚的主体是特定国家行政机关。行政处罚尽管是行政机关的一种行政行为,但并不是所有的国家行政机关都可以作出这种行为。依据我国《行政处罚法》第15条、第17条规定:"行政处罚由具有行政处罚权的行政机关在法定职权范围内实施。""法律、法规授权的具有管理公共事务职能的组织可以在法定授权范围内实施行政处罚。"即拥有行政处罚权的行政机关和经法律、法规授权的组织,才有处罚权。这里有两点值得注意的问题:一是行政机关的行政处罚权是一个笼统概念,具体到某一特定行政机关是否拥有处罚权、拥有何种和多大范围内的处罚权则要视法律、法规的规定而定;二是行政处罚权虽然由有权的行政机关拥有,但具体实施时,它可以由法律、法规授权的组织或经行政机关委托的组织行使。

行政处罚的对象是行政相对人,即行政处罚只能对违反行政管理秩序的公民、法人或其他组织作出,不能针对行政机关及其工作人员作出,除非后者以行政相对人的身份出现。

行政处罚针对的是行政违法行为而不是犯罪行为,行政处罚是行政机关对违反行政法律规范的行为的制裁,而不是对违反其他法律规范行为的制裁。行政处罚所制裁的是违反行政法律规范但没有构成犯罪的行为。如果行政相对人的行为已经构成了犯罪,就属刑事制裁范畴。

行政处罚是一种法律制裁,通过对违法人的惩戒,使其以后不再重犯。

二、行政处罚原则

行政处罚的原则是指贯穿于行政处罚过程的基本行为准则。行政处罚到底应包含哪些原则,西方国家的情形与我国差异较大,仅在个别原则上具有共同性。

(一)我国《行政处罚法》确立的行政处罚原则

1. 处罚法定原则

行政合法性原则是行政法最主要的原则,处罚法定可以说是行政合法性原则对行政处罚的基本要求。它包含四层意思:(1)处罚实施主体法定。(2)行政机关是否拥有处罚权,拥有多大的处罚权,要视法律、法规的具体规定。为了贯彻这个原则,我国《行政处罚法》规定:行政处罚由具有行政处罚权的行政机关在法定权限范围内实施;法律、法规授权的具有管理公共事务职能的组织可以在法定授权范围内实施行政处罚;受委托组织在委托范围内,以委托行政机关名义实施行政处罚。(3)处罚依据法定,《行政处罚法》第3条规定:"公民、法人或者其他组织违反行政管理秩序的行为,应当给予行政处罚的,依照本法由法律、法规或者规章规定。"即没有法定依据,行政处罚无效。(4)处罚程序法定。行政处罚不仅要求实体合法,而且要求程序合法,即要求行政处罚遵循法定程序。我国《行政处罚法》和其他有关行政处罚方面的法律规范都规定了实施行政处罚的法定程序,行政处罚实施机关在实施行政处罚时,如果违反法定程序,就属于违法行为。《行政处罚法》还规定,不遵循法定程序的行政处罚无效。

2. 公开、公正原则

“公开”有两层含义：一是有关行政处罚的规定要公布，使公民事先了解；二是对违法者依法给予行政处罚要公开。程序公开体现在《行政处罚法》具体条文上有以下三个方面：(1)行政机关在作出行政处罚决定时，应当告知当事人作出行政处罚决定的事实、理由及依据。当事人有权陈述和申辩，行政机关必须听取当事人的意见，否则行政处罚不能成立。(2)行政机关作出责令停产停业、吊销企业营业执照、较大数额罚款等行政处罚决定前，应当告知当事人，当事人对违法事实的认定与行政机关有重大分歧，当事人要求听证或者行政机关认为有必要听证的，行政机关应当组织听证。(3)行政处罚决定一般应以书面形式作出。处罚决定应当在宣布后当场交付当事人；当事人不在场的，行政机关应依法送达。

公正原则是指行政处罚必须“以事实为根据，以法律为准绳”。处罚的轻重应与违法行为的事实、性质、情节以及社会危害程度相当。防止行政处罚的偏私和畸轻畸重。

3. 处罚与教育相结合原则

处罚与教育相结合不仅体现在《行政处罚法》中，它也是我国执法与司法普遍适用的一条原则。《行政处罚法》第 5 条规定：“实施行政处罚，纠正违法行为，应当坚持处罚与教育相结合，教育公民、法人或者其他组织自觉守法。”《行政处罚法》第 25 条规定：“不满十四周岁的人有违法行为的，不予行政处罚，责令监护人加以管教；已满十四周岁不满十八周岁的人有违法行为的，从轻或者减轻行政处罚。”都体现了处罚和教育功能相结合。

4. 保障当事人权利原则

保障当事人权利原则可以说是《行政处罚法》的总原则，它贯穿于行政处罚过程的始终。行政处罚的设定、行政处罚的程序都体现了这一原则。其具体含义是：在行政处罚中，相对方当事人享有申辩权、听证权、申请复议权、行政诉讼权、要求行政赔偿权。这五项权利说明：未经正当法律程序，任何人的权利不能被剥夺；相对人对自己合法权利具有防卫的权利，在权利受到侵害时可得到法律的救济；它是对行政机关依法行政的鞭策。

(二)行政处罚与相关概念之界限

1. 行政处罚与行政处分

行政处罚和行政处分两者都属行政制裁的范畴,是一对极易混淆的概念。但它们仍有很大的区别:

(1)主体不同。行政处罚的主体是特定的行政机关,即法律、法规授权的机关和委托机关。没有法律、法规的明确规定和授权,任何行政机关不得行使行政处罚权。

(2)对象不同。行政处罚的对象是被管理的相对一方当事人,即公民、法人或其他组织。行政处分的对象是行政机关内部工作人员。

(3)种类不同。行政处罚的种类有警告、罚款、没收违法所得、没收非法财物、责令停产停业、暂扣或吊销证照、行政拘留等七种。行政处分的种类有警告、记过、记大过、降级、撤职开除等六种。

(4)性质和救济途径不同。行政处罚属行政机关的外部行政行为,而行政处分属内部行政行为。因行政处罚引起的争议,可以通过行政复议和行政诉讼途径解决。行政机关工作人员对行政处分不服,只能在行政机关内部通过申诉途径,由行政监察机构解决。

2. 行政处罚与执行罚

行政处罚与执行罚都是对不履行义务的个人、组织的处罚,在行政执法实践中两者之间的认定有时是比较困难的,因而必须区分这两个概念。它们的不同点主要有以下几点:

(1)处罚的目的不同。行政处罚的目的是为了惩戒个人、组织的违法行为,执行罚的目的是为了促使个人、组织履行法定义务。行政处罚采取一事不再罚原则,即行政机关对相对人的违法行为实施处罚后,相对方因违法行为引起的行政责任即告结束。执行罚实施后,如果当事人没有履行义务,它可以一直继续下去,直到履行义务为止。

(2)处罚的形式不同。行政处罚的形式很多,如拘留等。执行罚,只有财产给付一种。

3. 行政处罚与行政强制执行

行政处罚与行政强制执行的区别,主要体现在目的和手段方面。行政处罚是对相对人权益的最终处分。如没收财产,就是对财产权的最终剥夺。而行政强制执行是对不履行义务的个人、组织强迫其履行义务。行政处罚的手段主要是财产罚、行为罚，行政强制执行的手段是间接强制执行和直接强制执行。[①]

三、行政处罚的要件

行政处罚的要件是指构成行政处罚行为所必要的条件。

(一)由行政机关根据行政程序作出

行政处罚是为达成行政目的而对违反行政义务者进行制裁，本质上属于行政职权的事项，因此应当由主管的行政机关作出。根据法律规定，拥有行政处罚权的是行政机关或法律、法规授权的组织。然而，现有行政处罚的某些类型，特别是限制自身自由的情形，因为对相对人权益影响巨大，在有的国家和地方是由法院作出决定的。[②]

(二)必须依据法律作出

行政处罚是对行政相对人的人身自由、财产、名誉或其他权益的限制或剥夺，或者对其科以新的义务，体现了强烈的制裁性或惩戒性。因此，其设定不仅应当具有法律的明确规定，即便违反义务的具体制裁，也应当依照法律规定的构成要件、处罚方式与程度作出。

(三)存在违反行政法律规范、破坏行政管理秩序的行为

行政法所规定的各项义务，包括积极作为、不作为或者容忍等，相对人违反义务，则导致行政目的无法实现。因此，必须对违反行政义务的相对人科以制裁，除了对违反义务行为的制裁之外，还可以防止行为人再度违反或者第三人效尤。至于相对人违法行为的构成要件，只需要具备主体条件、客观条件即可，主观是否具有过错并不是行政违法行为的构成要件，但可以作为行政处罚适用的裁量因素。

(四)对象是作为外部相对人的公民、法人或其他组织

相对人与行政机关的关系属于一般法律关系的范畴，而不属于特别权力关系。这可以使行政处罚区别于行政处分。

---

① 参见应松年主编：《当代中国行政法》(上卷)，中国方正出版社2005年版，第844～845页。

② 参见冯军著：《行政处罚法新论》，中国检察出版社2003年版，第149～150页。

第二节　行政处罚争议的主要类型

行政处罚争议是行政争议的一种。所谓行政处罚争议是指行政主体（有行政处罚权的主体）在实施行政处罚过程中与行政相对人发生的，可以依据行政处罚相关法律规范解决的争议。通过调查，行政处罚争议的主要类型有行政处罚主体资格争议、行政处罚适用依据争议、行政处罚证据争议、行政处罚程序争议以及处罚机关滥用自由裁量权的争议。

一、行政处罚主体资格争议

所谓行政主体资格，是指行政组织能否作为一个行政主体以自己的名义独立地对外行使职权，并履行国家行政管理职能和独立承担行政责任。根据《行政处罚法》第 15 条、①第 16 条、②第 17 条③和第 18 条④的规定，在我国有资格实施行政处罚的机关主要有以下四类：一是具有行政处罚权的行政机关；二是国务院或者经国务院授权的省、自治区、直辖市人民政府决定一个行政机关行使有关行政机关的行政处罚权；三是法律法规授权的组织；四是行政机关委托的组织。

行政处罚主体资格争议通常指行政相对人就某一行政主体具有或不具有行政处罚主体资格而与该行政主体产生的行政争议。这种行政处罚争议的主要情况有两种：第一，行政主体不具有行政处罚主体资格而违法实施行政处罚；第二，行政主体有行政处罚主体资格但超出其法

---

① 《行政处罚法》第 15 条：行政处罚由具有行政处罚权的行政机关在法定职权范围内实施。

② 《行政处罚法》第 16 条：国务院或者经国务院授权的省、自治区、直辖市人民政府可以决定一个行政机关行使有关行政机关的行政处罚权，但限制人身自由的行政处罚权只能由公安机关行使。

③ 《行政处罚法》第 17 条：法律、法规授权的具有管理公共事务职能的组织可以在法定授权范围内实施行政处罚。

④ 《行政处罚法》第 18 条：行政机关依照法律、法规或者规章的规定，可以在其法定权限内委托符合本法第十九条规定条件的组织实施行政处罚。行政机关不得委托其他组织或者个人实施行政处罚。委托行政机关对受委托的组织实施行政处罚的行为应当负责监督，并对该行为的后果承担法律责任。受委托组织在委托范围内，以委托行政机关名义实施行政处罚；不得再委托其他任何组织或者个人实施行政处罚。

定职权范围实施行政处罚。

某县地税局直属分局于2014年9月6日,向辖区内个体工商户张某下达了税务行政处罚决定书。该局在税务行政处罚决定书中称,个体工商户张某7月应缴纳营业税等税款5696元,因其未按期申报纳税,依据《税收征管法》第64条第2款"纳税人不进行纳税申报,不缴或者少缴应纳税款的,由税务机关追缴其不缴或者少缴的税款、滞纳金,并处不缴或者少缴的税款百分之五十以上五倍以下的罚款"的规定,对个体户张某处以2848元罚款。张某对处罚决定不服,认为县地税局直属分局不具备行政处罚主体资格,无权对其进行处罚,遂于2014年9月16日向该县地税局提出复议申请,请求县地税局依法撤销直属分局作出的处罚决定。县地税局认为,根据《税收征管法》第14条"本法所称税务机关是指各级税务局、税务分局、税务所和按照国务院规定设立的并向社会公告的税务机构"的规定,县地税局直属分局具备行政处罚主体资格,其认定事实清楚,证据确凿,直属分局所适用的法律法规无误,执法程序合规。因此,县地税局作出支持直属分局处罚决定的复议决定。

二、行政处罚适用依据争议

行政处罚适用依据争议主要是指行政主体与行政相对人就行政处罚行为所适用的法律依据产生的行政争议。这种行政争议大致有两种情况:一是行政主体进行行政处罚适用法律条文错误;二是行政主体以规范性文件作为行政处罚的法律依据。行政处罚是对行政相对人的人身自由、财产、名誉或其他权益的限制或剥夺,或者对其科以新的义务,体现了强烈的制裁性或惩戒性。因此,行政机关必须适用正确的法律依据进行行政处罚,否则将会引起相对人强烈的不满,继而通过行政复议的渠道寻求救济,影响行政机关的形象。

陕西某公司因组织机构代码证书到期,到质量技术监督局(以下简称质监局)更换组织机构代码证书。质监局认为,该公司所持有的组织机构代码证书有效期为2004年4月15日至2008年4月15日,而其办理换证手续的时间是2008年4月22日,已超过组织机构代码证书规定的有效期限,此时该公司并未停止业务活动,构成违法使用失效证书的事实,违反了《陕西省组织机构代码管理办法》第12条“代码证书自颁发之日起4年内有效,持证者应当在有效期满前30日内,持代码证书到代码证书管理部门办理换证手续”的规定,质监局依据《陕西省组织机构代码管理办法》第16条、第17条的规定,对该公司作出“限3日内换证,处500元罚款”的行政处罚决定,并当场自行收缴了罚款。该公司对处罚决定不服,遂以质监局的行政处罚适用法律错误、处罚不当及违反法定程序等为由,向复议机关提出行政复议申请,请求撤销质监局作出的处罚决定。质监局在行政处罚程序中查明且认定该公司的违法事实只是没有在法定期限内办理换证手续,即违反了《陕西省组织机构代码管理办法》第12条“代码证书自颁发之日起四年内有效。持证者应当在有效期满前30日内,持代码证书到代码管理部门办理换证手续。持证者应按照代码管理部门的要求,在规定的时间内接受年度检验”的规定,对于该公司的上述违法事实,《陕西省组织机构代码管理办法》第16条明确规定:“对违反办法第八条至第十二条规定的,技术监督行政部门应限期补办申领、换领、终止手续,可处以50元以上300元以下的罚款。”而质监局却依照《陕西省组织机构代码管理办法》第17条“对违反办法第十五条规定,涂改、伪造、出借和转让代码证书或使用失效代码证书的,技术监督行政部门应当没收其代码证书或违法所得,责令重新处理,并可处以300元以上2000以下的罚款”的规定,对该公司处以500元罚款。该公司虽然超期年检7天,但不存在《陕西省组织机构代码管理办法》第15条中“涂改、伪造、出借和转让”的情况,不能适用第17条的规定,所以,质监局的处罚行为存在适用依据错误的问题。

某市政府为了加强对外来劳动力流动就业的管理,发布了《关于加强外来务工人员管理的通知》(以下简称《通知》)。《通知》规定,没有本市户籍的劳动者在本市就业,必须到劳动保障部门办理就业证。对招用外来务工人员但并未给其办理就业证的用人单位,由劳动保障部门视情节轻重,处3万元以下罚款。该市劳动保障局在日常巡视执法中,发现某装修公司有10名设计师没有就业证,于是依据《通知》作出了罚款2万元的行政处罚决定。该装修公司不服,申请行政复议。复议机关经审理认为,《通知》不是法律法规规章,故不能作为执法的依据。所以,该市劳动保障局根据此《通知》作出的行政处罚决定无效。

三、行政处罚证据争议

所谓行政处罚证据争议,是指行政主体与行政相对人就行政处罚行为所依据的证据产生的行政争议。这类行政争议大多是由于证据不充分所产生的。《行政处罚法》第 4 条第 2 款规定:"设定和实施行政处罚必须以事实为依据,与违法行为的事实、性质、情节以及社会危害程度相当。"由此可知,行政处罚所依据的证据充分与否,直接决定了行政处罚的效力。

当前,卫生行政执法需要面对的当事人违法行为复杂多变,在执法过程中收集到的证据需要全面、客观、有序地证明当事人存在的违法行为以及违法行为的严重性,甚至必须顾及可能存在的从轻、减轻的情节。例如,《执业医师法》第 37 条规定:"医师在执业活动中,违反本法规定,有下列行为之一的,由县级以上人民政府卫生行政部门给予警告或者责令暂停六个月以上一年以下执业活动;情节严重的,吊销其执业证书;构成犯罪的,依法追究刑事责任:(一)违反卫生行政规章制度或者技术操作规范,造成严重后果的;(二)由于不负责任延误急危患者的抢救和诊治,造成严重后果的……"该条款规定了当事人若干种违法行为,每一种违法行为的行为模式都不一样,适用该条款规定的任何一项对当事人做出处罚,执法人员收集的证据都必须能够充分证明当事人违法行为的行为模式及行为后果。但在卫生行政执法实践中,相当数量案件的证据仅能反映当事人的行为模式,对于是否存在严重情节,是否造成严重后果的证据则未能有意识地收集。还有部分案件事实则需要能够界定"数额巨大""违法所得"等情节的证据,但执法人员也未能及时收集。

四、行政处罚程序争议

行政处罚程序争议是指行政主体与行政相对人就行政处罚是否按照法定方式、步骤、时限和顺序等进行而引发的行政争议。《行政处罚法》第五章详细规定了行政处罚机关在实施行政处罚时所应遵守的简易程序、一般程序和听证程序,但有许多行政处罚机关并没有严格按照法定程序实施处罚,程序违法行为层出不穷。实践中,行政处罚违反法定程序形态较多,主要有:(1)行政执法人员不出示执法证件;(2)未告知行政相对人作出行政处罚的事实和依据;(3)未告知行政相对人依法享有的权利和救济途径;(4)将适用一般程序的行政处罚,按照简易程序办理;(5)违反法律规定,自行收缴罚款;(6)未按照法定方式送达行政处罚决定书;(7)超越法定时限。

自2011年起,马某将A县城的门面房租给袁某经营,并约定因租赁涉及的一切税费均由袁某承担。2015年6月21日,A县地税稽查局(以下简称稽查局)接到举报,马某未进行申报纳税。经稽查局对马某自2011年12月29日至2015年12月29日期间履行纳税义务情况进行立案检查,确认马某取得房屋出租收入120万元,未申报纳税,应补缴税款366,497.20元,教育费附加2600元。稽查局拟对马某作出税务行政处罚,于2015年8月2日制作了《税务行政处罚事项告知书》,于当日邮寄送达马某。为此,马某收到告知书后提出了听证申请。2015年8月13日,稽查局作出了《税务行政处罚听证通知书》,于2015年8月14日送达给马某,告知马某于2015年8月19日举行听证。在接下来的稽查工作中,稽查局按照规定程序开展,最后制作了《税务处理决定书》《税务行政处罚决定书》,依法送达马某,进入执行程序。在《税务行政处罚决定书》中,稽查局以马某不进行纳税申报为由,处以不缴税款3.1倍的罚款1,136,141.32元,并告知不服处罚决定,可在60日内向市地税局申请复议,或在6个月内向A县人民法院起诉。马某对处罚决定不服,提出复议申请,A县地税局受理了申请。A县地税局经审查认为,被申请人8月14日告知申请人8月19日举行听证。《行政处罚法》第42条第2项规定:“行政机关应当在听证的七日前,通知当事人举行听证的时间、地点。”因此,被申请人告知举行听证时间少于7日,违反了法定程序。同时,在处罚决定书中告知复议机关是市地税局,而被告的上级行政复议机关应是A县地税局,复议机关告知错误。因此,A县地税局决定撤销该处罚决定。

五、处罚机关滥用自由裁量权的争议

行政处罚自由裁量权是指行政执法机关在实施行政处罚时，在法律、法规和规章规定的处罚种类和幅度范围内，对违法行为处罚与否、处罚种类和处罚幅度的选择权。处罚机关滥用自由裁量权的争议则是指行政主体与行政相对人就行政处罚的种类和幅度是否合理而发生的行政争议。与羁束的行政执法行为相比，行政处罚具有较大的自由裁量权，更多依赖于执法人员个人价值判断标准、个人情感因素及个别行政机关在某一时期形成的特定执法习惯等主观因素，在行政执法中更易产生滥用行政职权、显失公正、徇私枉法等直接违背行政执法根本目的的情况。此外，行政处罚是对相对人进行惩戒的具体行政行为，对相对人权益影响极大，在行政处罚执法实践中，以自由裁量权运用不当而形成的行政不当行为更是极为普遍。

某民办学校，经有关主管部门的同意，作为公益事业项目，学校建设工程可以一边建设一边办理相关建设手续。该学校的建设工程于2004年10月开工，2006年6月完工。2006年1月20日，该学校依法取得《建设用地规划许可证》，但一直未能取得《国有土地使用权证》、《建设工程规划许可证》和《建设工程施工许可证》。2009年7月19日，该县城市管理行政执法局依据《城乡规划法》第40条、①第64条②的规定，对该学校作出罚款的决定，该学校不服，申请行政复议。行政复议机关认为，申请人未取得《建设工程规划许可证》事实确凿，违反了《城乡规划法》第40条、第64条的规定。但考虑到申请人当时开工建设已有相关主管部门的同意，且在办理相关建设手续过程中，有关部门不作为是造

---

① 《城乡规划法》第40条：在城市、镇规划区内进行建筑物、构筑物、道路、管线和其他工程建设的，建设单位或者个人应当向城市、县人民政府城乡规划主管部门或者省、自治区、直辖市人民政府确定的镇人民政府申请办理建设工程规划许可证。

② 《城乡规划法》第64条：未取得建设工程规划许可证或者未按照建设工程规划许可证的规定进行建设的，由县级以上地方人民政府城乡规划主管部门责令停止建设；尚可采取改正措施消除对规划实施的影响的，限期改正，处建设工程造价百分之五以上百分之十以下的罚款；无法采取改正措施消除影响的，限期拆除，不能拆除的，没收实物或者违法收入，可以并处建设工程造价百分之十以下的罚款。

成申请人未取得《建设工程规划许可证》的主要原因，因此，被申请人对申请人作出的行政处罚决定明显偏重，最终变更处理。

第三节　行政处罚复议审查要点

行政复议行为是行政机关依据职权实施的解决行政争议的行政仲裁行为。在行政活动中，行政机关为了实现行政目的而做出行政行为，行政相对人对此行政行为不服，就会产生行政争议。行政处罚是一种非常常见的行政争议，在对其进行复议审查时，需要注意如下五个要点：

一、是否属于行政复议受案范围

(一)行政复议受案范围的法理分析

行政机关做出的所有的行政行为可以分为三类：行政表意行为、行政事实行为和衍生的行政行为。这三类行政行为都有可能引发行政争议，该节从这三类行政行为的界定和是否属于行政复议受案范围的角度展开讨论框架。

1. 行政表意行为

行政表意行为是最常见的、主流的行政行为的表现形式。行政主体都是被刻意创设的，行政主体都具有各自明确的行政目的，为了实现各自的行政目的，行政主体都要进行刻意的行政行为，即行政主体有明确的效果意图去实施行政行为，这个行政行为效果意图的实现就是行政主体行政目的的实现。

行政表意行为是否属于行政复议的受案范围。对于行政表意行为，因为其中双方的行政表意行为，即行政合同，是行政机关为了实现行政目的而和公民等社会个体之间协商一致而达成的协议，所以不存在公民等社会个体对行政合同的不服，故而行政合同不会成为行政复议的对象。但是，如果在行政合同的履行过程中因行政机关的行为产生争议时或者行政机关单方面变更、终止行政合同时，行政机关履行行政合同的行为或者行政机关单方面变更、终止行政合同的行为可以成为行政复议的对象，公民等社会个体对此行为不服时可以提起行政复议。对于行政表意行为中的单方行政表意行为而言(具体行政行为和抽象行政行为),具体行政行为有特定的行政相对人和引发行政争议的利益,对具体行政行为提起行政复议是自然的和无异议的。

行政处罚是行政主体刻意进行的行政行为,即行政处罚机关为了管理的需要实施了行政处罚,且行政处罚是具体行政行为,对行政相对人的利益产生了直接影响,因此行政处罚属于行政表意行为。

2. 行政事实行为

行政事实行为可以被界定为行政主体为了实现行政目的,在其行政职权范围内或者在其行政职权范围以外,做出的有效果意思的行政行为,但该行为的效果意思并没有被法律所确认,该行政行为的法律效果由法律直接加以规定。行政事实行为最终的效果意思并不是行政主体最初做出行政行为时所欲达到的效果意思,即行政行为主体的最初行为效果意思并没有实现。行政事实行为是由具有明确效果意思的行政行为转化而来的,即行政事实行为和行政表意行为是同源的。同样的一个有效果意思的行政行为,如果法律认可了该行政行为的效果意思,那么该行政行为就进入行政表意行为领域;如果法律没有认可该行政行为的效果意思,而是直接规定了行为的法律效果,那么该行政行为就进入行政事实行为领域。

行政事实行为是否属于行政复议受案范围。对于行政事实行为,行政事实行为存在行政相对人和引发行政争议的利益,行政事实行为具有可提起行政复议的性质。但是,行政事实行为最初做出的时候都是以行政表意行为的面目出现的,故而对行政事实行为的不服总是以对最初形态的行政表意行为不服的方式出现的,没有单列的对行政事实行为提起行政复议的客观需要和客观可能。

由于行政事实行为具有行政性,不能产生、变更或者消灭行政法律关系,可致权益损害性的三大特征,但是,行政处罚是一种以惩戒违法为目的,具有制裁性的具体行政行为,当然具有可致权益损害性,因此行政处罚不属于行政事实行为。

3. 衍生的行政行为

衍生的行政行为可以被界定为行政主体为了实现行政目的,在其行政职权范围内做出的没有效果意思的行政行为或者没有行政相对人的行政行为。在整个行政行为领域,除去了行政表意行为和行政事实行为,剩下的行政行为就属于衍生的行政行为。衍生的行政行为可以分为两类:一类是没有效果意思的衍生的行政行为;一类是没有行政相对人的衍生的行政行为。前类的没有效果意思的衍生的行政行为体现了行政模式从管理到服务的转型,现代社会倡导意思自治,社会个体为了追求其个人利益的最大化每天都会做决策,完全信息模式下的决策效果当然高于不完全信息模式下的决策效果,社会个体需要透明和完善的决策信息服务,而行政主体利用行政资源收集了大量的信息,对于这些信息的使用是非排他性的,行政主体使用完这些信息后,不影响社会个体对这些信息的使用效果。为了增强社会公共福利的可行性,行政主体可以公布这些信息,作出信息公告的行政行为,这些行政行为是没有法律效果意思的行政行为。后者的没有行政行为人的衍生的行政行为体现了行政服务的多元性,这种行政行为的作出是为了实现其被设立的行政目的。

衍生的行政行为是否属于行政复议的受案范围。对于衍生的行政行为来说,要么属于没有效果意思要么属于没有行政相对人的情形,衍生的行政行为不具备可争议的性质,所以,衍生的行政行为不是行政复议的受案范围。

行政处罚是行政机关实施的具体行政行为,当然具有效果意思,因此行政处罚不属于衍生的行政行为。

综上所述,行政处罚作为一种行政表意行为,属于行政复议的受案范围。

(二)行政处罚行为属于行政复议受案范围的法律分析

《行政复议法》第二章就行政复议的范围作了详尽规定。根据《行政复议法》第 6 条的规定:“有下列情形之一的,公民、法人或者其他组织可以依照本法申请行政复议:(一)对行政机关作出的警告、罚款、没收违法所得、没收非法财物、责令停产停业、暂扣或者吊销许可证、暂扣或者吊销执照、行政拘留等行政处罚决定不服的;(二)对行政机关作出的限制人身自由或者查封、扣押、冻结财产等行政强制措施决定不服的;(三)对行政机关作出的有关许可证、执照、资质证、资格证等证书变更、中止、撤销的决定不服的；（四）对行政机关作出的关于确认土地、矿藏、水流、森林、山岭、草原、荒地、滩涂、海域等自然资源的所有权或者使用权的决定不服的；（五）认为行政机关侵犯合法的经营自主权的；（六）认为行政机关变更或者废止农业承包合同，侵犯其合法权益的；（七）认为行政机关违法集资、征收财物、摊派费用或者违法要求履行其他义务的；（八）认为符合法定条件，申请行政机关颁发许可证、执照、资质证、资格证等证书，或者申请行政机关审批、登记有关事项，行政机关没有依法办理的；（九）申请行政机关履行保护人身权利、财产权利、受教育权利的法定职责，行政机关没有依法履行的；（十）申请行政机关依法发放抚恤金、社会保险金或者最低生活保障费，行政机关没有依法发放的；（十一）认为行政机关的其他具体行政行为侵犯其合法权益的。"

同时，根据《行政处罚法》第 8 条的规定："行政处罚的种类：（一）警告；（二）罚款；（三）没收违法所得、没收非法财物；（四）责令停产停业；（五）暂扣或者吊销许可证、暂扣或者吊销执照；（六）行政拘留；（七）法律、行政法规规定的其他行政处罚。"

在对一项行政处罚行为进行复议时，首先要审查其是否属于行政复议受案范围。因此，这就要求行政复议机关在审查时，首先依据《行政处罚法》的规定，判断该行为是否属于行政处罚；再依据《行政复议法》第六条设定的十种情况，判断其是否属于行政复议受案范围，最终作出是否受理复议的决定。同时，如行政相对人不服行政处罚，但已经向人民法院提起行政诉讼，人民法院已经依法受理的，不得申请行政复议。如又申请行政复议，复议机关应不予受理，并书面告知申请人。

二、行政复议管辖是否正确

管辖是指各级人民法院之间以及同级人民法院之间受理第一审民事案件的权限和分工。而在行政复议中，管辖是指行政复议机关受理复议申请的权限和分工，即某一行政争议发生之后，应该由哪一个行政机关来行使行政复议权。在行政处罚中，对其申请行政复议不仅是行政相对人通过法律救济维护其合法权益的重要途径，而且也是行政机关实施监督和纠错的有效手段。作为一种以争诉形式解决行政纠纷的救济制度,它有着严格的管辖制度。

(一)行政处罚复议管辖制度的理论基础

在我国,行政复议是具有“准司法”性质的行政活动,与行政复议的“准司法性”相适应。我国行政处罚复议制度的构建乃是以现行的行政管理体制为基础和依托的。而体现在管辖制度上,呈现出与行政诉讼的“司法管辖”截然不同的管辖规定。与行政诉讼区分地域管辖和级别管辖不同,行政处罚复议管辖的确立根基乃是行政隶属关系。

行政隶属关系是一种领导与被领导的关系,《地方各级人民代表大会和地方各级人民政府组织法》第 66 条对我国行政系统的隶属关系作了较为具体的规定:“省、自治区、直辖市的人民政府的各工作部门受人民政府统一领导,并且依照法律或者行政法规的规定受国务院主管部门的业务指导或者领导。自治州、县、自治县、市、市辖区的人民政府的各工作部门受人民政府统一领导,并且依照法律或者行政法规的规定受上级人民政府主管部门的业务指导或者领导。”行政隶属关系的内涵之一就是层级监督权,即上级行政机关有权监督下级行政机关,对于下级行政机关不合法或不适当的行为,上级行政机关有权予以改变或撤销。其依据乃是我国《宪法》第 108 条的规定:“县级以上的地方人民政府领导所属各工作部门和下级人民政府的工作,有权改变或者撤销所属各工作部门和下级人民政府的不适当的决定。”在行政处罚中,下级行政机关作出的行政处罚受到上级行政机关的监督,上级机关有权改变或撤销下级机关做出了不当行政处罚。

从《行政复议法》及《行政复议法实施条例》的规定来看,除“自我管辖”等特殊情况外,我国当前的行政处罚复议管辖基本上是根据行政隶属关系来确立的,即对于实行双重领导的政府工作部门的复议,实行“选择管辖”,而对于地方各级人民政府以及实行垂直领导部门的复议,则实行“条条管辖”。以隶属关系为基础的行政处罚复议管辖制度,与我国的行政管理体制相一致,正是基于以行政隶属关系为基础的行政处罚复议管辖制度,行政复议机关不仅可以审查行政处罚这一具体行政行为的合法性,而且可以审查其合理性。

(二)现行行政处罚复议管辖制度的法律规定

我国《行政复议法》第 12 条至第 15 条以及《行政复议法实施条例》第 23 条至第 25 条均是有关行政复议管辖制度的规定,这些规定形成了我国当前以“选择管辖”为主、“条条管辖”和“自我管辖”为辅的混合管辖模式。

1.“选择管辖”

《行政复议法》第 12 条第 1 款规定:“对县级以上地方各级人民政府工作部门的具体行政行为不服的,由申请人选择,可以向该部门的本级人民政府申请复议,也可以向上一级主管部门申请行政复议。”这一条款构成了我国复议管辖的一般原则,即条块“选择管辖”的原则。“选择管辖”契合了我国当前以“双重领导”为主的行政管理体制,而且将行政复议管辖的选择权交给申请人,充分尊重申请人的意思,在一定程度上有利于增强行政复议结果的可接受性和认可度。

2.“条条管辖”

《行政复议法》第 12 条第 2 款规定:“对海关、金融、国税、外汇管理等实行垂直领导的行政机关和国家安全机关的具体行政行为不服的,向上一级主管部门申请行政复议。”此外,《行政复议法》第 13 条规定:“对地方各级人民政府的具体行政行为不服的,向上一级地方人民政府申请复议。对省、自治区人民政府依法设立的派出机关所属的县级地方人民政府的具体行政行为不服的,向该派出机关申请行政复议。”“条条管辖”在一定程度上能够有效排除地方保护主义对复议案件裁决的干扰,并使行政复议技术性和专业性的特点得以保留。

3.“自我管辖”

《行政复议法》第 14 条规定:“对国务院部门或者省、自治区、直辖区人民政府的具体行政行为不服的,向作出该具体行政行为的国务院部门或者省、自治区、直辖市人民政府申请行政复议。对行政复议决定不服的,可以向人民法院提起行政诉讼;也可以向国务院申请裁决,国务院依照本法的规定作出最终裁决。”这构成了我国“自我管辖”情形的规定。

除上述的管辖情形外,《行政复议法》第 15 条对几种特殊组织的复议管辖作了具体规定。由于行政复议的管辖较为复杂,因此当行政相对人不服行政处罚提起行政复议后，复议机关在收到行政复议申请书后，应首先依照《行政复议法》及《行政复议法实施条例》的规定，对是否应由本单位复议进行审查，如该行政处罚符合《行政复议法》规定的行政复议申请，但不属于本机关受理的，应当告知申请人向有关行政复议机关提出。

三、申请复议是否在期限之内

行政复议是行政相对人或者利害关系人行使权利救济的一种途径，只有在法定的期限内才可以申请行政复议。行政复议申请时效确定得是否客观、科学，是否能够全面而又实际地从保护申请人救济权利的角度出发进行制度设计，对于行政复议制度能否在现实的行政救济体系中发挥真正有效的作用，能否实现保护公民、法人和其他组织合法权益的立法宗旨至关重要。同时，如同诉讼时效一样，行政相对人对行政处罚不服时，应当在复议期限内向行政机关申请行政复议。

(一)我国行政处罚复议中申请期限制度的价值定位

行政法上的期限制度是各国行政程序法的基本制度之一，是指对行政法律关系主体双方的行为给予时间上的限制，以保证行政效率和有效保证实现当事人合法权益的程序制度。应该说，期限制度的价值定位是一个极其重要的问题，它决定着期限制度的具体设计，也可以借以检讨时效制度现实运作的得失。

关于行政法上期限制度的价值定位，既要坚持两点论，又要坚持重点论。言其两点论，是说期限制度应当承载效率促进和权益保障的双重功能，兼顾效率与公正价值的实现，这两个方面缺一不可，不可偏废。就其重点论，是说期限制度的二元价值并非等量齐观，针对不同主体的期限制度有着各自偏爱的价值取向。譬如，针对行政主体的期限制度，如作出具体行政处理决定的期限等，为促使其积极履行法定职责，防止不合理迟延，往往规定期限较短而又相对统一的期限制度，其重心或侧重点则在于行政效率的实现。而针对行政相对人的期限制度，如行政处罚复议申请期限制度，基于申请人在行政管理关系中的弱势法律地位，为保证其充分行使复议权，则往往需要在规定一般期限制度的同时，穷尽在实践中可能发生的各种具体情况，做出种种例外规定，其重心或侧重点则在于最大限度地保证申请人复议救济权利的实现。

基于以上分析，我国行政处罚复议申请期限制度应当坚持公正优先、兼顾效率的价值定位。公正优先，是指该制度是针对在行政法律关系中处于弱势的申请人行使复议权而设计，其主要目的是全面而又实际地保护申请人在不服行政处罚时的复议救济权利，促进和保障申请人及时行使复议权。兼顾效率，是指该制度虽有防止和避免当事人滥用复议权、尽快化解行政争议的价值考虑，但这种价值考虑显然应服从和服务于保障申请人复议救济权利，而不是为了对复议权进行限制。从这一价值定位出发，行政处罚复议申请期限制度应当反映现实情况的需要，予以灵活地回应与安排，既要考虑到一般情形，又要考虑到例外情形。

（二）现行行政处罚复议期限制度的法律规定

1. 行政处罚复议申请期限

《行政复议法》第 9 条规定："公民、法人或者其他组织认为具体行政行为侵犯其合法权益的，可以自知道该具体行政行为之日起六十日内提出行政复议申请；但是法律规定的申请期限超过六十日的除外。因不可抗力或者其他正当理由耽误法定申请期限的，申请期限自障碍消除之日起继续计算。"同时，《行政复议法实施条例》第 15 条至第 17 条，对复议期限作出了规定。因此，复议机关在对行政处罚复议期限进行审查时应当注意：（1）行政相对人是否在知道行政处罚之日起 60 日内提出行政复议；（2）复议的起算时间按行政处罚当场作出、公告告知、法律文书直接送达和邮寄送达、补充告知等不同情形分别开始计算时效。

2. 行政处罚复议决定期限

《行政复议法》第 31 条规定了行政复议决定的期限："行政复议机关应当自受理申请之日起六十日内作出行政复议决定；但是法律规定的行政复议期限少于六十日的除外。情况复杂，不能在规定期限内作出行政复议决定的，经行政复议机关的负责人批准，可以适当延长，并告知申请人和被申请人；但是延长期限最多不超过三十日。"因此，在对行政处罚复议进行查实时，还应注意复议机关是否在规定期限内作出复议决定。

四、被复议行政行为是否具有合法性

维护行政相对人的合法权益是行政处罚复议的价值起点，需要审查行政处罚复议决定的作出这一动态的逻辑途径予以贯彻、指引，确保行政处罚复议决定的正当性。政府通过行政行为实现社会治理，各种行政争议也是由不当或者违法的行政行为引起的，因此，行政处罚复议决定理应成为审查的核心内容。

行政行为合法是我国《宪法》实施在行政法上的体现。根据《宪法》规定，一切国家机关都必须遵守宪法和法律，不得有超越宪法和法律的特权，各级国家行政机关是国家权力机关的执行机关。政府是法律的执行机关，一切行政行为都必须合法，否则就是无效的。合法又是现代民主和法治发展的必然要求。

合法行政是法治在行政法领域的表现，行政行为合法是合法行政的直接要求，这也当然要求行政处罚复议决定应当具有合法性。合法的“法”在这里应作广义的理解，除宪法、法律、行政法规、规章外，还包括一些规范性文件和政策。因为行政主体作出行政行为依据相关的规范性文件和政策的情形也比较常见。同时根据《行政复议法》第 28 条的规定，行政处罚复议决定只有同时满足以下五方面才具合法性，在审查时应当予以注意：第一，行为主体合法。一方面，行政主体必须依法设立，不能假冒、违法设立行政主体。行政主体作出行政处罚，必须有法律明确授予的职权，或者通过授权或委托取得职权，否则无权作出行政处罚。行政主体还必须以自己的名义作出行政行为，并独立承担法律责任。另一方面，具体行政处罚的人必须具备相应资格，如公务员。部分行政行为还要求需具备特殊的执法资格，如食品药品监督执法人员要具备执法资格证。第二，行政处罚权限合法。任何行政职权都是有界限的，行政机关必须依照法定的权限作出行政行为，这要求其作出的行政处罚是在权限范围内，否则越权无效。第三，行为内容合法。行政相对人的行为是否属于依法应当给予行政处罚的行为，是否有充分的法律依据和事实证据。违法行为的事实是否清楚；认定违法事实的证据是否确凿、充分。作出行政处罚决定所依据的证据是否合法有效，证据之间是否相互印证、形成证据链。提取证据的方式和程序是否合法、规范。第四,适用法律依据是否正确。应当对作出行政处罚所适用的法律依据进行审查,包括该依据是否准确、现行有效,执法文书中引用的法律、法规、规章名称是否规范,条、款、项内容是否准确、完整。第五,行为程序合法。包括行政处罚作出的步骤和流程是否完整、规范,是否符合执法规范要求,是否符合法定时限要求。

五、被复议行政行为是否具有合理性

合理性审查主要是针对行政机关作出行政处罚时广泛行使的自由裁量权。自由裁量权的广泛行使、不断扩大是现代行政法治的必然趋势。传统行政法理论主张行政权力严格按照法律规则主义运行,严格限制行政自由裁量。但是,“随着福利国家的到来,政府职能的不断扩展以及对经济社会和生活的广泛影响为人们所需要和接受”。政府由消极行政走向积极的服务行政,政府治理事务更加广泛、复杂、专业。同时,法律不可能对未来社会发展进行准确的预判,更不可能对社会事务的各个方面作出准确、具体的规定,而更多的是规定行政权行使的范围或幅度,严格的法律规则主义已不再适合行政权行使的需要。那么,法律就必须承认、赋予行政机关根据实际进行具体的判断、识别、选择、比较的自由裁量权。但这种自由裁量权并非无限制的自由。正如韦德所说:“在公法中没有不受约束的自由裁量权……绝对的和不受约束的自由裁量权的观点应受到否定。为公共目的所授予的法定权力类似信托,而不是无条件的授予。”条件就是合理行使自由裁量权,行政处罚要合法、适度、理性,符合法律精神、目的、原则。对自由裁量权的规范就成为合理性的主要功能。

《行政复议法》第 28 条第 3 项中规定“具体行政行为明显不当”的,可撤销、变更或确认该具体行政行为违法。明显不当体现着行政处罚复议决定合理性的要求。准确理解合理的内涵是合理性审查的基础。合理性的内涵丰富,难以作出明确、统一的界定。可将其做如下归纳:一是理性办事、合情合理,符合社会普遍的行为准则,符合法律目的和原则;二是符合客观实际;三是平等待人、办事公正,全面衡量相关因素;四是

高效行政,积极履职;五是符合行政法治和人权保障理念;六是权利优先于义务和秩序;七是紧急情况下可采取紧急措施。合理性审查就是要检验行政处罚复议决定是否符合上述合理性的内涵,维持合理的复议决定,纠正不合理的复议决定,实现合理行政和社会公平正义。

第四节　典型案例分析

行政处罚复议案件,是行政复议的主要类型之一。行政处罚涉及行政相对人利益的方方面面。为保障相对人的合法权益,在复议实践中应慎重审查。浦口区人民政府在复议行政处罚争议案件过程中,积累了相关经验,特举四例加以解读。

案例一:爱在春天自助餐厅不服浦口区市场监督管理局行政处罚案

一、案情介绍

案由:爱在春天自助餐厅不服南京市浦口区市场监督管理局作出的行政处罚决定,提起行政复议

申请人:爱在春天自助餐厅

被申请人:南京市浦口区市场监督管理局

复议机关:南京市浦口区人民政府

2017 年 3 月 8 日,南京市食品药品监督管理局委托公众公司对申请人加工自制的麻辣火锅底料进行监督抽验,经检验,罂粟碱及那可丁项目不符合食品整治办〔2008〕3 号要求,检验结论为不合格。2017 年 4 月 10 日,被申请人接到南京市食品药品监督管理局《关于做好浦口区爱在春天自助餐厅和随便餐馆食品安全监督抽检不合格后处理工作的通知》[宁食药监稽(函)〔2017〕86 号]后,按该通知要求对申请人进行立案查处。2017 年 4 月 12 日,被申请人向申请人送达了南京市市级食品安全监督抽检结果通知书、检测(检验、检疫、技术鉴定)结果告知书(浦市监检果告〔2017〕CY001 号)、食品安全市级监督抽检责令整改通知书(编号:S2017 - CY001)、食品安全市级监督抽检不合格产品生产经营企业整改表、食品安全市级监督抽检不合格产品生产经营企业完成整改申请

复查报告。2017年4月17日对申请人进行现场检查时，上述麻辣火锅底料已全部使用，没有剩余。因案情复杂，被申请人分别于2017年7月7日和2017年8月7日对案件进行了延期。2017年11月16日被申请人向申请人送达了《行政处罚听证告知书》（浦市监听告字〔2017〕29号），2017年12月4日，被申请人组织召开了行政处罚听证会，听证会上申请人辩称没有理由添加上述非法物质，对检验的结果不认可。2018年5月2日被申请人作出了浦市监案字〔2018〕16号行政处罚，并于2018年5月3送达申请人。

申请人认为被申请人作出的浦市监案字〔2018〕16号行政处罚决定认定事实错误，程序违法，侵犯了其合法权益，于2018年7月2日向复议机关申请行政复议，请求撤销被申请人作出的浦市监案字〔2018〕16号行政处罚决定书的具体行政行为。为便于查明案情，维护当事人的合法权益，复议机关组织申请人、被申请人于2018年8月9日召开了行政复议听证会，依法公开审理。2018年8月28日，复议机关下达了《行政复议决定书》（〔2018〕浦行复第14号），依法维持被申请人作出的浦市监案字〔2018〕16号行政处罚决定。本案结案。

复议决定：被申请人依据相关法律、法规作出的浦市监案字〔2018〕16号行政处罚决定，事实清楚，证据充分，适用法律正确，程序合法。根据《中华人民共和国行政复议法》第28条第1款第1项之规定，南京市浦口区人民政府决定：依法维持南京市浦口区市场监督管理局作出的浦市监案字〔2018〕16号行政处罚决定。

二、案例审查

（一）引发复议的行政行为的合法性评价

1.适用法律正确

涉案食品经检验发现了非法添加物质项目，申请人的经营行为违反了《食品安全法》第34条第1项"禁止生产经营下列食品、食品添加剂、食品相关产品：（一）用非食品原料生产的食品或者添加食品添加剂以外的化学物质和其他可能危害人体健康物质的食品，或者用回收食品作为原料生产的食品……"应当依据《食品安全法》第123条第1款第1项

“违反本法规定,有下列情形之一,尚不构成犯罪的,由县级以上人民政府食品药品监督管理部门没收违法所得和违法生产经营的食品,并可以没收用于违法生产经营的工具、设备、原料等物品;违法生产经营的食品货值金额不足一万元的,并处十万元以上十五万元以下罚款;货值金额一万元以上的,并处货值金额十五倍以上三十倍以下罚款;情节严重的,吊销许可证,并可以由公安机关对其直接负责的主管人员和其他直接责任人员处五日以上十五日以下拘留:(一)用非食品原料生产食品、在食品中添加食品添加剂以外的化学物质和其他可能危害人体健康的物质,或者用回收食品作为原料生产食品,或者经营上述食品……”的规定,对申请人依法进行处理,故被申请人作出的浦市监案字〔2018〕16 号行政处罚决定适用法律正确。

2. 主体未超越权限

依据《食品安全法》第 123 条第 1 款第 1 项“违反本法规定,有下列情形之一,尚不构成犯罪的,由县级以上人民政府食品药品监督管理部门没收违法所得和违法生产经营的食品,并可以没收用于违法生产经营的工具、设备、原料等物品;违法生产经营的食品货值金额不足一万元的,并处十万元以上十五万元以下罚款;货值金额一万元以上的,并处货值金额十五倍以上三十倍以下罚款;情节严重的,吊销许可证,并可以由公安机关对其直接负责的主管人员和其他直接责任人员处五日以上十五日以下拘留:(一)用非食品原料生产食品、在食品中添加食品添加剂以外的化学物质和其他可能危害人体健康的物质,或者用回收食品作为原料生产食品,或者经营上述食品……”的规定,应由南京市浦口区食品药品监督管理局进行行政处罚。因为该局现已合并至南京市浦口区市场监督管理局,故该职权由其行使,未超越权限。

3. 程序正当

立案:2017 年 4 月 10 日经批准后立案,形成立案审批表 1 份。

调查取证:2017 年 4 月 17 日对何某、陶某、刘某和黄某进行询问调查,同时对爱在春天自助餐厅进行现场检查,形成了现场检查笔录 1 份,调查(询问)笔录 4 份。在整个调查取证的过程中,调查人员人数为两人、出示了执法证件并告知被调查人若觉得办案人员与本案有利害关系,可以申请办案人员回避,符合《行政处罚法》第 37 条要求。

拟作出行政处罚决定:2017 年 11 月 14 日,被申请人召开了案件审理委员会会议,拟作出处罚决定。经审理认为,申请人的经营行为违反了《食品安全法》第 34 条第 1 项,应按照《食品安全法》第 123 条第 1 款第 1 项依法处理。考虑到申请人在案发后能够积极配合案件查处并积极整改,视情节在 10 万至 15 万元的法定罚款幅度中依法给予 10 万元罚款,符合《行政处罚法》第 38 条规定。

听证:由于罚款数额较大,故被申请人于 2017 年 11 月 20 日通知申请人于 2017 年 12 月 4 日 14:30 在浦口区市场监督管理局四楼会议室召开听证会,并写明了听证会主持人和记录人姓名,告知申请人认为主持人、记录人与本案有利害关系的,可以申请回避。被申请人于 2017 年 11 月 20 日发布了举行该听证会的公告,听证公开举行。听证制作了笔录,笔录也交当事人审核无误后签字或者盖章,符合《行政处罚法》第 42 条的要求。

行政处罚决定的作出、行政处罚决定书的送达:2018 年 4 月 13 日,被申请人召开了案件审理委员会会议,案件审理委员会作出了维持原处理意见的决定。行政处罚决定书的内容符合要求,并于决定书作出的第二天送达到当事人手中,符合《行政处罚法》第 38 条、第 39 条和第 40 条的要求。

综上,该处罚决定的作出程序合法。

4. 违法事实清楚,证据充分

2017 年 3 月 8 日,南京市食品药品监督管理局委托公众公司对申请人加工/自制的麻辣火锅底料进行监督抽验,经检验,罂粟碱及那可丁项目不符合食品整治办〔2008〕3 号要求,检验结论为不合格。2017 年 4 月 10 日,被申请人接到南京市食品药品监督管理局《关于做好浦口区爱在春天自助餐厅和随便餐馆食品安全监督抽检不合格后处理工作的通知》[宁食药监稽(函)〔2017〕86 号]后,按该通知要求对申请人进行立案查处。2017 年 4 月 12 日,被申请人向申请人送达了南京市市级食品安全监督抽检结果通知书、检测(检验、检疫、技术鉴定)结果告知书(浦市监检果告〔2017〕CY001 号)、食品安全市级监督抽检责令整改通知书(编号:S2017 - CY001)、食品安全市级监督抽检不合格产品生产经营企业整改表、食品安全市级监督抽检不合格产品生产经营企业完成整改申请复查报告。2017 年 4 月 17 日对申请人进行现场检查时,上述麻辣火锅底料已全部使用,没有剩余。因案情复杂,被申请人分别于 2017 年 7 月 7 日和 2017 年 8 月 7 日对案件进行了延期。2017 年 11 月 16 日被申请人向申请人送达了《行政处罚听证告知书》(浦市监听告字〔2017〕029 号),2017 年 12 月 4 日,被申请人组织召开了行政处罚听证会,听证会上申请人辩称没有理由添加上述非法物质,对检验的结果不认可。2018 年 5 月 2 日被申请人作出了浦市监案字〔2018〕16 号行政处罚,并于 2018 年 5 月 3 送达申请人。故被申请人作出行政处罚决定证据充分。

5. 处罚适当

对申请人的上述违法行为,应依据《食品安全法》第 123 条第 1 款第 1 项"违反本法规定,有下列情形之一,尚不构成犯罪的,由县级以上人民政府食品药品监督管理部门没收违法所得和违法生产经营的食品,并可以没收用于违法生产经营的工具、设备、原料等物品;违法生产经营的食品货值金额不足一万元的,并处十万元以上十五万元以下罚款;货值金额一万元以上的,并处货值金额十五倍以上三十倍以下罚款;情节严重的,吊销许可证,并可以由公安机关对其直接负责的主管人员和其他直接责任人员处五日以上十五日以下拘留:用非食品原料生产食品、在食品中添加食品添加剂以外的化学物质和其他可能危害人体健康的物质,或者用回收食品作为原料生产食品,或者经营上述食品……"的规定,依法给予行政处罚。考虑到相对人在案发后能够积极配合案件查处并积极整改,视情节在 10 万至 15 万元的法定罚款幅度中依法给予 10 万元罚款,处罚适当。

(二)行政复议工作评析

1. 受理正确

第一,该案属于《行政复议法》规定的受案范围。根据《行政复议法》第 6 条第 1 款"有下列情形之一的,公民、法人或者其他组织可以依照本法申请行政复议:(一)对行政机关作出的警告、罚款、没收违法所得、没收非法财物、责令停产停业、暂扣或者吊销许可证、暂扣或者吊销执照、行政拘留等行政处罚决定不服的"的规定,申请人请求撤销被申请人作出的浦市监案字〔2018〕16号行政处罚决定书的具体行政行为符合此项规定,属于行政复议的受案范围。

第二,行政复议是申请人在法定期限内申请的。根据《行政复议法》第9条第1款规定:“公民、法人或者其他组织认为具体行政行为侵犯其合法权益的,可以自知道该具体行政行为之日起六十日内提出行政复议申请;但是法律规定的申请期限超过六十日的除外。”2018年5月3日被申请人收到《行政处罚决定书》(浦市监案字〔2018〕16号),被申请人作出的责令当事人停止违法行为,罚款100,000元是具体行政行为,申请人不服被申请人作出的决定,并于2018年7月2日提交了行政复议申请书,在法定期限内。

第三,南京市浦口区人民政府具有复议管辖权。根据《行政复议法》第12条第1款规定:“对县级以上地方各级人民政府工作部门的具体行政行为不服的,由申请人选择,可以向该部门的本级人民政府申请行政复议,也可以向上一级主管部门申请行政复议。”申请人对被申请人的行政处罚不服,可向南京市市场监督管理局或南京市浦口区人民政府申请复议。因此,申请人选择了向南京市浦口区人民政府申请复议是正确的。

2.审查程序正当

根据《行政复议法》第17条规定:“行政复议机关收到行政复议申请后,应当在五日内进行审查,对不符合本法规定的行政复议申请,决定不予受理,并书面告知申请人;对符合本法规定,但是不属于本机关受理的行政复议申请,应当告知申请人向有关行政复议机关提出。除前款规定外,行政复议申请自行政复议机关负责法制工作的机构收到之日起即为受理。”申请人于2017年7月2日向南京市浦口区人民政府向提交了行政复议申请书。南京市浦口区人民政府承办人员对案件进行了审查:申请人认为被申请人作出浦市监案字〔2018〕016号行政处罚决定违法,侵犯了其合法权益,请求确认被申请人行为违法。2017年7月2日,南京市浦口区人民政府在法定审查期限内同意受理申请人的复议申请,因此是符合法律规定的。

《行政复议法》第22条规定:“行政复议原则上采取书面审查的办

法，但是申请人提出要求或者行政复议机关负责法制工作的机构认为有必要时，可以向有关组织和人员调查情况，听取申请人、被申请人和第三人的意见。”南京市浦口区人民政府于2018年8月9日召开了行政复议听证会，符合本条要求。

3. 复议决定正确

被申请人作出行政处罚决定事实清楚。2017年3月8日，南京市食品药品监督管理局委托公众公司对申请人加工/自制的麻辣火锅底料进行监督抽验，经检验，罂粟碱及那可丁项目不符合食品整治办〔2008〕3号要求，检验结论为不合格。2017年4月10日，被申请人接到南京市食品药品监督管理局《关于做好浦口区爱在春天自助餐厅和随便餐馆食品安全监督抽检不合格后处理工作的通知》[宁食药监稽（函）〔2017〕86号]后，按该通知要求对申请人进行立案查处。2017年4月12日，被申请人向申请人送达了南京市市级食品安全监督抽检结果通知书、检测（检验、检疫、技术鉴定）结果告知书（浦市监检果告〔2017〕CY001号）、食品安全市级监督抽检责令整改通知书（编号：S2017－CY001）、食品安全市级监督抽检不合格产品生产经营企业整改表、食品安全市级监督抽检不合格产品生产经营企业完成整改申请复查报告。2017年4月17日对申请人进行现场检查时，上述麻辣火锅底料已全部使用，没有剩余。因案情复杂，被申请人分别于2017年7月7日和2017年8月7日对案件进行了延期。2017年11月16日被申请人向申请人送达了《行政处罚听证告知书》（浦市监听告字〔2017〕29号），2017年12月4日，被申请人组织召开了行政处罚听证会，听证会上申请人辩称没有理由添加上述非法物质，对检验的结果不认可。2018年5月2日被申请人作出了浦市监案字〔2018〕16号行政处罚，并于2018年5月3日送达申请人。故被申请人作出行政处罚决定证据充分。

被申请人作出行政处罚决定适用法律正确。涉案食品经检验发现非法添加物质项目，申请人的经营行为违反了《食品安全法》第34条第1项“禁止生产经营下列食品、食品添加剂、食品相关产品：用非食品原料生产的食品或者添加食品添加剂以外的化学物质和其他可能危害人体健康物质的食品，或者用回收食品作为原料生产的食品……”的规定，应当依据《食品安全法》第123条第1款第1项“违反本法规定,有下列情形之一,尚不构成犯罪的,由县级以上人民政府食品药品监督管理部门没收违法所得和违法生产经营的食品,并可以没收用于违法生产经营的工具、设备、原料等物品;违法生产经营的食品货值金额不足一万元的,并处十万元以上十五万元以下罚款;货值金额一万元以上的,并处货值金额十五倍以上三十倍以下罚款;情节严重的,吊销许可证,并可以由公安机关对其直接负责的主管人员和其他直接责任人员处五日以上十五日以下拘留:(一)用非食品原料生产食品、在食品中添加食品添加剂以外的化学物质和其他可能危害人体健康的物质,或者用回收食品作为原料生产食品,或者经营上述食品……”的规定,对申请人依法进行处理,法律适用正确。

被申请人作出行政处罚决定程序合法。申请人在对被申请人处罚过程中,依法进行了立案、调查询问、处罚告知、组织召开听证会、对案件的处理进行延期并送达行政处罚决定书等环节,处罚遵循法律的规定进行。

被申请人作出行政处罚决定内容适当。对申请人的上述违法行为,应依据《食品安全法》第123条第1款第1项“违反本法规定,有下列情形之一,尚不构成犯罪的,由县级以上人民政府食品药品监督管理部门没收违法所得和违法生产经营的食品,并可以没收用于违法生产经营的工具、设备、原料等物品;违法生产经营的食品货值金额不足一万元的,并处十万元以上十五万元以下罚款;货值金额一万元以上的,并处货值金额十五倍以上三十倍以下罚款;情节严重的,吊销许可证,并可以由公安机关对其直接负责的主管人员和其他直接责任人员处五日以上十五日以下拘留:(一)用非食品原料生产食品、在食品中添加食品添加剂以外的化学物质和其他可能危害人体健康的物质,或者用回收食品作为原料生产食品,或者经营上述食品……”的规定,依法给予行政处罚。考虑到申请人在案发后能够积极配合案件查处并积极整改,视情节在10万至15万元的法定罚款幅度中依法给予10万元罚款,处罚适当。

综上,该行政处罚决定事实清楚,证据确凿,适用依据正确,程序合法,内容适当。依据《行政复议法》第28条第1款“行政复议机关负责法制工作的机构应当对被申请人作出的具体行政行为进行审查,提出意见，经行政复议机关的负责人同意或者集体讨论通过后，按照下列规定作出行政复议决定：(一)具体行政行为认定事实清楚，证据确凿，适用依据正确，程序合法，内容适当的，决定维持”的规定，行政复议机关应依法维持该行政处罚决定，故复议决定正确。

三、案例反思

本案争议的焦点在于行政主体作出行政处罚决定所依据的证据是否是合法收集的。《行政处罚法》第36条、第37条[①]对证据的收集作出了严格的规定，这就确立了证据在行政处罚中的重要地位。因此，行政机关在行政处罚程序中，必须重视证据并根据一定的证据规则办事，否则将会承担不利的法律后果。具体而言，行政机关在调查取证时，要注意如下几点：

(一)取证主体法定

行政处罚取证的主体必须是法定的，非法定主体收集取得的证据，尽管证据本身可能具有一定的关联性和客观性，有时甚至可能对行政处罚待证事实有重要意义，但是，由于其收集取证的主体不合法，故不能在行政处罚案件中作为证据使用。

(二)出示执法证件

行政机关在行使调查、检查权时，调查人员应当持有并出示合法有效的证件。《行政处罚法》第37条第1款规定：“行政机关在调查或者进行检查时，执法人员不得少于两人，并应当向当事人或者有关人员出示证件。当事人或者有关人员应当如实回答询问，并协助调查或者检查，不得阻挠。询问或者检查应当制作笔录。”有关法律、法规对此进行了明确规定，如

① 参见《行政处罚法》第36条：“除本法第三十三条规定的可以当场作出的行政处罚外，行政机关发现公民、法人或者其他组织有依法应当给予行政处罚的行为的，必须全面、客观、公正地调查，收集有关证据；必要时，依照法律、法规的规定，可以进行检查。”《行政诉讼法》第37条：“行政机关在调查或者进行检查时，执法人员不得少于两人，并应当向当事人或者有关人员出示证件。当事人或者有关人员应当如实回答询问，并协助调查或者检查，不得阻挠。询问或者检查应当制作笔录。行政机关在收集证据时，可以采取抽样取证的方法；在证据可能灭失或者以后难以取得的情况下，经行政机关负责人批准，可以先行登记保存，并应当在七日内及时作出处理决定，在此期间，当事人或者有关人员不得销毁或者转移证据。执法人员与当事人有直接利害关系的，应当回避。”

《税收征收管理法》第59条规定："税务机关派出的人员进行税务检查时，应当出示税务检查证和税务检查通知书，并有责任为被检查人保守秘密；未出示税务检查证和税务检查通知书的，被检查人有权拒绝检查。"

（三）证据形式合法

只有法律规定的证据形式才有证据能力，不属于法律规定的证据形式不能作为证据来使用，行政处罚证据必须符合法定形式。现行法律规定的证据种类主要有8种形式：书证、物证、视听资料、电子数据、证人证言、当事人的陈述、鉴定意见、勘验笔录和现场笔录。[①] 一方面，行政机关必须按照法律规定的证据形式，全面地、客观地、公正地收集对行政相对人不利和有利的证据，才有可能作出正确的行政处罚决定；另一方面，作为行政处罚的证据还必须符合法律对其形式的特殊要求，如书证原则上要求调取原件。调取原件确有困难的，可以调取与原件核对无误的复印件、照片、节录本。原件由有关部门保管的，应说明出处，并经该部门核对无异后加盖印章；询问、陈述、谈话类笔录，应当有行政执法人员、被询问人、陈述人、谈话人签名或者盖章；物证要求调取原物的，原物是种类物的，可以根据《行政处罚法》第37条的规定，采取抽样取证的方式提供其中一部分作为物证；证人证言应写明证人的姓名、年龄、性别、职业、住址等基本情况，有证人的签名。不能签名的，应当以盖章，注明出具日期，附有居民身份证复印件等证明证人身份的文件；现场笔录，应当载明时间、地点和事件等内容，并由执法人员和当事人签名。当事人拒绝签名或者不能签名的，应当注明原因。有其他人在场的，可由其他人签名等。

（四）依法定职权调查取证

行政机关必须依法调查取证，行政主体不得超越法定权限调查取证，不得采用非法手段收集证据，如以偷拍、偷录、窃听等手段获取侵犯他人合法权益的证据材料和以利诱、欺诈、胁迫、暴力等不正当手段获取的证据材料，都属于非法手段获取的证据。

（五）取证遵守法定程序

行政主体必须按照法定程序收集行政处罚证据，即依照法定步骤、

---

① 参见《行政诉讼法》第33条："证据包括：（一）书证；（二）物证；（三）视听资料；（四）电子数据；（五）证人证言；（六）当事人的陈述；（七）鉴定意见；（八）勘验笔录、现场笔录。"

顺序、方式和期限等调查、收集证据。例如,行政机关执法人员询问当事人及有关人员时应当制作笔录,并让被询问人签字;①行政机关在收集证据时,可以采取抽样取证的方法。在证据可能灭失或者以后难以取得的情况下,经行政机关负责人批准,可以先行登记保存,并应当在七日内及时作出处理决定,在此期间,当事人或者有关人员不得销毁或者转移证据。执法人员与当事人有直接利害关系的,应当回避;行政机关在作出行政处罚决定之前,应当告知当事人作出行政处罚决定的事实、理由及依据,并告知当事人依法享有的权利。行政机关必须充分听取当事人的意见,对当事人提出的事实、理由和证据,应当进行复核。当事人提出的事实、理由或者证据成立的,行政机关应当采纳;②凡在听证程序中出示的证据材料,当事人陈述、辩论等过程和情况都应制作笔录,笔录核对无误后交当事人及其他参加人签名或盖章。在听证程序中应注意出示所有已获取的证据,并告知当事人享有质证的权利,同时在听证笔录中载明。③

---

① 参见《行政处罚法》第37条:"行政机关在调查或者进行检查时,执法人员不得少于两人,并应当向当事人或者有关人员出示证件。当事人或者有关人员应当如实回答询问,并协助调查或者检查,不得阻挠。询问或者检查应当制作笔录。行政机关在收集证据时,可以采取抽样取证的方法;在证据可能灭失或者以后难以取得的情况下,经行政机关负责人批准,可以先行登记保存,并应当在七日内及时作出处理决定,在此期间,当事人或者有关人员不得销毁或者转移证据。执法人员与当事人有直接利害关系的,应当回避。"

② 参见《行政处罚法》第31条:"行政机关在作出行政处罚决定之前,应当告知当事人作出行政处罚决定的事实、理由及依据,并告知当事人依法享有的权利。"该法第32条:"当事人有权进行陈述和申辩。行政机关必须充分听取当事人的意见,对当事人提出的事实、理由和证据,应当进行复核;当事人提出的事实、理由或者证据成立的,行政机关应当采纳。"

③ 参见《行政处罚法》第42条:行政机关作出责令停产停业、吊销许可证或者执照、较大数额罚款等行政处罚决定之前,应当告知当事人有要求举行听证的权利;当事人要求听证的,行政机关应当组织听证。当事人不承担行政机关组织听证的费用。听证依照以下程序组织:(一)当事人要求听证的,应当在行政机关告知后三日内提出;(二)行政机关应当在听证的七日前,通知当事人举行听证的时间、地点;(三)除涉及国家秘密、商业秘密或者个人隐私外,听证公开举行;(四)听证由行政机关指定的非本案调查人员主持;当事人认为主持人与本案有直接利害关系的,有权申请回避;(五)当事人可以亲自参加听证,也可以委托一至二人代理;(六)举行听证时,调查人员提出当事人违法的事实、证据和行政处罚建议;当事人进行申辩和质证;(七)听证应当制作笔录;笔录应当交当事人审核无误后签字或者盖章。当事人对限制人身自由的行政处罚有异议的,依照治安管理处罚法有关规定执行。

案例二：赵某不服浦口区城市管理行政执法局限期拆除决定案

一、案情介绍

案由：赵某不服城管局限期拆除决定书提起行政复议

申请人：赵某

被申请人：南京市浦口区城市管理行政执法局

复议机关：南京市浦口区人民政府

2012 年 12 月 20 日，被申请人接到申请人在江浦街道高旺车站(浦乌路旁)有违章建筑的举报后，派执法人员前往该处调查，并向申请人送达了《核查通知书》(宁城执浦停字〔2012〕第 1086 号)，要求申请人提交房屋建设的审批手续。在申请人未能提交的情况下，被申请人向申请人送达了《限期拆除告知书》(宁城执浦限字〔2012〕第 1115 号)，要求申请人在收到《限期拆除告知书》的 3 日内自行拆除未经规划许可擅自建设的建筑物，申请人未能按照《限期拆除告知书》的要求履行义务。2012 年 12 月 28 日，被申请人对申请人作出了限期拆除决定，并于当日向其送达了《限期拆除决定书》(宁城法浦限决字〔2012〕第 11043 号)。

申请人认为被申请人作出的《限期拆除决定书》(宁城法浦限决字〔2012〕第 11043 号)适用法律错误，侵犯了其合法权益，于 2013 年 1 月 18 日向复议机关申请行政复议。经审查，2013 年 2 月 27 日，复议机关下达了《行政复议决定书》(〔2013〕浦行复第 3 号)依法维持被申请人作出的限期拆除决定(宁城法浦限决字〔2012〕第 11043 号)的具体行政行为。本案结案。

复议决定：被申请人对申请人建设的违法建筑物作出的限期拆除决定事实清楚，证据充分，适用法律正确，程序合法。根据《中华人民共和国行政复议法》第 28 条第 1 款第 1 项之规定，南京市浦口区人民政府依法维持被申请人作出的限期拆除决定(宁城法浦限决字〔2012〕第 11043 号)的具体行政行为。

二、案例审查

(一)引发复议的行政行为的合法性评价

1. 适用法律正确

本案中,被申请人在对申请人在浦口区江浦街道西江口社区高旺车站的房屋进行现场勘验、调查核实后,发现当事人没有取得相关的建设工程规划许可审批手续。申请人在未取得建设工程规划许可的情况下擅自建设上述建筑属于违法建设行为,违反了《城乡规划法》第 40 条第 1 款规定:“在城市、镇规划区内进行建筑物、构筑物、道路、管线和其他工程建设的,建设单位或者个人应当向城市、县人民政府城乡规划主管部门或者省、自治区、直辖市人民政府确定的镇人民政府申请办理建设工程规划许可证。”《城乡规划法》第 64 条规定:“未取得建设工程规划许可证或者未按照建设工程规划许可证的规定进行建设的,由县级以上地方人民政府城乡规划主管部门责令停止建设;尚可采取改正措施消除对规划实施的影响的,限期改正,处建设工程造价百分之五以上百分之十以下的罚款;无法采取改正措施消除影响的,限期拆除,不能拆除的,没收实物或者违法收入,可以并处建设工程造价百分之十以下的罚款。”被申请人向申请人下发了《限期拆除告知书》(宁城执浦限字〔2012〕第 1115 号)、《限期拆除决定书》(宁城法浦限决字〔2012〕第 11043 号)和《履行行政决定催告书》(宁城法浦强执催〔2012〕第 11043 号)后,申请人均未在规定期限内自行拆除违法建筑,属于《中华人民共和国行政强制法》第 37 条第 1 款“经催告,当事人逾期仍不履行行政决定,且无正当理由的,行政机关可以作出强制执行决定”规定的情况。因此,行政机关可以依据《中华人民共和国行政强制法》第 44 条“对违法的建筑物、构筑物、设施等需要强制拆除的,应当由行政机关予以公告,限期当事人自行拆除。当事人在法定期限内不申请行政复议或者提起行政诉讼,又不拆除的,行政机关可以依法强制拆除”作出强制执行决定。

因此,被申请人依据《城乡规划法》第 40 条第 1 款的规定认定赵某未取得建设工程规划许可建造房屋属于违法建设,依据《城乡规划法》第 64 条进行处罚正确。在赵某未及时履行时,依据《行政强制法》第 37 条和第 44 条作出强制执行决定也属正确。

2. 主体未超越权限

《城乡规划法》第 64 条规定："未取得建设工程规划许可证或者未按照建设工程规划许可证的规定进行建设的，由县级以上地方人民政府城乡规划主管部门责令停止建设；尚可采取改正措施消除对规划实施的影响的，限期改正，处建设工程造价百分之五以上百分之十以下的罚款；无法采取改正措施消除影响的，限期拆除，不能拆除的，没收实物或者违法收入，可以并处建设工程造价百分之十以下的罚款。"

《城市市容和环境卫生管理条例》第 36 条的规定："有下列行为之一者，由城市人民政府市容环境卫生行政主管部门或者其委托的单位责令其停止违法行为，限期清理、拆除或者采取其他补救措施，并可处以罚款：(一)未经城市人民政府市容环境卫生行政主管部门同意，擅自设置大型户外广告，影响市容的；(二)未经城市人民政府市容环境卫生行政主管部门批准，擅自在街道两侧和公共场地堆放物料，搭建建筑物、构筑物或者其他设施，影响市容的；(三)未经批准擅自拆除环境卫生设施或者未按批准的拆迁方案进行拆迁的。"

根据《南京市城市管理相对集中行政处罚权试行办法》，南京市浦口区城市管理行政执法局按照规定的职权负责辖区内的相对集中的行政处罚权工作。根据《国务院关于进一步推进相对集中行政处罚工作的决定》(国发〔2002〕17 号)、《省政府关于进一步推进相对集中行政处罚权工作的通知》(苏政发〔2003〕89 号)、《南京市政府办公厅关于在江宁、六合、浦口三个区开展相对集中行政处罚权工作的通知》(宁政办发〔2005〕96 号)，南京市浦口区城市管理行政执法局相对集中以下行政处罚权：城市规划管理方面法律、法规、规章规定的行政处罚权；村镇规划建设管理方面法律、法规、规章规定的行政处罚权。

因此，南京市浦口区城市管理行政执法局对违法建设可责令违法人停止建设、限期改正。

3. 程序正当

被申请人在对申请人处罚过程中，依法进行了立案、勘察、调查询问、拍照、处罚告知并送达，最后经审批下达了《限期拆除决定书》，处罚遵循法律的规定进行。

4. 违法事实清楚,证据充分

经被申请人调查查明,申请人未经规划许可在江浦街道西江口社区高旺车站(浦乌路旁)建有120.61平方米的房屋用于经营加油生意,建设上述建筑没有取得建设工程规划许可审批手续。以上事实由案件调查及现场勘察记录、核查情况登记表、调查询问笔录、城管行政执法案卷照片证据附贴页等证据证实。

5. 处罚适当

根据《城乡规划法》第40条第1款规定:"在城市、镇规划区内进行建筑物、构筑物、道路、管线和其他工程建设的,建设单位或者个人应当向城市、县人民政府城乡规划主管部门或者省、自治区、直辖市人民政府确定的镇人民政府申请办理建设工程规划许可证。"申请人建设建筑属于违法建设行为,应按照《城乡规划法》第64条"未取得建设工程规划许可证或者未按照建设工程规划许可证的规定进行建设的由县级以上地方人民政府城乡规划主管部门责令停止建设;尚可采取改正措施消除对规划实施的影响的,限期改正,处建设工程造价百分之五以上百分之十以下的罚款;无法采取改正措施消除影响的,限期拆除,不能拆除的,没收实物或者违法收入,可以并处建设工程造价百分之十以下的罚款"进行处罚。因此,被申请人作出的限期拆除决定符合《中华人民共和国城乡规划法》第64条要求,无明显不当。

(二)行政复议工作评析

1. 受理正确

第一,该案属于《行政复议法》规定的受案范围。根据《行政复议法》第6条第1款"有下列情形之一的,公民、法人或者其他组织可以依照本法申请行政复议:(一)对行政机关作出的警告、罚款、没收违法所得、没收非法财物、责令停产停业、暂扣或者吊销许可证、暂扣或者吊销执照、行政拘留等行政处罚决定不服的"的规定,申请人请求撤销被申请人作出的宁城法浦限决字〔2012〕第11043号限期拆除决定的具体行政行为符合此项规定,属于行政复议的受案范围。

第二,行政复议是申请人在法定期限内申请的。根据《行政复议法》

第9条第1款规定:“公民、法人或者其他组织认为具体行政行为侵犯其合法权益的,可以自知道该具体行政行为之日起六十日内提出行政复议申请;但是法律规定的申请期限超过六十日的除外。”2012年12月28日,被申请人对申请人作出了限期拆除决定,并于当日向其送达了《限期拆除决定书》(宁城法浦限决字〔2012〕第11043号)。申请人认为被申请人作出的《限期拆除决定书》(宁城法浦限决字〔2012〕第11043号)适用法律错误,侵犯了其合法权益,于2013年1月18日向复议机关申请行政复议,在法定期限内。

第三,南京市浦口区人民政府具有复议管辖权。根据《行政复议法》第12条第1款“对县级以上地方各级人民政府工作部门的具体行政行为不服的,由申请人选择,可以向该部门的本级人民政府申请行政复议,也可以向上一级主管部门申请行政复议”的规定,申请人对被申请人的行政处罚不服,可向南京市城市管理行政执法局或南京市浦口区人民政府申请复议。因此,申请人选择了向南京市浦口区人民政府申请复议是正确的。

2. 审查程序正当

根据《行政复议法》第17条规定:“行政复议机关收到行政复议申请后,应当在五日内进行审查,对不符合本法规定的行政复议申请,决定不予受理,并书面告知申请人;对符合本法规定,但是不属于本机关受理的行政复议申请,应当告知申请人向有关行政复议机关提出。除前款规定外,行政复议申请自行政复议机关负责法制工作的机构收到之日起即为受理。”申请人于2013年1月18日向南京市浦口区人民政府提交了行政复议申请书,南京市浦口区人民政府承办人员对案件进行了审查。2013年1月21日,南京市浦口区人民政府同意受理申请人的复议申请,且在法定审查期限内,因此,是符合法律规定的。

3. 复议决定正确

被申请人作出行政处罚决定事实清楚。经被申请人调查查明,申请人未经规划许可在江浦街道西江口社区高旺车站(浦乌路旁)建有120.61平方米的房屋用于经营加油生意,建设上述建筑没有取得建设工程规划许可审批手续。以上事实由案件调查及现场勘察记录、核查情况登记表、调查询问笔录、城管行政执法案卷照片证据附贴页等证据证实。

被申请人作出行政处罚决定适用法律正确。被申请人对申请人在浦口区江浦街道西江口社区高旺车站的房屋进行现场勘验、调查核实后,发现当事人没有取得相关的建设工程规划许可审批手续。申请人在未取得建设工程规划许可的情况下擅自建设上述建筑属于违法建设行为,违反了《城乡规划法》第 40 条第 1 款"在城市、镇规划区内进行建筑物、构筑物、道路、管线和其他工程建设的,建设单位或者个人应当向城市、县人民政府城乡规划主管部门或者省、自治区、直辖市人民政府确定的镇人民政府申请办理建设工程规划许可证",第 64 条"未取得建设工程规划许可证或者未按照建设工程规划许可证的规定进行建设的由县级以上地方人民政府城乡规划主管部门责令停止建设;尚可采取改正措施消除对规划实施的影响的,限期改正,处建设工程造价百分之五以上百分之十以下的罚款;无法采取改正措施消除影响的,限期拆除,不能拆除的,没收实物或者违法收入,可以并处建设工程造价百分之十以下的罚款"的规定,被申请人向申请人下发了《限期拆除告知书》(宁城执浦限字〔2012〕第 1115 号)、《限期拆除决定书》(宁城法浦限决字〔2012〕第 11043 号)和《履行行政决定催告书》(宁城法浦强执催〔2012〕第 11043 号)后,申请人均未在规定期限内自行拆除违法建筑,属于《行政强制法》第 37 条第 1 款"经催告,当事人逾期仍不履行行政决定,且无正当理由的,行政机关可以作出强制执行决定"规定的情况,因此,行政机关可以依据《行政强制法》第 44 条"对违法的建筑物、构筑物、设施等需要强制拆除的,应当由行政机关予以公告,限期当事人自行拆除。当事人在法定期限内不申请行政复议或者提起行政诉讼,又不拆除的,行政机关可以依法强制拆除",作出强制执行决定,故法律适用正确。

被申请人作出行政处罚决定程序合法。被申请人对申请人的处罚过程中,依法进行了立案、勘察、调查询问、拍照、处罚告知并送达,最后经审批下达了《限期拆除决定书》,处罚遵循了法律的规定进行。

被申请人作出行政处罚决定内容适当。根据《城乡规划法》第 40 条第 1 款"在城市、镇规划区内进行建筑物、构筑物、道路、管线和其他工程建设的,建设单位或者个人应当向城市、县人民政府城乡规划主管部门或者省、自治区、直辖市人民政府确定的镇人民政府申请办理建设工程规划许可证”的规定，申请人建设建筑属于违法建设行为，应按照《城乡规划法》第64条“未取得建设工程规划许可证或者未按照建设工程规划许可证的规定进行建设的由县级以上地方人民政府城乡规划主管部门责令停止建设；尚可采取改正措施消除对规划实施的影响的，限期改正，处建设工程造价百分之五以上百分之十以下的罚款；无法采取改正措施消除影响的，限期拆除，不能拆除的，没收实物或者违法收入，可以并处建设工程造价百分之十以下的罚款”进行处罚。因此，被申请人做出的限期拆除决定符合《中华人民共和国城乡规划法》的规定，处罚适当。

综上，被申请人作出的宁城法浦限决字〔2012〕第11043号限期拆除决定事实清楚，证据确凿，适用依据正确，程序合法，内容适当。依据《行政复议法》第28条第1款规定：“行政复议机关负责法制工作的机构应当对被申请人作出的具体行政行为进行审查，提出意见，经行政复议机关的负责人同意或者集体讨论通过后，按照下列规定作出行政复议决定：(一)具体行政行为认定事实清楚，证据确凿，适用依据正确，程序合法，内容适当的，决定维持……”，行政复议机关应依法维持该行政处罚决定，故复议决定正确。

三、案例反思

本案争议的焦点在于继续状态对行政处罚时效的适用。《行政处罚法》第29条规定：“违法行为在二年内未被发现的，不再给予行政处罚。法律另有规定的除外。前款规定的期限，从违法行为发生之日起计算；违法行为有连续或者继续状态的，从行为终了之日起计算。”申请人认为，其房屋已建造13年，远远地超过了行政处罚规定的2年时效。而复议机关经过审查认为，虽然申请人未经规划许可建设的房屋建造于13年前，但其违法状态持续至今，被申请人进行查处时其违法状态并未消除，其不适用违法行为在二年内未被发现的，不再给予行政处罚的规定，故被申请人依据《城乡规划法》对其进行行政处罚符合法律规定。

持续状态和继续状态是行政违法行为的两种特殊状态，特别是对继续状态的认定问题，在实践中一直困扰着多数的执法者。因此，展开继续状态的深入研究,对推动依法行政有重大的社会意义和实践意义。

(一)行政违法行为的继续状态界定

行政违法行为的继续状态是指行政相对人所做的行为在一定期间内处于持续的违法状态的情形。这种状态是一种持续不断的状态,并且不会因为中间出现任何的中断或者阻断的事由而发生变迁。对于继续状态的判断,其界定可以从以下方面着手:首先,继续状态的行为人为纯粹的单个人,并且其单个的主体所做的行为针对的客体为单个的客体;其次,这种继续状态的行为为单一的行为,这种行为并不会因为法律法规的变迁而影响其违法的性质。因为继续状态的行为做出的出发点和起始点是违法的,并且这种违法的状态一直具有持续性,为了保持最终结果的统一性,继续状态的违法行为不可以因为法律法规的变迁而影响其性质的认定。因而,在判断继续状态下的行为是否为违法行为时,只需判断该行为做出时的状态就可以,如果其做出时的性质是违法的,那么其最终性质的认定就是违法的。

(二)行政处罚时效中的继续状态界定

在对继续状态有了初步的界定的基础上,行政处罚过程中的继续状态该如何界定呢?笔者认为,可以从以下几个方面着手:

首先,继续状态不会因为其本质上的持续性而变成合法行为。继续状态的行政违法行为是一直处于持续状态的,这种状态的持续时间是无法确定的。在以时间为单位的情况下,继续状态存在的时间在实践中有数月的也有数年的。若以新的法律、法规的出现为单位,可能经历数部法律法规的出现。同时,在经历不同的法律法规的阶段中,可能会经历不同的政策阶段。在经历的不同阶段的过程中,对继续状态的性质界定可能会出现不同的局面,甚至对其定性会出现相反的结论。但是,法律法规的变更并不导致继续状态的性质发生变化。一方面,违法行为与合法行为的本质是有区别的,而且这种本质上的区别不会因为客观环境的变化而变化。如果这种本质是可以变化的话,那么这种本质上的违法性是不具有确定性的。因而无论阶段怎么变化,继续状态本质上的违法性是不会变化的。另一方面,继续状态的初始定性具有稳定性。因为法律本身的稳定性,对违法行政行为的定性也是稳定的,这种稳定不会随着时间或者新法律的发布而发生性质上的改变,同时这种确定性也是对继续状态进行界定的基础。

其次,继续状态因其状态的持续性而不存在演变成多个违法行为的可能性。因为涉及行政违法行为者的责任承担问题,这种违法行为数量的确认就更具有必要性。因为继续状态是一种持续的,稳定的状态,这种状态是基于其定性基础的稳定性和行为存在的持续性而确定的。继续状态下的行政违法行为其本质上是一种违法状态的延续,这种延续的状态导致其相应的主观要件和客观要件的单一性,因而不存在演变成多个违法行为的可能性。

再次,继续状态因其状态的持续性,不会与其他的行政违法行为形成竞合的违法状态。行政违法行为中的竞合是指一个行政违法行为违反了多部行政法律规范,承担多种责任的形态。此外,其所违反的行政法律规范之间没有逻辑上的包含与被包含关系。但是,在继续状态中,只是存在一个违法的行为,这种行为所对应的责任只是一种或者一类。尽管在继续存在的状态中可能会违反多部不断生效的法律规范,但是其违反行政法律规范的状态是“线”性的。反观行政违法行为中的竞合,其违反行政法律规范的状态是同时违反多部行政法规,这种违反是“面”式的。由此可见,继续状态所违反的多部法律法规是具有时间上的先后性的,不是如行政违法行为中的竞合那样的“面”性的,因而继续状态因其状态的持续性,不会与其他的行政违法行为形成竞合的违法状态。

最后,继续状态因其状态的继续性,行为人的责任承担方式不会演变成承担民事责任或者刑事责任。因为行政违法行为违反的是行政法律规范,且继续状态是一直处于不间断的状态中的,这与民事责任的产生基础就是不一样的。此外,行政违法行为违反的行政法律规范,其责任产生的量比民事责任产生的量要大,并且因为继续状态的持续性,因而不会从根本上转变成更轻的民事责任。同时,在刑事责任中,其量是远远大于行政责任的,尽管行政责任量的累加会演变成刑事责任。例如,盗窃行为引起的责任,其刑事责任可能会是有多个行政责任累加而产生,但是,因为继续状态处于不间断的状态中,这种状态所导致的量是不变的,如果发生了量上的变化,那么就可能会是一个新的行政违法行为或者转变成为连续状态。[①]

（三）继续状态对行政处罚时效的适用

对行政处罚过程中的继续状态的研判上，究竟是违法行为在继续还是违法行为导致的不法状态在继续？刑法理论上对“继续犯”和“状态犯”有所区分，对于在行政执法中认定违法行为继续状态有所裨益。“继续犯”的概念来自于《刑法》第89条“犯罪行为有连续或继续状态的，从犯罪行为终了之日起计算”的规定，指的是犯罪行为从实施开始到终止之前一直处于持续状态，如《刑法》第258条重婚罪、第260条虐待罪等。一段时间内犯罪行为持续进行，期间每一阶段的犯罪形态独立来看都符合犯罪构成要件。“状态犯”指的是实施犯罪行为产生危害结果后，犯罪便告终了，但不法状态仍未消除仍在继续，如《刑法》第239条绑架罪，第240条拐卖妇女、儿童罪等。绑架行为、拐卖行为实施后，犯罪已经既遂，行为已经结束，但被绑架、被拐卖人员仍处于被非法控制人身自由的不法状态中。“继续犯”和“状态犯”的根本区别即在于，前者是危害行为实施后行为以及不法状态同时继续，后者是危害行为实施后行为终了但不法状态在继续。《刑法》第89条对“继续犯”追诉时效作了特别规定，从犯罪行为终了之日而非行为发生之日起计算。对于“状态犯”，则等同于其他普通犯罪行为，仍然从行为发生之日起计算追诉时效。《刑法》对“继续犯”和“状态犯”追诉时效的不同规定对于行政执法有着积极的借鉴意义。《行政处罚法》第29条第2款明确规定：“违法行为有连续或者继续状态的，从行为终了之日起计算。”“行为终了”表明此处规制的是危害行为的继续而非仅是不法状态的继续，与刑法分则所规定的“继续犯”有着共通之处。也就是说，在行为及其造成的不法状态同时继续的情况下，应当比照《刑法》对“继续犯”的规定从行为终了之日起计算追究期限。如对无照经营、虚假宣传等违法行为的查处，应当从违法行为终了之日起算二年追究时效。如果行为已经终了，仅是不法状态在延续，就应当比照《刑法》对“状态犯”追诉时效的规定，从行为发生之日起计算追究时效。如对商业贿赂、商标侵权等违法行为的查处，应当从违

① 参见关保英：《持续状态的行政违法行为研究》，载《社会科学》2011年第8期。

法行为发生之日起算二年追究时效,不能从违法行为被制止、被纠正之日起算。实务中,最高人民法院行政审判庭《关于如何计算土地违法行为追诉时效的答复》(〔1997〕法行字第26号,以下简称《答复》),也体现出对《刑法》"继续犯"和"状态犯"追诉时效理论的借鉴。《答复》指出:"对非法占用土地的违法行为,在未恢复原状前,应视为具有继续状态,其行政处罚的追诉时效,应根据《行政处罚法》第二十九条第二款的规定,从违法行为终了之日起计算;破坏耕地的违法行为是否具有连续状态或继续状态,应根据案件的具体情况区别对待。"非法占用土地是持续进行的违法行为,期间每一阶段都符合违法行为构成要件,所以要从违法行为终了之日起计算追究时效。破坏耕地则需要根据实际情况分析究竟是行为在继续还是仅是不法状态在继续,行为在继续的,从违法行为终了之日起计算追究时效;仅是不法状态继续的,仍然从行为发生之日起计算追究时效。

对于虚报注册资本、提交虚假材料、虚假出资、抽逃出资等违反登记法规行为,究竟是行为在继续还是不法状态在继续?比照《刑法》"继续犯"还是"状态犯"计算追诉时效,这一问题在国务院法制办公室2006年6月20日《对国家工商总局关于公司登记管理条例适用有关问题的复函》(国法函〔2006〕273号,以下简称《复函》)中作了明确。《复函》指出:"国家工商总局提出,虚报注册资本、提交虚假材料、虚假出资、抽逃出资等行为在工商行政管理机关查处前未纠正的,视为违法行为的继续状态。如果违法的公司纠正其违法行为,并达到公司法规定的条件,且自该纠正行为之日起超过两年的,则不应再追究其违法行为。这一理解是与行政处罚法的规定相一致的,我们没有不同意见。"该《复函》明确了对于这四类违法行为,追究时效应当从行为被纠正之日而非发生之日起计算,当事人行为没有纠正之前,都应当视为违法行为处于继续状态尚未结束。①

① 参见韩珺:《行政处罚追究时效适用探讨》,载《中国工商管理研究》2010年第9期。

案例三:华联超市汤泉店不服浦口区市场监督管理局行政处罚决定案

一、案情介绍

案由:华联超市汤泉店不服市场监管局行政处罚行政复议一案

申请人:华联超市汤泉店

被申请人:南京市浦口区市场监督管理局

复议机关:南京市浦口区人民政府

2015 年 12 月 23 日,被申请人南京市浦口区市场监督管理局对申请人华联超市汤泉店所销售的野生干红葡萄酒进行抽样检验,依据江苏省产品质量监督检验研究院出具的(2015)SJZFC-SJ1034 号检验报告,被申请人以抽检的葡萄酒甜蜜素项目不合格,申请人不能证明履行了《食品安全法》第 136 条所规定的进货查验义务为由,认定申请人销售不合格食品。后申请人申请听证,经过听证后,南京市浦口区市场监督管理局对申请人作出了没收违法所得 66 元,罚款人民币 50,000 元的行政处罚决定。

申请人认为被申请人作出的浦市监罚〔2017〕24 号行政处罚决定认定事实不清,侵犯了其合法权益,于 2017 年 4 月 14 日向南京市浦口区人民政府申请行政复议,请求撤销被申请人作出的浦市监罚〔2017〕24 号行政处罚决定。

南京市浦口区人民政府在对案件进行审查后认为被申请人南京市浦口区市场监督管理局依据相关法律、法规作出的浦市监罚〔2017〕24 号行政处罚决定,事实清楚,证据充分,适用法律正确,程序合法。根据《行政复议法》第 28 条第 1 款第 1 项之规定,南京市浦口区人民政府决定:依法维持南京市浦口区市场监督管理局作出的浦市监罚〔2017〕24 号行政处罚决定。

二、案例审查

(一)引发复议的行政行为的合法性评价

1. 适用法律正确

本案中,2015 年 12 月 23 日,被申请人南京市浦口区市场监督管理局执法人员会同江苏省产品质量监督检验研究院对申请人华联超市汤泉店销售的野生干红葡萄酒进行抽样检验，经抽样检验，根据〔2015〕SJZFC－SJ1034号检验报告，上述葡萄酒甜蜜素项目不符合GB 2760－2011标准，检验结论为不合格。

首先，根据《食品安全法》第34条第4项的规定："禁止生产经营下列食品、食品添加剂、食品相关产品：……（四）超范围、超限量使用食品添加剂的食品。"因此，申请人销售的野生干红葡萄酒经检验发现存在不得检出的添加剂项目，其销售行为违反了《食品安全法》第34条第4项的规定。

其次，根据《食品安全法》第53条的规定："食品经营者采购食品，应当查验供货者的许可证和食品出厂检验合格证或者其他合格证明。"该规定要求食品经营者不仅要查供货者有无食品出厂合格证，也要对食品安全出厂合格证明载明的检验事项与食品安全执行标准所需检验事项进行比照，真正履行既查又验的法定义务。申请人虽然查看了供货者的产品合格证明，但并未对该合格证明尽到检验的义务。

最后，根据《食品安全法》第124条第1款第3项的规定："违反本法规定，有下列情形之一，尚不构成犯罪的，由县级以上人民政府食品安全监督管理部门没收违法所得和违法生产经营的食品、食品添加剂，并可以没收用于违法生产经营的工具、设备、原料等物品；违法生产经营的食品、食品添加剂货值金额不足一万元的，并处五万元以上十万元以下罚款；货值金额一万元以上的，并处货值金额十倍以上二十倍以下罚款；情节严重的，吊销许可证，并可以由公安机关对其直接负责的主管人员和其他直接责任人员处五日以上十五日以下拘留。"因此，南京市浦口区市场监督管理局依据《食品安全法》第34条第4项的规定对华联超市汤泉店作出行政处罚适用的法律是正确的。

2. 主体未超越权限

根据《食品安全法》第124条第1款第3项的规定："违反本法规定，有下列情形之一，尚不构成犯罪的，由县级以上人民政府食品安全监督管理部门没收违法所得和违法生产经营的食品、食品添加剂，并可以没收用于违法生产经营的工具、设备、原料等物品；违法生产经营的食品、食品添加剂货值金额不足一万元的，并处五万元以上十万元以下罚款；货值金额一万元以上的，并处货值金额十倍以上二十倍以下罚款；情节严重的，吊销许可证：生产经营超范围、超限量使用食品添加剂的食品。”根据《食品药品行政处罚程序规定》第 6 条的规定：“行政处罚由违法行为发生地的食品药品监督管理部门管辖。”以及第 7 条：“县（区）、市（地、州）食品药品监督管理部门依职权管辖本行政区域内的食品药品行政处罚案件。”

根据《食品安全法》第 87 条的规定：“县级以上人民政府食品安全监督管理部门应当对食品进行定期或者不定期的抽样检验，并依据有关规定公布检验结果，不得免检。进行抽样检验，应当购买抽取的样品，委托符合本法规定的食品检验机构进行检验，并支付相关费用；不得向食品生产经营者收取检验费和其他费用。”第 110 条规定：“县级以上人民政府食品安全监督管理部门履行食品安全监督管理职责，有权采取下列措施，对生产经营者遵守本法的情况进行监督检查：……（二）对生产经营的食品、食品添加剂、食品相关产品进行抽样检验。”因此，南京市浦口区市场监督管理局有权对华联超市汤泉店所售商品进行抽样检验。

南京市浦口区人民政府网站关于南京市浦口区市场监督管理局的职能介绍中明确：南京市浦口区市场监督管理局承担食品经营监督管理和食品安全监督管理的责任；承担辖区内产品质量监督管理工作。因此，南京市浦口区市场监督管理局有权对华联超市汤泉店销售不合格食品的行为进行行政处罚。

3. 程序正当

《行政处罚法》第 37 条规定：“行政机关在调查或者进行检查时，执法人员不得少于两人，并应当向当事人或者有关人员出示证件。当事人或者有关人员应当如实回答询问，并协助调查或者检查，不得阻挠。询问或者检查应当制作笔录。”南京市浦口区市场监督管理局会同江苏省产品质量监督检验研究院对被申请人的商品进行抽检且出示了证件，符合法律规定。

《行政处罚法》第 38 条规定：“调查终结，行政机关负责人应当对调查结果进行审查，根据不同情况，分别作出如下决定：（一）确有应受行政处罚的违法行为的，根据情节轻重及具体情况，作出行政处罚决定……”南京市浦口区市场监督管理局在查明被申请人销售不合格产品后对其进行行政处罚于法有据。

《行政处罚法》第 39 条规定：“行政机关依照本法第三十八条的规定给予行政处罚，应当制作行政处罚决定书。行政处罚决定书应当载明下列事项：（一）当事人的姓名或者名称、地址；（二）违反法律、法规或者规章的事实和证据；（三）行政处罚的种类和依据；（四）行政处罚的履行方式和期限；（五）不服行政处罚决定，申请行政复议或者提起行政诉讼的途径和期限；（六）作出行政处罚决定的行政机关名称和作出决定的日期。行政处罚决定书必须盖有作出行政处罚决定的行政机关的印章。”在南京市浦口区市场监督管理局作出的浦市监罚〔2017〕24 号行政处罚决定中，包含了上述要件，符合法律规定。

《行政处罚法》第 40 条规定：“行政处罚决定书应当在宣告后当场交付当事人。”南京市浦口区市场监督管理局于 2017 年 3 月 28 日将行政处罚决定书直接送达给被申请人，符合法律规定。

《行政处罚法》第 42 条规定：“行政机关作出责令停产停业、吊销许可证或者执照、较大数额罚款等行政处罚决定之前，应当告知当事人有要求举行听证的权利；当事人要求听证的，行政机关应当组织听证。”申请人向南京市浦口区市场监督管理局提出了听证申请后，南京市浦口区市场监督管理局依法举行了听证，符合法律规定。

因此，南京市浦口区市场监督管理局对华联超市汤泉店作出行政处罚的程序正当。

4. 违法事实清楚，证据充分

经南京市浦口区市场监督管理局调查后发现，2014 年 1 月 23 日，申请人从南京广惠糖酒食品有限公司以 23. 8 元/瓶的价格购进 2 件共 12 瓶的野生干红葡萄酒用于对外销售。2015 年 12 月 23 日，南京市浦口区市场监督管理局执法人员会同江苏省产品质量监督检验研究院对上述野生干红葡萄酒进行抽样检验，抽检基数为 6 瓶，检验用样品 2 瓶，备份用样品 1 瓶。经抽样检验，根据〔2015〕SJZFC - SJ1034 号检验报告，上述葡萄酒甜蜜素项目不符合 GB2760 - 2011 标准，检验结论为不合格。

据申请人华联超市汤泉店负责人陈述,上述6瓶不合格野生干红葡萄酒除抽样的3瓶外已全部退回上家,货值共计274.8元,违法所得66元。

南京市浦口区市场监督管理局所调查的事实有食品安全抽样检验抽样单、当事人的询问笔录、情况说明、进货单1份、退货单1份、检验报告(含送达回证)、食品安全抽样检验结果通知书作为证据证实。

5. 处罚适当

申请人华联超市汤泉店认为其已履行了法定进货查验义务,不应被行政处罚。根据《食品安全法》第136条的规定:"食品经营者履行了本法规定的进货查验等义务,有充分证据证明其不知道所采购的食品不符合食品安全标准,并能如实说明其进货来源的,可以免予处罚,但应当依法没收其不符合食品安全标准的食品;造成人身、财产或者其他损害的,依法承担赔偿责任。"同时结合全国人民代表大会常务委员会法制工作委员会行政法室编著的《〈中华人民共和国食品安全法〉释义及使用指南》中的释义内容来理解:"根据本条规定,食品经营者经营的食品不符合食品安全标准,但是符合以下三个条件的,可以免予处罚。一是履行了本法规定的进货查验等义务。本法对食品经营者规定了进货查验等义务,例如本法第五十三条规定,食品经营者采购食品,应当查验供货者的许可证和食品出厂检验合格证或者其他合格证明。食品经营企业应当建立食品进货查验记录制度,如实记录食品的名称、规格、数量、生产日期或者生产批号、保质期、进货日期以及供货者名称、地址、联系方式等内容,并保存相关凭证。记录和凭证保存期限应当符合本法第五十条第二款的规定。二是有充分证据证明其不知道所采购的食品不符合食品安全标准。经营者负有举证义务,必须拿出充分证据,证明自己确实不知道所采购的食品不符合食品安全标准。例如,进货时保存的食品出厂检验合格证或者其他合格证明。但是,消费者提供相反证据,证明经营者知情的,不能免于处罚。三是能如实说明其进货来源。经营者应当提供真实的进货的食品生产经营者的名称、地址、联系方式,以便于追根溯源,对违法的食品生产经营者进行查处。同时符合上述三个条件的,食品药品监督管理部门可以对食品经营者免予处罚,但应当依法没收其不符合食品安全标准的食品,并依法处理。"

但本案中，申请人作为食品经营者，进货时虽尽到一定查验义务，但没有收取查验符合食品标准的出厂检验合格证明，且进货时收取的检验报告上的检验项目比食品标准中规定的项目少，不能证明其属于《食品安全法》第136条规定的履行了规定的进货查验义务，可以免予处罚的情形。同时，申请人在听证会及后期提供的厂家检验报告，不是其在进货时收集查验的，系后期向厂家索要，不能作为其在进货时履行了进货查验等义务的证据，也不属于认定申请人销售的食品系不合格食品的证据。

但被申请人考虑到申请人在进货过程中履行了一定的查验义务，在案件调查过程中能够积极配合调查，因此，视情节在5万至10万元的法定罚款幅度中依法给予5万元罚款，处罚适当。

（二）行政复议工作评析

1. 受理正确

南京市浦口区人民政府受理申请人行政处罚复议是正确的。

根据《行政复议法》第6条第1项的规定："有下列情形之一的，公民、法人或者其他组织可以依照本法申请行政复议：（一）对行政机关作出的警告、罚款、没收违法所得、没收非法财物、责令停产停业、暂扣或者吊销许可证、暂扣或者吊销执照、行政拘留等行政处罚决定不服的。"申请人华联超市汤泉店对被申请人南京市浦口区市场监督管理局作出的没收违法所得、罚款人民币5万元的行政处罚不服，在行政复议的受案范围内。

根据《行政复议法》第9条第1款的规定："公民、法人或者其他组织认为具体行政行为侵犯其合法权益的，可以自知道该具体行政行为之日起六十日内提出行政复议申请；但是法律规定的申请期限超过六十日的除外。"2017年3月24日，南京市浦口区市场监督管理局作出了行政处罚，2017年4月6日，华联超市汤泉店提起了行政复议申请，在法定期限内。

根据《行政复议法》第12条的规定："对县级以上地方各级人民政府工作部门的具体行政行为不服的，由申请人选择，可以向该部门的本级人民政府申请行政复议，也可以向上一级主管部门申请行政复议。"申请人对南京市浦口区市场监督管理局的行政处罚不服，可向南京市市场监督管理局或南京市浦口区人民政府申请复议。因此，申请人选择向南京市浦口区人民政府申请复议是正确的。

2. 审查程序正当

南京市浦口区人民政府对申请人申请行政复议的审查程序是正当的。

根据《行政复议法》第 17 条的规定："行政复议机关收到行政复议申请后，应当在五日内进行审查，对不符合本法规定的行政复议申请，决定不予受理，并书面告知申请人；对符合本法规定，但是不属于本机关受理的行政复议申请，应当告知申请人向有关行政复议机关提出。除前款规定外，行政复议申请自行政复议机关负责法制工作的机构收到之日起即为受理。"申请人华联超市汤泉店于 2017 年 4 月 6 日向南京市浦口区人民政府提交了行政复议申请书。南京市浦口区人民政府承办人员对案件进行了审查，申请人认为被申请人作出的行政处罚事实不清，侵犯了其合法权益。于 2017 年 4 月 14 日向南京市浦口区人民政府申请行政复议，请求确认被申请人行为违法。2017 年 4 月 17 日，南京市浦口区人民政府同意受理申请人的复议申请，在法定审查期限内，因此是符合法律规定的。

3. 复议决定正确

南京市浦口区人民政府依法维持南京市浦口区市场监督管理局作出的浦市监罚〔2017〕024 号行政处罚决定是正确的。

根据《行政复议法》第 23 条的规定："行政复议机关负责法制工作的机构应当自行政复议申请受理之日起七日内，将行政复议申请书副本或者行政复议申请笔录复印件发送被申请人。被申请人应当自收到申请书副本或者申请笔录复印件之日起十日内，提出书面答复，并提交当初作出具体行政行为的证据、依据和其他有关材料。"申请人华联超市汤泉店于 2017 年 4 月 14 日向南京市浦口区人民政府申请行政复议，南京市浦口区人民政府于 2017 年 4 月 17 日同意受理申请人的复议申请，2017 年 4 月 17 日将行政复议申请书副本发送给南京市浦口市场监督管理局，符合法律所规定的期限。

南京市浦口区人民政府在对食品安全抽样检验抽样单、南京广惠糖酒有限公司销售单、江苏省产品质量监督检验研究院的检验报告、食品安全抽样检验结果通知书及送达回证、行政处罚听证告知书及送达回证、听证笔录、行政处罚决定书及送达回证、调查询问笔录、检验报告等证据进行审查后查明:2014 年 1 月 23 日,申请人从南京广惠糖酒食品有限公司以 23. 8 元/瓶的价格购进 2 件共 12 瓶野生干红葡萄酒用于对外销售,销售价格为 45. 8 元/瓶。2015 年 12 月 23 日,被申请人会同江苏省产品质量监督检验研究院对申请人销售的上述野生干红葡萄酒进行抽样检验,检查结果为不合格产品。2016 年 2 月 5 日,被申请人将《检验报告》和《食品安全抽样检验结果通知书》送达申请人,申请人在法定时间内(7 个工作日)未申请复检。2016 年 2 月 22 日,被申请人对申请人销售不合格食品行为进行立案,2016 年 7 月 25 日向申请人送达了《行政处罚听证告知书》,2016 年 8 月 1 日向申请人送达了《行政处罚通知书》。2016 年 8 月 11 日,被申请人组织召开了行政处罚听证会,听证会上申请人辩称其尽到了进货查验的义务,应当免予行政处罚。同时,涉案食品执行标准为 GB15037,申请人提交的辉南县产品质量检验所出具的《检验报告》未涵盖 GB15037 执行标准所有必检项目。因此,被申请人对申请人销售不合格产品作出行政处罚决定事实清楚,证据充分。

根据《行政复议法》第 28 条第 1 款第 1 项的规定:“行政复议机关负责法制工作的机构应当对被申请人作出的具体行政行为进行审查,提出意见,经行政复议机关的负责人同意或者集体讨论通过后,按照下列规定作出行政复议决定:(一)具体行政行为认定事实清楚,证据确凿,适用依据正确,程序合法,内容适当的,决定维持。”

因此,南京市浦口区人民政府依法维持南京市浦口区市场监督管理局作出的浦市监罚〔2017〕24 号行政处罚决定是正确的。

三、案例反思

本案的争议焦点在于食品经营者在履行了一定的进货检查义务后,经营的食品不符合食品安全标准,是否可以不予处罚。行政机关在执法过程中除了要依据法律,还应注意对相关解释进行把握理解。

（一）不予行政处罚的界定

《行政处罚法》第27条第2款规定："违法行为轻微并及时纠正，没有造成危害后果的，不予行政处罚。"需要注意的是，从正常的逻辑关系上来看，该条款规定的三个要件需要同时满足：(1)违法行为轻微。即相对于其他行政违法行为而言，其性质、情节和社会危害性等都是轻微的。(2)及时纠正。这是指及时采取纠正措施以避免危害结果的发生。(3)没有造成危害后果。即未对行政法所保护的法益造成客观上的侵害。是否造成危害后果尽管不是任何行政处罚的构成要件，但对于适用处罚具有重要意义。

（二）《食品安全法》中的不予处罚

本案中，华联超市汤泉店认为其履行了《食品安全法》中规定的进货查验义务，可以免予处罚。这就要求行政机关对《食品安全法》第136条进行准确把握。

笔者认为，第一，不予处罚情形只针对"不符合食品安全标准"这一特定情形，对食品经营者违反法律、法规禁止性规定，如经营超过保质期食品、经营明知或者应知是虚假标注生产日期或者保质期的食品等不属于不予处罚范围。第二，不予处罚条件是食品经营者履行进货查验等法定义务、有证据充分证明其不知道经营的食品不符合食品安全标准，并且经营者进货过程必须符合《食品经营过程卫生规范》的要求。第三，是否履行了进货查验义务应当是经营者事前所为，而不应是在可能面临处罚时才进行的补正行为。

案例四：杨某某不服浦口区城市管理行政执法局限期拆除案

一、案情介绍

案由：杨某某不服城市管理行政执法局作出的《限期拆除决定书》提起行政复议

申请人：杨某某

被申请人：南京市浦口区城市管理行政执法局

复议机关：南京市浦口区人民政府

2012年10月30日，被申请人向申请人的店里送了一份宁城法浦限决字〔2012〕第11014号限期拆除决定书，认为申请人的房屋违反了《城乡规划法》第64条的规定，属于违法建筑，要求申请人七日内自行拆除，逾期不拆除的，被申请人将依法强制拆除。

申请人认为被申请人作出的《限期拆除决定书》（宁城法浦限决字〔2012〕第11014号）违反法定程序、适用法律错误，侵犯了其合法权益，于2012年12月10日向南京市浦口区人民政府申请行政复议，请求撤销被申请人作出的（宁城法浦限决字〔2012〕第11014）限期拆除决定。

南京市浦口区人民政府在对案件进行审查后认为，被申请人对申请人建设的违法建筑物作出的限期拆除决定事实清楚，证据充分，适用法律正确，程序合法。根据《行政复议法》第28条第1款第1项之规定，南京市浦口区人民政府决定：

依法维持南京市浦口区城市管理行政执法局作出的限期拆除决定（宁城法浦限决字〔2012〕第11014号）的具体行政行为。

二、案例审查

（一）引发复议的行政行为的合法性评价

1. 适用法律正确

本案中，南京市浦口区城市管理行政执法局在对杨某某在文德西路×××号的房屋进行现场勘验、调查核实后，发现当事人没有取得相关的建设工程规划许可审批手续。杨某某在未取得建设工程规划许可的情况下擅自建设建筑属于违法建设行为，违反了《城乡规划法》第40条第1款的规定：“在城市、镇规划区内进行建筑物、构筑物、道路、管线和其他工程建设的，建设单位或者个人应当向城市、县人民政府城乡规划主管部门或者省、自治区、直辖市人民政府确定的镇人民政府申请办理建设工程规划许可证。”根据第64条的规定：“未取得建设工程规划许可证或者未按照建设工程规划许可证的规定进行建设的，由县级以上地方人民政府城乡规划主管部门责令停止建设；尚可采取改正措施消除对规划实施的影响的，限期改正，处建设工程造价百分之五以上百分之十以下的罚款；无法采取改正措施消除影响的，限期拆除，不能拆除的，没收实物或者违法收入,可以并处建设工程造价百分之十以下的罚款。”而杨某某未在规定期限内自行拆除违法建筑,属于《行政强制法》第37条第1款规定的“经催告,当事人逾期仍不履行行政决定,且无正当理由”的情况。因此,行政机关可以依据《行政强制法》第44条“对违法的建筑物、构筑物、设施等需要强制拆除的,应当由行政机关予以公告,限期当事人自行拆除。当事人在法定期限内不申请行政复议或者提起行政诉讼,又不拆除的,行政机关可以依法强制拆除”的规定,对违章建筑进行强制拆除。

因此,南京市浦口区城市管理行政执法局依据《城乡规划法》第40条第1款认定杨某某未取得建设工程规划许可建造房屋属于违法建设,依据《城乡规划法》第64条进行处罚正确,在杨某某未及时履行时,依据《行政强制法》第37条和第44条作出强制执行决定也是正确的。

2. 主体未超越权限

根据《城乡规划法》第64条规定:“未取得建设工程规划许可证或者未按照建设工程规划许可证的规定进行建设的,由县级以上地方人民政府城乡规划主管部门责令停止建设;尚可采取改正措施消除对规划实施的影响的,限期改正,处建设工程造价百分之五以上百分之十以下的罚款;无法采取改正措施消除影响的,限期拆除,不能拆除的,没收实物或者违法收入,可以并处建设工程造价百分之十以下的罚款。”根据《城市市容和环境卫生管理条例》第36条规定:“有下列行为之一者,由城市人民政府市容环境卫生行政主管部门或者其委托的单位责令其停止违法行为,限期清理、拆除或者采取其他补救措施,并可处以罚款:……(二)未经城市人民政府市容环境卫生行政主管部门批准,擅自在街道两侧和公共场地堆放物料,搭建建筑物、构筑物或者其他设施,影响市容的。”

根据《南京市城市管理相对集中行政处罚权试行办法》的规定,南京市浦口区城市管理行政执法局按照规定的职权负责辖区内的相对集中行政处罚权工作。根据《国务院关于进一步推进相对集中行政处罚工作的决定》(国发〔2012〕17号)、《省政府关于进一步推进相对集中行政处罚权工作的通知》(苏政发〔2003〕89号)、《南京市政府办公厅关于在江宁、六合、浦口三个区开展相对集中行政处罚权工作的通知》(宁政办发〔2005〕96号),南京市浦口区城市管理行政执法局相对集中以下行政处罚权:城市规划管理方面法律、法规、规章规定的行政处罚权;村镇规划建设管理方面法律、法规、规章规定的行政处罚权。

因此,南京市浦口区城市管理行政执法局对违法建设可责令违法人停止建设、限期改正并处以罚款。

3. 程序正当

南京市浦口区城市管理行政执法局在对杨某某的处罚过程中,依法进行了立案、勘察、调查询问、拍照、处罚告知并送达,最后经审批下达了《限期拆除决定书》,处罚遵循法律的规定进行。

4. 违法事实清楚,证据充分

经南京市浦口区城市管理行政执法局现场勘验、核实调查后,发现杨某某于1998年未经规划许可擅自在江浦街道文德西路×××号内开始建设,现已建设两处建筑物,用于居住和经营。一处面积180.94平方米,混合结构,工程造价为10万元左右,另一处面积为66.4平方米,混合结构。总面积为247.34平方米。根据调查核实,杨某某并未完成相关的建设工程规划许可审批手续,且该事实已得到当事人确认。

南京市浦口区城市管理行政执法局所调查的事实有案件调查及现场勘查记录、调查询问笔录、核查情况登记表、证据照片等证据证实。此外,杨某某也承认了其未取得工程规划许可的行为。

5. 处罚适当

南京市浦口区城市管理行政执法局在接到江浦街道文德西路×××号院内有违章建筑的举报后,先派执法人员前往调查。2012年10月20日南京市浦口区城市管理行政执法局向杨某某送达了《核查通知书》,要求杨某某提交房屋建设的审批手续,但其未能提交。于是2012年10月22日,南京市浦口区城市管理行政执法局向杨某某送达了《限期拆除告知书》,要求其在收到《限期拆除告知书》的3日内自行拆除未经规划许可擅自建设的建筑物,但杨某某未能按照《限期拆除告知书》的要求履行义务。2012年10月26日,南京市浦口区城市管理行政执法局对杨某某作出了限期拆除决定,并于当日向其送达了《限期拆除决定书》(宁城法浦限决字〔2012〕第11014号),由于杨某某拒绝签收,南京市浦口区城市管理行政执法局采用留置送达的方式,将《限期拆除决定书》留置在杨某某经营的店内符合法律规定,送达行为有效。

南京市浦口区城市管理行政执法局的处罚行为都合法有据,不存在明显不当的行为。

(二)行政复议工作评析

1.受理正确

根据《行政复议法》第6条第2项的规定:有下列情形之一的,公民、法人或者其他组织可以依照本法申请行政复议:对行政机关作出的限制人身自由或者查封、扣押、冻结财产等行政强制措施决定不服的。申请人杨某某不服南京市浦口区城市管理行政执法局作出的强制拆除决定,属于行政复议的受案范围。

根据《行政复议法》第9条第1款规定:"公民、法人或者其他组织认为具体行政行为侵犯其合法权益的,可以自知道该具体行政行为之日起六十日内提出行政复议申请;但是法律规定的申请期限超过六十日的除外。"2012年10月26日,南京市浦口区城市管理行政执法局对杨某某作出了限期拆除决定,并于当日向其送达了《限期拆除决定书》(宁城法浦限决字〔2012〕第11014号)。南京市浦口区城市管理行政执法局作出的限期拆除决定是具体行政行为,杨某某不服南京市浦口区城市管理行政执法局作出的决定,并在法定期限内于2012年12月10日提交了行政复议申请书。

根据《行政复议法》第12条规定:"对县级以上地方各级人民政府工作部门的具体行政行为不服的,由申请人选择,可以向该部门的本级人民政府申请行政复议,也可以向上一级主管部门申请行政复议。"申请人对南京市浦口区城市管理行政执法局的行政处罚不服,可向南京市城市管理行政执法局或南京市浦口区人民政府申请复议。因此,申请人选择了向南京市浦口区人民政府申请复议是正确的。

2.审查程序正当

根据《行政复议法》第17条规定:"行政复议机关收到行政复议申请后,应当在五日内进行审查,对不符合本法规定的行政复议申请,决定不予受理,并书面告知申请人;对符合本法规定,但是不属于本机关受理的行政复议申请,应当告知申请人向有关行政复议机关提出。除前款规定外,行政复议申请自行政复议机关负责法制工作的机构收到之日起即为受理。”申请人杨某某于 2012 年 12 月 10 日南京市浦口区人民政府向提交了行政复议申请书。南京市浦口区人民政府承办人员对案件进行了审查:申请人认为被申请人作出宁城法浦限决字〔2012〕第 11014 号限期拆除决定违反法定程序,侵犯了其合法权益,请求确认被申请人作出的宁城法浦限决字〔2012〕第 11014 号限期拆除决定违法。2012 年 12 月 11 日,南京市浦口区人民政府同意受理申请人杨某某的复议申请,在法定审查期限内,因此,是符合法律规定的。

3. 复议决定正确

南京市浦口区人民政府依法维持南京市浦口区城市管理行政执法局作出的限期拆除决定(宁城法浦限决字〔2012〕第 11014 号)的具体行政行为是正确的。

根据《行政复议法》第 23 条规定:“行政复议机关负责法制工作的机构应当自行政复议申请受理之日起七日内,将行政复议申请书副本或者行政复议申请笔录复印件发送被申请人。被申请人应当自收到申请书副本或者申请笔录复印件之日起十日内,提出书面答复,并提交当初作出具体行政行为的证据、依据和其他有关材料。”申请人杨某某于 2012 年 12 月 10 日南京市浦口区人民政府向提交了行政复议申请书,2012 年 12 月 11 日,南京市浦口区人民政府同意受理申请人杨某某的复议申请,南京市浦口区人民政府于 2012 年 12 月 13 日将行政复议申请书副本发送给南京市浦口区城市管理行政执法局,在法定期限内,因此符合法律规定。

南京市浦口区人民政府在对核查通知书、限期拆除告知书、限期拆除决定书、案件调查及现场勘察记录、调查询问笔录、城管行政执法案卷照片证据附贴页等证据进行审查后查明:2012 年 10 月 17 日,被申请人南京市浦口区城市管理行政执法局接到江浦街道文德西路 × × × 号院内有违章建筑的举报后,派执法人员前往该处调查。2012 年 10 月 20 日被申请人向申请人杨某某送达了《核查通知书》,要求申请人提交房屋建设的审批手续，申请人未能提交。2012 年 10 月 22 日，被申请人向申请人送达了《限期拆除告知书》，要求申请人在收到《限期拆除告知书》的 3 日内自行拆除未经规划许可擅自建设的建筑物，申请人未能按照《限期拆除告知书》的要求履行义务。2012 年 10 月 26 日，被申请人对申请人作出了限期拆除决定，并于当日向其送达了《限期拆除决定书》（宁城法浦限决字〔2012〕第 11014 号），由于申请人拒绝签收，被申请人将《限期拆除决定书》留置在申请人经营的店内。因此，被申请人对申请人建设的违法建筑物作出的限期拆除决定事实清楚，证据充分。

在申请人拒绝签收法律文书的情况下，被申请人采用留置送达的方式送达《限期拆除决定书》符合法律规定，其送达行为有效。《南京市城市管理相对集中行政处罚权试行办法》第 15 条规定："未取得建设工程规划许可证件建设建筑物、构筑物及其设施的，由执法局按照《中华人民共和国城乡规划法》等法律、法规规定查处。"被申请人对违章建设行为进行处罚是依法履职行为，虽然被申请人未经规划许可建设的房屋建造于 1998 年，但其违法状态持续至今，被申请人进行查处时其违法状态并未消除，其不适用违法行为在两年内未被发现不再给予行政处罚的规定；由于申请人未经规划许可建造的房屋违法状态持续存在，被申请人依据《城乡规划法》对其进行行政处罚符合法律规定。故而，被申请人作出限期拆除决定适用法律正确，程序合法。

根据《行政复议法》第 28 条第 1 款第 1 项规定："行政复议机关负责法制工作的机构应当对被申请人作出的具体行政行为进行审查，提出意见，经行政复议机关的负责人同意或者集体讨论通过后，按照下列规定作出行政复议决定：（一）具体行政行为认定事实清楚，证据确凿，适用依据正确，程序合法，内容适当的，决定维持。"

因此，南京市浦口区人民政府依法维持南京市浦口区城市管理行政执法局作出的限期拆除决定（宁城法浦限决字〔2012〕第 11014 号）的具体行政行为是正确的。

三、案例反思

本案的争议焦点在于浦口区城市管理行政执法局限期拆除决定是

否违反法定程序。“程序正当原则”为行政法的基本原则，它要求执法机关在行使行政职能时须依照法定程序。

（一）送达程序合法

本案中，复议申请人在拒绝签收强制拆除决定书的情况下，南京市浦口区城市管理行政执法局选择了留置送达的方式送达了文书，申请人认为行政行为程序违法。根据《行政诉讼法》第 101 条及《民事诉讼法》第 86 条规定，受送达人拒绝接收诉讼文书的，送达人可以把诉讼文书留在受送达人的住所，并采用拍照、录像等方式记录送达过程，即视为送达。因此，行政机关在执法过程中，可以根据案件的不同情况，在符合法律规定的情况下采取合适的送达方式，这既保证了行政相对人的基本权利，同时也兼顾了执法效率。

（二）拆除程序合法

本案中，行政机关发现行政相对人在未取得建设工程规划许可的情况下擅自建设建筑后，依法要求其提交房屋建设的审批手续，在行政相对人未能提交后，又按照法律规定送达了《限期拆除告知书》，要求其自行拆除。在行政相对人未自行拆除的情况下，行政机关依法做出了行政处罚决定。

强制拆除有着严格的法律规定，主要包括：（1）立案。执法部门对于发现或接到投诉、举报等事实或者材料后，认为有违法事实发生或存在并需要追究法律责任时，决定把它作为行政案件进行查处。（2）调查。在调查中，应当注意以下几点：第一，执法人员不得少于 2 个人。第二，执法人员要主动出示执法证件。（3）决定。（4）处罚决定书的送达和执行。

（三）行政处罚追究时效

本案中，申请人认为其未经规划许可建设的房屋建造于 1998 年，已超过两年，不应再被行政处罚，但其违法状态持续至今。

行政处罚追究时效，是指行政机关对行政违法当事人违反行政管理秩序的行为依法追究其行政责任、给予行政处罚的有效期限。根据《行政处罚法》第 29 条规定：“违法行为在二年内未被发现的，不再给予行政处罚。法律另有规定的除外。”这一规定包括以下几层含义：（1）违法行为在二年内未被发现的,不再给予行政处罚。换言之,对行政处罚主体超出二年才发现的行政违法行为,除法律另有规定外,原则上不再进行处罚。(2)法律对行政处罚时效另有特别规定的,适用特别规定。(3)时效的计算起点是违法行为发生之日。所谓违法行为发生之日,应当理解为违法行为成立之日。由于法律、法规对各种违法行为所规定的构成要件并不相同,因而认定违法行为成立的标准也不相同:有的只要是实施了某种规定的行为即构成违法,而并不需要某种危害后果的产生,行为实施之日就是违法行为发生之日;有的则需要有某种危害后果的产生才构成违法行为,对此应当从该危害后果产生之日起计算。(4)对于违法行为有连续或者继续状态的,从行为终了之日起计算。

第五章　行政征收与征用案件的复议

行政征收与征用是行政主体基于法律授权而从公民、法人或其他组织获取达成法定行政目标所必需之财产权的行政手段。该等手段的适用,虽然有助于行政目标的达成,也是实现公共行政目标之必需,但是,其与其他行政手段一样可能被滥用而成为私有产权的重大威胁。因此,出于保障民权之需要,不得不对行政征收与征用予以重点监控与规制。近年来,随着中国城镇化之迅猛推进及产业升级改造迁移,土地房产等不动产的征收与征用在全国各地无日不在发生,因此,而引发的法律争议日益增多,甚至一度成为社会不稳定的重大诱因。由于土地征收征用基本都由区、县政府实施,行政征收与征用案件复议的基层实践尤其值得关注和研究。

第一节　行政征收与征用的理论及制度框架

行政征收与征用是行政主体以单方命令强制取得他人财产权的行政行为。行政征收与行政征用最主要的区别在于,行政征收以取得他人财产的所有权为目的。而行政征用以取得他人财产的使用权为目的。

一、行政征收的涵义与特征

在我国,行政征收分为广义的行政征收与狭义的行政征收。广义的行政征收包括征税、收费以及土地房产等不动产的征收;狭义的行政征收仅指行政主体以单方命令强制取得他人不动产的所有权的行政行为。根据研究目的的实际需要,本章主要讨论狭义的行政征收,有关征税与收费暂不涉及。

狭义的行政征收的特点主要有:其一,行政征收本质上是一个具有法律效力的单方命令,不动产的产权人及其利害关系人必须服从,不得拒绝。质言之,行政征收是一个以强制剥夺不动产所有人的所有权为目标的单方行政命令。其二,行政征收以取得所有权为目的,即财产一旦被征收,产权人将永远丧失所有权。其三,行政征收原则上仅限于不动产,即动产原则上不能成为行政征收的客体。政府如果想要取得他人动产的所有权,就应当运用自由交易的市场行为达成目标,而不能滥用强权剥夺他人动产的所有权。因为就达成行政目标的需要而言,动产往往属于种类物,完全可以被同类财产所替代。任何一个动产的所有人,因其财产的可替代性而不具有垄断地位,在市场经济条件下,政府完全可以通过市场交易获取达成行政目标所需的动产。出于保护私人财产权的目的,征收动产一般被禁止。只有在特殊情形下,即因客观情势如抢险救灾等而使特定的动产具有了不可替代性因而其产权人居于垄断者地位的情况下,动产的征收才例外被允许。其四,不动产被征收后的用途受到严格限制。许多西方国家在建立征收制度的早期,均将被征收不动产的用途限定为公用,即不动产被征收以后必须用于公共服务,如建设各种公共基础设施等,商业用途被完全禁止。如果政府取得不动产所有权是要用于商业目的,那么,政府就不可动用行政征收手段,而只能通过市场交易获取。后来,随着社会情势与人们观念的嬗变,为适当放宽行政征收的条件,行政征收的"公用"标准被"公共利益"标准取代。这一点在我国的大规模城乡改造过程中尤其明显。因为我国城市化扩张过程中被征收的土地,并不是都用于构建公共服务设施,城市化扩张和改造过程中被征收土地的公用与商用混合一体,难以一一分割。最后,为保护不动产所有人的财产价值不受损,行政征收主体必须对被征收不动产的所有人给予合理补偿。

二、行政征收的正当性理由

所谓行政征收的正当性理由,是指法律肯定行政征收这一在本质上反自由市场主义的强买手段的真正理由。那么,法律为什么要确立行政征收法制,授予行政主体以单方命令强制取得他人不动产所有权的权力呢?可不可以完全废除征收这种行政手段呢?

从世界范围来看,即使是通过宪法宣示私有财产神圣不可侵犯的资本主义国家,行政征收都是行政武器库中不可缺少的手段之一,是行政主体为达成特定的公共行政任务所不可或缺的手段。其根本原因在于,政府应当负担的一些公共行政任务的达成必须以取得某些不动产的所有权为基础,但政府又无法以高效且公平的市场交易取得该等不动产的所有权。就达成某些行政目标的需要而言,其所需的不动产往往因该特定的行政目标之需要而成了特定物,其所有者正是因为该特定的行政目标而成了垄断者。于此情形下,如果政府尝试与该不动产的所有者进行市场交易,不动产的所有者就可能滥用垄断者地位而漫天要价或者故意拖延,在拟征收的不动产为多项且其所有人为多人时,还可能会发生竞争性毁约。无论发生哪种情形,都将导致政府不能够以最低的交易费用、公平的交易价格以及高效率地通过市场自由交易取得所需不动产的所有权,进而无法达成法定的公共行政目标。为确保法定的行政目标之达成,立法者不得已授予行政主体征收手段。由此可见,行政征收制度,是立法者基于对公共目标之达成与私人所有权之保护两者进行充分权衡之后的选择,是行政主体达成行政目标不可或缺的手段。当然,这并不意味着行政主体可以随意运用该手段。在特定情势下,如果行政主体完全可以通过自由交易,公平高效地取得不动产的所有权,政府就丧失了适用征收手段的正当性。从保护私有产权的角度看,立法者不禁止甚至是鼓励行政主体通过自由交易取得不动产所有权。除非通过市场交易无法公平高效地取得不动产所有权,否则,不可动用征收手段。即使运用征收强制取得不动产所有权,也必须符合法律设定的条件。

三、行政征收的制度框架

概括而言,行政征收制度主要由以下几个部分构成:

其一,行政征收的适用条件。行政征收的适用条件,是指法律规定的行政主体可以运用行政征收手段取得不动产所有权的条件。一般而言,适用行政征收的条件包括:(1)拟征收的不动产为达成行政目标而言,除非付出不可接受的代价否则无其他替代方案,即拟征收之不动产为达成特定行政目标之必需;(2)征收特定不动产必须是为"公用"或"公共利益",不可为行政主体自用或商用而征收私人不动产;(3)在具体行政实践中,若可以通过自由市场交易获取不动产所有权,那么,行政征收应被禁止。

其二,行政征收的权力主体资格。行政征收作为私人财产权的潜在威胁,其实施权受到法律的严格限制,仅有法律特别授权的行政主体才有行政征收权力。没有获得法律特别授权的行政主体都不可实施征收。对于特定的行政征收行为而言,征收主体具有法定征收权力是其合法要件。

其三,行政征收的程序。具有法定征收权力的行政主体必须依据法定程序实施征收,否则构成程序违法。从大的步骤环节来说,征收程序主要包括如下环节:(1)征收主体拟定征收决定及补偿方案;(2)征收主体将征收决定及补偿方案向上级监督机关报批;(3)征收决定的审批机关审查及批准征收决定;(4)征收主体公布征收决定及补偿方案;(5)财产清理登记及价值评估;(6)补偿协商谈判并达成协议或作出补偿决定;(7)征收决定及补偿协议或决定的执行或履行。

其四,"合理"补偿的确定。实施行政征收必须对不动产所有人给予合理补偿,确保丧失不动产所有权的产权人的财产价值不受损。合理补偿具体包括两个方面:一是补偿方式,原则上以支付补偿金为主要方式,但也可以根据法律规定或者征收主体与被征收人达成的补偿协议,以实物置换如土地或房产置换或其他方式如就业安置、社会保障权益等方式补偿。二是补偿的"合理"标准。"合理"本质是一个不确定的法律概念,何为合理并无放之四海而皆准的标准。一般而言,"合理"标准的判断,通常有两个维度:在拟征收不动产有国内交易市场的情形下,市场价格是"合理"标准的重要参照系。"合理"的最高标准就是通过市场交易评估的市场价值,征收实践中可以按市场价或根据特别牺牲理论而略低于市场价进行补偿;在拟征收不动产没有国内交易市场的情形下,拟征收不动产所有人的实际生产生活水准就是判断"合理"标准的参照系。在法律制度和具体的征收实践中,通常以确保拟征收不动产的所有人的生产生活水准在未来一定期限内不降低为“合理标准”。

由于我国实行地产公有制、房产私有制相结合的混合不动产制度，我国行政征收实践中的补偿标准在城市与农村、地产与房产之间有许多差别。在城市规划区内，因已经存在较为成熟的房产交易市场，城市规划区内以及城市郊区农村房产的征收补偿标准，近年来基本采取了市价补偿款标准，而对于其他农村的房产由于没有交易市场更无市场价格可以参照，因而补偿标准依然以拟征收房产的产权人的生活水准为参照系；对于地产，虽然我国有城市土地招标拍卖制度与实践，但严格说来这并不是真正意义上的所有权交易市场，所以，我国对于城市土地的征收与征用，很难以真正的市价作为补偿标准。况且，城市土地的所有权本身就属于国家而不属于土地使用单位，使用单位至多仅享有附期限的使用权，补偿的损失至多也是一定期限土地使用权的商业价值。因此，我国地产征收与征用的补偿标准，采取市价与拟征收或征用不动产的产权人的生产、生活水准综合权衡的“合理”标准。广大农村的土地，完全没有交易市场，补偿标准自然无法参照市价，只能以拟征收或征用地产的所有人及使用人的生产、生活水准为参照系确定“合理”标准。

最后，行政征收的监督与救济机制。作为强制取得他人不动产所有权的行政强权手段，行政征收若被滥用，就会对私人财产权造成严重侵犯，也会严重破坏保护私产的法治秩序。因此，必须建立完善的监督与救济机制，对行政征收进行监控，预防、制止和纠正违法的行政征收，对非法征收的机关及公务人员予以惩戒，对已经遭受违法征收侵害的公民、法人或其他组织提供有效救济。

四、行政征用的理论与制度框架

行政征用，是指行政主体为达成行政目标以单方命令强制取得他人财产的使用权的行政行为。行政征用的客体，既可以是动产也可以是不动产。与行政征收相比较而言，行政征用仅涉及财产的使用权，因而对产权的侵害程度要轻微一些，相应地，法律对行政征用的限制在诸如征用主体、拟征用财产的可替代性、财产的用途、征用程序等方面没有那么严苛。但不动产的使用权因征用而不可恢复的除外。行政征用原则上仅仅是取得他人财产一定期限的使用权，待使用完毕后，使用权自然恢复。但在我国，基于土地公有制的基本制度，我国的土地所有者仅有两类即国家和农村集体经济组织，私人与其他社会组织都不能成为土地的所有者。从严格的行政征收概念角度看，我国城市区划内的土地因其所有者是国家，使用单位并无所有权。因而，政府强制取得城市规划区内各单位的土地使用权属于行政征用而不是征收，但该类征用的法律效果往往是土地使用权人永久丧失使用权，即政府代表作为土地所有者的国家收回了曾经出让给使用单位的土地使用权。此种征用在一定意义上与征收并无多大差异，因而其法律制度的设计应当比照行政征收制度进行。

与不动产征收制度相比较，行政征用的特点主要有：其一，行政征用的权力主体比较广泛，许多行政主体在履行公务过程中，基于处置具体案件的需要和法律授权，均可征用私人财产。其二，行政征用的财产用途是为履行公务，此等公务非常广泛，并不限于修建公共设施等公用。其三，行政征用的程序因征用不至于剥夺财产所有权而比较简洁灵活，有时基于公务的紧迫性而完全没有事先程序的规制。其四，被征用的财产并没有具有不可替代性的条件限制。原则上，只要行政公务需要，财产权人（不限于所有人，包括使用人、管理人等）均有配合服从征用命令的义务，不得以“行政主体可以征用其他人的财产”为由拒绝。最后，被征用财产的返还及使用费的补偿往往在征用完成后履行。行政征用的实施主体在被征用财产使用完毕后应当返还财产并补偿使用费用。使用费用的补偿标准通常按市场价格计算，因征用而造成财产毁损灭失的，应当按照市场价赔偿。

第二节　行政征收与征用争议的主要类型

行政征收与征用作为强制取得他人财产权的行政手段，与财产权人的权益息息相关。特定的行政征收及征用引发拟征收、征用财产的产权人的异议，是完全可以预料的，无论是合法的征收征用还是合法性可疑征收征用，招致异议自然难免。根据征收征用的实践经验以及借助于社会利益机制的逻辑推理,行政征收与行政征用引发的法律争议可以分为三大类型:一是对征收征用决定本身的异议;二是对征收财产的补偿及征用财产返还及使用费补偿的异议;三是对征收征用决定的执行行为的争议。

从行政征收理论与制度设计的角度看,单方面强制剥夺他人不动产所有权与对拟征收不动产所有人予以合理补偿,应当是不可分割地共同构成行政征收决定的内容,即只有进行了合理补偿,才允许征收,合理补偿是合法征收不可缺少的必要条件。因而,在补偿问题悬而未决的情形下不可片面作出剥夺他人不动产所有权的征收决定。质言之,不包含补偿方案内容的征收决定是不应被允许的,也是不合法。未履行合理补偿义务而剥夺他人不动产所有权,是严重侵犯私人财产权的行为。对于该等行为的法律救济,不仅应当责令侵权人照价赔偿财产权人的损失,而且应当追究侵权人的法律责任(行政违法责任甚至是刑事责任)。这是保护私人财产权不受侵犯的法治的应有之义。

不过,从我国的实践来看,不动产的征收往往是将以单方命令强制取得他人不动产的所有权与征收补偿分割进行的。前者往往由征收主体拟定方案报请上级机关批准后实施,后者则完全交由行政征收主体自己制定补偿方案并通过补偿协商或单方决定方式实施。这种实践也许有不得已的特殊国情需要,但不得不说这也是引发我国土地征收拆迁领域大面积发生冲突甚至引发社会不稳定的制度根源。

一、对征收与征用决定本身的争议

因征收或征用决定引发的争议,是行政征收或征用的利害关系人对征收或征用主体作出的、强制取得他人财产的所有权或使用权的决定本身有异议,因而与行政征收或征用主体之间形成了法律争议。争议的焦点在于产权人应否让渡自己的所有权或使用权。这类争议具体表现为:(1)拟征收或征用财产的产权人认为行政征收或征用主体不应该征收或征用特定财产,行政征收或征用主体作出的征收或征用决定根本不具有必要性、正当性和合法性,甚至认为这是赤裸裸的抢劫。他们在法律上挑战该等行政征收或征用的具体理由,可以是涉及行政征收或征用合法性的任何情形,如被征收征用财产的用途不正当、征收决定的主体不适格、征收主体无权限、征收程序不合法、征收决定不公平(拟征收征用财产的可替代性争议),等等。(2)行政主体征收征用他人财产而导致第三人的财产价值贬损或使用价值受损,因而引发第三人对征收征用决定的争议。这类争议往往与政府征收征用财产的未来用途密切相关。当这些被征收征用的财产将来被用作建设某种设施或推进某些项目时,可能会给第三人的财产造成不利影响因而遭致反对,甚至出现财产权人请求政府征收补偿而不被允许引发争议的案例。

二、对征收补偿与征用财产的返还及补偿的争议

财产权人对行政征收与征用决定本身的争议,旨在维护其完整的财产权本身,包括对财产的占有、使用、收益与处分权,是财产权人对未经其同意而强制取得其财产所有权或使用权的决定不满的外在表现。财产权人对征收补偿与征用财产的返还及补偿的争议,旨在维护其财产的价值不受损失,是财产权人虽然同意或不得不同意其财产的所有权或使用权被强制让渡,但不能接受征收征用主体所给付的对价的外在表现。具体包括:(1)对补偿方式的争议;(2)补偿标准的争议;(3)补偿义务之具体履行的争议;(4)情况相似的受补偿人之间的公平补偿之争议。

从我国行政实践看,也许是因为对征收征用决定本身的反对获得法律支持的概率较低,也许是财产权人并不在意所有权或使用权的丧失(只要对价合适既无不可),财产权人对征收征用决定本身的争议案件相对较少,而对征收补偿决定及征用财产返还及补偿的决定的争议较多。从案件审理的角度看,案件管辖机关更愿意就征收补偿、征用财产返还及补偿争议予以解决,而有意或无意地回避财产权人就征收征用决定本身的争议。

三、对行政征收决定的执行行为提出异议

就理论上的分类而言,对行政征收决定的执行行为之争议,是指财产权人对征收决定本身及补偿决定均无异议,但对征收决定的执行行为的合法性提出异议,即对征收拆迁过程的合法性提出异议。在实践中,

财产权人单纯对征收征用决定的执行行为提出异议的并不多,更常见的情形是财产权人因对征收征用决定本身或者对对价补偿决定不满而在征收征用决定执行过程予以反对或百般阻挠。这种现象虽然在表面反映的是财产权人对征收征用决定执行的反对,但根本的原因也许不是执行行为本身,而是因财产权人不满征收征用决定或补偿决定,具体究竟是什么原因,只能根据个案研判。拟征收征用财产的产权人之所以常常反对或阻挠征收征用决定的执行,也许深层次的原因是财产权人就征收征用决定本身寻求法律救济并获得成功的概率不高,所以,才采取这种迫不得已的方式维护自己的权益。

第三节　行政征收与征用案件的复议审查要点

行政复议是应行政相对人或行政第三人的申请而启动的行政争议解决机制。所有的行政复议工作,都应当依据《中华人民共和国行政复议法》及《行政复议法实施条例》的规定而展开。就此而言,不论何种类型的行政复议案件,其复议工作的要点必然有共同之处。例如,复议申请的合法性审查及受理、引发行政争议的具体行政行为的合法性及适当性审查、复议申请人的复议请求的理由具备性审查、证据的提供与审查、复议决定的类型及法律适用等。但是,从工作时间看,不同的行政争议案件,其复议工作的要点还是有很多具体的差异。就行政征收与征用引发的行政争议案件的复议而言,以下几点值得特别重视:

一、关于行政征收争议各方的主体资格

就行政法理论而言,行政征收法律关系的主体各方本来是非常清楚的,一方是行政征收主体(通常为市或区、县人民政府),另一方为拟征收不动产的所有权人,特殊情形下可能存在行政第三人,即虽然不是拟征收不动产的所有人,但与特定的行政征收有利害关系之人。不过,在我国的行政征收实践中,因行政征收决定及其实施者分离,以及拟征收不动产的所有权与使用权分离等复杂因素,准确判断行政征收争议各方的主体资格并非易事。例如,下文拟将分析的土地征收争议案件中就出现

了征收决定的作出者——一级人民政府、征收补偿的实施者——土地储备中心、拆迁实施许可者以及拆迁行为的具体实施者，所有这些组织在整个不动产征收过程中扮演了不同角色，分担了不同职能，与拟征收财产的所有人之间发生法律关系。从行政法律关系主体理论角度看，这些组织在整个行政过程及行政争议中的主体资格究竟如何，并非如同行政实践中那样无所谓，而是一个必须准确判断的专业问题。因为这一问题的答案，不仅决定着复议程序当事人资格，决定着将来复议决定的执行主体资格，而且决定着复议案件的管辖机关的确定。

二、关于行政征收与征用争议类型的准确判断与查明

无论是行政复议还是行政诉讼，准确判断与把握即将审查案件的当事人之间的特定争议究竟是什么，都是一个非常专业的重要问题。在行政征收征用案件中，如果不能准确把握当事人之间的争议究竟是什么，就不能给征收或征用的利害关系人提供有效的法律救济，而且可能会因案结事未了而引发后续的一系列社会问题。从下文具体分析的案件中，我们也不难发现这种问题。例如，在个案中，被征收人争议的是征收决定本身的合法性问题，而不是补偿不合理问题，即被征收人认为其财产不能被征收，而不是同意征收但补偿不合理，而案件处理机关审查处理的是补偿问题。

三、关于行政征收与征用案件的审查与决定要点的确定与审查

所有行政复议案件的审查与决定要点有两个：一是引发行政争议的行政行为本身的合法性与适当性，二是复议申请人的复议请求在法律上是否成立、应否支持。就此而言，行政征收与征用案件的复议审查要点也不例外。

1. 行政征收与征用争议是由公共行政主体的征收与征用行为引发的，因此，行政征收与征用决定本身的合法性及适当性，无疑是行政复议机关审查处理行政征收与征用案件所要查明与决定的首要问题。如果对行政征收与征用行为本身的合法性不审查或审查判断错误，那么，行政征收与征用案件的复议结果就很难令人接受和信服。从我国行政征

收与征用实践及其引发的行政复议案件的审查实践看，对于征收与征用本身的合法性与适当性提出异议的案件相对较少(但不是没有)，其原因是复杂的。不过，拟征收或征用财产的产权人对挑战征收或征用决定本身的合法性并获得成功的概率缺乏信心，无疑是不可忽视的原因。在财产权人对行政征收与征用行为本身的合法性不提异议(至少表面上如此)，而只对补偿问题提出异议时，我国的行政复议机关或法院在实践中往往默认征收或征用行为本身的合法性而不进行合法性审查，直接审查当事人之间的补偿争议。这种法律实践，是私法领域当事人主义价值观在公法领域的典型体现，即行政复议与行政诉讼以解决当事人之间的争议为终极目标或价值定位。但是，我国目前的《行政复议法》与《行政诉讼法》的相关规定，对行政复议、行政诉讼的价值定位是当事人主义或权利救济主义吗？答案无疑是否定的。《行政复议法》和《行政诉讼法》的相关规定，都坚持对行政主体依法行政的监督与矫正，而不仅仅是救济行政利害关系人的权益或仅仅解决行政争议。因此，在行政利害关系人对行政征收或征用行为本身的合法性不持异议的情形下，行政复议机关或人民法院默认该等行为合法而不予合法性审查的实践，至少可以说是不符合《行政复议法》及《行政诉讼法》的相关规定的。特别需要指出的是，我国的行政复议制度本身就是在行政系统之内借助于行政系统上下级机关之间的行政隶属关系而建立，结合我国地方政府组织法的规定，作为上级机关的复议机关，对作为复议被申请人的下级行政机关负有法律上的监督职责，复议机关默认下级机关的行政行为合法似乎不是恰当的选择。

不过，在行政征收与征用领域特别是不动产征收领域，因我国实践中的征收决定主体与执行组织分离、征收决定往往由区、县、市政府作出，而且还往往经由省级人民政府批准，执行者往往是土地储备中心、拆迁中心甚至受委托拆迁单位等，这给受理补偿争议的复议机关审查征收决定本身的合法性造成了客观的障碍。因为补偿、拆迁等往往是由区、县政府的下级机关或机构完成，因此引发的争议，往往由区、县政府进行行政复议，此时的复议机关往往就是征收决定的作出机关，期望作出征收决定的区、县政府怀疑并审查经上级批准的、自己作出征收决定的合法性的制度设计,违反了“自己不做自己案件的法官”的程序正义的基本原则。而且,如果复议机关要审查征收决定的合法性,那么,它就必须审查征收决定有无法律依据、是否遵守了法律依据、法律依据是否有效等。对于层级较低的复议机关而言,这是无法胜任的工作。况且,我国行政征收的法律依据都比较原则抽象,充满公共政策的考量,难以客观地进行准确评价。坦率地说,我国行政征收决定本身的合法性,只能寄望于行政征收方案的上报审批程序保障。从财产权的保障角度看,上级行政机关甚至是作为国家最高行政机关的国务院决定征收他人财产时,是否也应当有法律认可的正当性理由呢?

2. 在行政征收与征用争议案件中,申请人的复议请求,虽然与征收征用决定本身有密切关系,但是,复议申请人的请求因当事人的救济目标不同而有很大差异。从保障行政利害关系人的权益、解决争议的角度看,查明复议申请人的复议请求是否具备法律理由、应否予以支持,无疑是行政复议决定最重要的内容。从实际情况来看,对于行政征收与征用案件,如果复议申请人的目标是维护自己的财产所有权或使用权本身,那就意味着他反对征收征用决定本身,因而其请求往往是请求撤销征收征用决定,已经不可撤销的,则是返还财产、恢复原状或者赔偿损失;如果复议申请人的目标是获得合理补偿,那么他的请求就是确定数额的补偿金的给付;如果申请人是因具体的拆迁行为违法造成其他非被征收征用财产的损失而提出复议请求,那么他的复议请求就是损失赔偿。除此之外,拟征收征用财产的产权人,也可能因不影响其实体权益的单纯的程序违法提起复议,其请求往往是确认行政程序违法。

四、行政复议决定的合法性论证

从解决纠纷或复议申请人权益救济的角度看,行政复议决定最本质的内容就是复议申请人的复议请求在法律上是否成立、应否支持。复议机关必须给出明确的答案,并提供充分的论证,以昭示行政复议决定满足理性、合法之要求。从我国行政复议实践看,许多复议机关作出的复议决定存在说理不充分的缺陷。其典型表现是,复议决定书通过简述复议申请人的请求及事实和理由、被申请人的答复,对引发争议的行为发生过程、事实及证据作一概括，然后直接根据某某法多少条多少款的规定，作出某决定。至于其所引用的法律依据的内容是什么、这些法律依据与复议机关的实质决定之间是什么关系、复议机关是如何根据已经查明的事实与所引用的法律条文得出复议决定的，等等，都没有给予充分的论证说明。对于非法律专业的普通公民、法人或其他组织而言，这种复议决定没有充分的说服力，无法展示行政复议及其结论的理性与合法性。

五、行政复议程序合法问题

我国的行政复议采用书面审理原则。所以，复议申请人与被申请人等复议程序当事人，没有亲身充分参与整个复议审查过程。这导致整个复议过程无法展现“看得见的正义”。不过，复议程序毕竟是正式的法律救济程序，正义是其应有之义。复议机关应当通过最终的复议决定书，尽可能说明复议工作的开展过程、主要环节及可再现的证据等，从而说明乃至证明行政复议程序的合法性。但从行政复议实践来看，这方面有许多亟待解决的问题。

第四节　行政征收与征用案件的实证分析

案例一：陈某不服浦口区住房和城乡建设局所作行政裁决案

一、基本案情

南京市浦口区居民陈某经向南京市浦口区人民政府江浦街道办事处建管所申请获得工程建设许可证后自建了房屋。后来，南京市浦口区人民政府因推进城镇化而征收了陈某房屋所在的土地。南京市浦口区土地储备中心负责对海都南侧（海都嘉园以南，职业教育中心以东）的房屋实施拆迁。2010 年 6 月 28 日，南京市浦口区土地储备中心依法取得了浦拆许字〔2010〕第 1 号房屋拆迁许可证后，委托南京市浦口区浦飞房屋拆迁有限公司对海都南侧土地使用权出让项目实施房屋拆迁。陈某的房屋位于该拆迁项目的红线范围内。因陈某与南京市浦口区土地储备中心就房屋拆迁补偿相关事宜多次协商未果,南京市浦口区土地储备中心于2013年3月13日向南京市浦口区房产局申请裁决。南京市浦口区房产局于2013年3月15日受理后,于2013年4月9日组织了南京市浦口区土地储备中心与陈某就房屋拆迁补偿相关事宜进行了调解、听证。南京市浦口区土地储备中心提供西水湾、香山湖壹号、盛景华庭等产权调换房源供陈某选择,陈某未作出选择。2013年4月12日南京市浦口区房产局向陈某送达了《南京市浦口区房产管理局房屋拆迁纠纷裁决书》(浦房裁字〔2013〕第1号),陈某不服提出行政复议。陈某认为其自建房屋的实际面积是412.73平方米,南京市浦口区土地储备中心只按照工程建设许可证载明的面积230平方米予以补偿,是不公平的。因为,虽然工程建设许可证核准建设的面积是230平方米,但是,当时作出工程建设许可证的工作人员明确说明,工程建设许可证先记载230平方米,等陈某房屋建设完成后在按照实际建筑面积补办手续,所以,其实际房屋超出工程建设许可证的部分,也应当获得补偿。此外,浦口土地储备中心对陈某房屋的价值评估及补偿标准,是按照砖混结构作出的。但陈某主张其房屋是钢架结构,不是砖混结构,按照南京市浦口区人民政府制定公布的补偿方案应当适用较高的补偿标准。南京市浦口区土地储备中心认为,按照南京市浦口区人民政府制定的拆迁补偿政策,陈某房屋只能按照产权证明记载的面积予以补偿,超出建设许可证核准面积建设的部分,属于违章建筑,不予补偿。对陈某房屋的最终补偿数额,是根据第三方评估机构评估后确定的。这些评估材料及补偿方案的文书都向陈某送达,但陈某因种种原因拒绝签收,也拒绝入户调查,更没有对补偿方案提出异议。南京市浦口区房产局受理土地储备中心后完全按照土地储备中心的主张作出了裁决。陈某不服申请复议。

二、复议决定

行政复议决定书

〔2013〕浦行复第6号

申请人:陈某

被申请人:南京市浦口区住房和城乡建设局

申请人不服被申请人作出的浦房裁字〔2013〕1号行政裁决，于2013年6月9日向本机关申请行政复议，本机关经审查依法予以受理。为了便于查明案情，维护当事人的合法权益，本机关于2013年7月15日依法组织申请人、被申请人召开了行政复议听证会。申请人陈蔚，被申请人浦口区住房和城乡建设局的委托代理人刘萍、夏琳参加了听证会。现本案已审理终结。

申请人请求撤销被申请人作出的浦房裁字〔2013〕1号行政裁决。

申请人称：被申请人裁决认定事实错误。申请人申请《工程建设许可证》时，南京市浦口区人民政府江浦街道办事处建管所工作人员称：可先按230平方米办理工程建设许可证，待房屋建成后按测绘队实际测量面积调整许可面积，后因被拆迁房屋所在地被划入拆迁范围致使《工程建设许可证》被冻结办理。被拆迁房屋实际建筑面积是412.73平方米，且是一次性建成，超出许可建设面积的182.73平方米的建筑因客观原因未能取得建设许可，被申请人认定为违法建筑不符合事实；被拆迁房屋2005年建成，至拆迁之日起不满5年，拆迁补偿款应增加15%，而被申请人未予补偿，违反了《浦口区城市房屋拆迁管理办法》第二十八条的规定；《浦口区房屋拆迁补偿金额评估表》只是送达给了申请人的父亲，申请人并未签收；被拆迁房屋为钢砼结构，而《浦口区房屋拆迁补偿金额评估表》是按照砖混结构的房屋进行评估的，与事实不符；被拆迁房屋装饰装修、附属物调查登记表未经申请人签字确认，违反了拆迁程序规定。

被申请人辩称：按照《浦口区城市房屋拆迁管理办法》第二十七条第三款的规定"被拆迁房屋的建筑面积以房屋所有权证或者其他合法房产凭证的记载为准"，申请人被许可建设面积为230平方米，被申请人按照230平方米的建筑面积对申请人予以补偿符合政策规定；被拆迁房屋建设许可时间是2004年4月9日，《房屋拆迁许可证》颁发时间是2010年6月28日，期间6年多时间，裁决时申请人也未能提供证据证明房屋竣工时间距颁发《房屋拆迁许可证》的时间不足5年；由于申请人拒收《浦口区房屋拆迁补偿金额评估表》，拆迁实施单位采用留置送达的方式送达符合法律的规定；申请人收到《浦口区房屋拆迁补偿金额评估表》后，未在规定的时间内向评估机构提出异议，也未委托其他评估机构重新评估，其评估结果合法有效；被拆迁房屋装饰装修、附属物调查登记表未经申请人签字确认，是因申请人无正当理由拒绝签字，有无利害关系的第三人签字证明。

经审理查明：因土地使用权出让需要，浦口区土地储备中心须对海都南侧（海都嘉园以南，职业教育中心以东）的房屋实施拆迁。2010 年 6 月 28 日，浦口区土地储备中心依法取得了浦拆许字〔2010〕第 01 号房屋拆迁许可证后，委托南京市浦口区浦飞房屋拆迁有限公司对海都南侧土地使用权出让项目实施房屋拆迁。申请人的房屋位于该拆迁项目的红线范围内，因申请人与浦口区土地储备中心就房屋拆迁补偿相关事宜多次协商未果，南京市浦口区土地储备中心于 2013 年 3 月 13 日向被申请人申请裁决，被申请人 2013 年 3 月 15 日受理后，于 2013 年 4 月 9 日组织了浦口区土地储备中心与申请人就房屋拆迁补偿相关事宜进行了调解、听证。南京市浦口区土地储备中心提供西水湾、香山湖壹号、盛景华庭等产权调换房源供申请人选择，申请人未作出选择。2013 年 4 月 12 日被申请人向申请人送达了《南京市浦口区房产管理局房屋拆迁纠纷裁决书》（浦房裁字〔2013〕第 1 号），申请人不服提出行政复议。

以上事实由：1.《房屋拆迁许可证》拆许字（2010）第 1 号；2. 裁决申请书；3. 裁决受理登记表、裁决受理审批表、裁决立案通知书；4. 接受听证调解通知书及送达回证予以证实。

本机关认为：《浦口区城市房屋拆迁管理办法》（浦政发〔2004〕39 号）第二十七条第三款规定"被拆迁房屋的建筑面积以房屋所有权证或者其他合法房产凭证为准"，被申请人裁定被拆迁房屋中未经许可建设的 182.73 平方米不予补偿符合政策规定；《浦口区房屋拆迁补偿金额评估表》中明确载明新建不满 5 年增加补偿金额为零，被拆迁房屋结构为砖混结构，申请人在收到《浦口区房屋拆迁补偿金额评估表》后在规定的时间内未向评估机构提出异议，也未委托其他评估机构重新评估，被申请人按照《浦口区房屋拆迁补偿金额评估表》裁定补偿金额并不违反政策规定；《浦口区房屋拆迁补偿金额评估表》虽未经申请人签收，但送达人采用留置送达的方式送达符合法律规定；《城市房屋拆迁估价指导意见》（建住房〔2003〕234 号）第十五条规定："因被拆迁人的原因不能对被拆迁房屋进行实地查勘、拍摄影像资料或者被拆迁人不同意在实地查勘记录上签字的，应当由除拆迁人和估价机构以外的无利害关系的第三人见证，并在估价报告中作出相应说明。”申请人虽未在被拆迁房屋装饰装修、附属物调查登记表上签字确认，但有无利害关系人签字证明，符合政策规定。

综上所述：被申请人依据相关法律、法规和政策作出浦房裁字〔2013〕1号行政裁决的具体行政行为事实清楚，证据充分，适用法律正确，程序合法。根据《中华人民共和国行政复议法》第二十八条第一款第一项之规定，本机关决定：

依法维持南京市浦口区住房和城乡建设局作出的浦房裁字〔2013〕1号行政裁决具体行政行为。

如不服本决定，可以在接到本决定书之日起15日内，依法向浦口区人民法院提起行政诉讼。

二〇一三年七月二十二日

三、理论评析

本案是一起典型的征收补偿争议案件。在作为拆迁人的浦口土地储备中心与被拆迁人即拟拆迁房屋的所有者无法达成拆迁补偿协议的情况下，拆迁人根据《城市房屋拆迁管理条例》第16条（拆迁人与被拆迁人或者拆迁人、被拆迁人与房屋承租人达不成拆迁补偿安置协议的，经当事人申请，由房屋拆迁管理部门裁决。房屋拆迁管理部门是被拆迁人的，由同级人民政府裁决。裁决应当自收到申请之日起30日内作出。当事人对裁决不服的，可以自裁决书送达之日起3个月内向人民法院起诉。拆迁人依照本条例规定已对被拆迁人给予货币补偿或者提供拆迁安置用房、周转用房的，诉讼期间不停止拆迁的执行）的规定提请浦口区房屋拆迁管理部门——南京市浦口区房产管理局裁决。南京市浦口区房产管理局于2013年4月12日向陈某送达了《南京市浦口区房产管理局房屋拆迁纠纷裁决书》（浦房裁字〔2013〕第1号）。陈某不服该裁决向南京市浦口区人民政府申请复议。南京市浦口区人民政府经审理作出了上述复议决定书。

从行政复议决定书载明的信息可知,本案的实质争议是补偿争议即房屋产权人对房屋被征收本身没有提出异议,仅仅就补偿问题有异议,具体包括三个主要方面:一是拟拆迁房屋超出产权人取得的《工程建设许可证》载明的许可建设面积的部分,应否得到补偿;二是拟拆迁房屋的建筑材质及其价值评估;三是被拆迁房屋建成时间与应当适用的补偿标准。下文将围绕这三个实质争点就引发行政复议的拆迁补偿初次裁决的合法性、行政复议决定及程序等予以分析讨论。

(一)关于超出许可范围建设的房屋面积问题

根据一般法理及我国房屋建设管理的相关法律规定,在房屋建设实施许可制度的前提下,未经许可建设的房屋或超出许可范围建设的房屋是违法建筑,不能取得受法律保护的产权,因而在征收拆迁补偿时也不应获得补偿。就本案而言,无论是南京市浦口区人民政府制定的拆迁补偿政策,还是拆迁人土地储备中心、作为补偿争议的初次裁决机关的南京市浦口区房管局以及行政复议机关都坚持这一原则。从被拆迁人陈某的主张也可发现她对此也无异议。因为她主张超出建设许可而建设的面积应当得到补偿有特殊的理由,那就是当时核发建设许可的工作人员的许诺(后来因征收拆迁的原因许诺无法兑现)。当然,陈某所主张的核发建设许可的工作人员的许诺是否真实存在、有无证据证明、许可人员许可的做法是否符合行政惯例、许可是否合法等问题,都需要严谨的调查取证和分析判断。但是,补偿争议的初次裁决机关和复议机关都直接回避这一问题的做法是否合理,并非没有疑虑。因为,一方面,理论和法律规定与现实毕竟有一定的距离。虽然法律规定了建设许可制度,但实践中未获得建设许可的建筑大量存在,造成这种局面的原因可能是法律制度的滞后或法律执行不到位,因而形成了许多历史陈案。因此,实践中如果一刀切地严格执行"未获得建设许可的建筑物拆迁不补偿"的规则,则会引发很多社会问题。我国目前存在的巨量的所谓"小产权房"就是例证。这些房产将来如何处置、如果拆除应否补偿都不是可以简单依据法理与现行法律规则就可解决的。另一方面,如果陈某所说的建设许可证核发人员的许诺确实存在,而且以前的行政实践也是如此操作,那么,陈某对该许诺就存在一定的值得保护的信赖利益,在拆迁补偿协议的缔结、拆迁补偿争议的裁决以及行政复议过程中，这一点就不应该被直接回避，而应该调查取证予以判明并做出合理应对。

（二）关于拟拆迁房屋的建筑材质及价值评估争议

补偿争议的初次裁决机关和复议机关均以复议申请人陈某拒绝签收补偿房屋拆迁补偿金额评估表等文件且没有对此提出异议为由，否定了陈某的主张。从法律程序角度看，陈某无正当理由拒签有关文件且在法定异议期限内不提出异议的做法，是非常不明智的错误选择。但是，这是否可以成为直接否定陈某的实体权益主张的充分理由，则不无疑问。因为，一方面，不懂法律的普通百姓始终相信有理走遍天下，而根本不知道法律制度中时效的意义。这是中国的现实，行政部门不可忽视这一点。另一方面，基于行政效率的考虑，当事人拒签补偿协议、拒绝签收有关法律文书、不及时提出法律异议等做法，虽然不能成为阻却拆迁的正当理由，但不宜将其作为被拆迁人丧失实体法上的合理补偿请求权的充分理由。否则，可能会诱发政府利用人民不懂法的现实而掠夺私人财产，致使私人产权遭受威胁。我国《城市房屋拆迁管理条例》有关“拆迁人与被拆迁人无法达成拆迁补偿协议时，拆迁人可以请求拆迁管理部门裁决”的规定，意味着即使被拆迁人拒绝签订补偿协议，拆迁人也不能直接实施拆迁，而是先要解决拆迁补偿争议。这表明被拆迁人的拒绝配合拆迁不能成为其丧失补偿请求权的理由。就本案而言，虽然陈某没有配合签收文书，也没有对补偿评估文件及时提出异议，这无疑是错误的。但是，在土地储备中心提请房管局初次裁决补偿争议时，陈某应该被通知参与程序并积极提出自己的异议及主张，裁决机关也应当查明陈某的主张是否属实并据此作出补偿的结论。不过，陈某是否参与了裁决程序、是否提出了补偿异议、裁决机关是否审查了陈某的异议等问题，行政复议决定书都没有提及，复议决定也仅以程序原因直接拒绝审查该实质争议。所有这些，都可能成为本行政复议案结事未了的诱因。

（三）关于被拆迁房屋建成时间及对应的补偿标准之争

在房产征收补偿领域，被拆迁房屋存续的时间的确与其市场价值应当有合理的关系。通常而言，除具有历史文化价值的之外，房屋存续的时间的长短，往往与其市场价值成反比，即房屋越旧价值越低，在拆迁补偿中应获得的补偿金越少(但是,现实并非总是如此。中国目前房地产市场二手房的市价高于一手房市价的现象,大量存在)。正因为这样,本案中被拆迁房屋的建成时间因直接影响到补偿标准的不同而引发了争议。被拆迁房屋是客观存在的不动产,其建成时间应该是一个可以证明的问题。从程序法有关举证责任的分配规则看,房屋的建成时间由产权人举证证明似乎是合理的。但是,从行政法原理角度看,并非如此。在拆迁人与被拆迁人无法达成拆迁协议而申请裁决机关裁决的情形下,裁决机关作出的最终裁决就是一个行政行为(如果不是,它就不属于行政复议的受案范围。复议机关已经受理的做法,可以推知复议机关对此认定没有异议)。每个行政机关对其作出的裁决负有合法性担保义务,如果其行政行为引发复议或诉讼,作出机关必须向复议机关证明其行政行为的合法性特别是事实依据和法律依据。既然裁决机关就补偿争议作出了裁决,那么有关被拆迁房屋的建成时间就是其裁决确定补偿标准的重要事实问题。对该事实的调查取证及证明就是其作出合法的行政裁决的事实基础。当裁决机关不认可被拆迁人有关房屋建成时间的主张时,其必须通过调查取证查明这一问题,并据此作出补偿标准的选择。如果裁决机关没有调查或者查明,那么,它将根据什么裁定应当适用的补偿标准呢?

按照常理,私人建设的房屋往往没有竣工验收程序,也没有正式的验收合格证之类的法律文书,被拆迁人陈某很可能无法提供这样的证据证明房屋的建成时间,但建设房屋不可能是偷偷进行的,必然有施工方或者陈某的邻居等可以证明房屋的建设情况。那么,补偿争议的初次裁决机关乃至复议机关是否进行了调查取证呢?从复议决定书可知,复议机关维持了初次裁决机关的裁决,也就等于认可了初次裁决机关直接以陈某不能提供证据为由而拒绝陈某的主张的做法。但这是典型的采取当事人对抗主义的私法救济程序的做法。我国的行政复议制度并没有采取当事人对抗主义,而是明确要求复议机关审查行政行为的合法性特别是事实依据与法律依据,复议被申请人也必须提供证据证明其行政行为合法,包括作出行政行为的事实依据和法律依据。由此可见,作为行政裁决合法性的事实证据,如本案中被拆迁房屋的建成时间,必须由裁决机关举证证明，不可将举证责任推给被拆迁人。如果初次裁决机关不能提供证据，应当推定为没有事实证据，复议机关应当以事实不清为由撤销裁决，责任裁决机关重新调查取证后作出决定，也可以自己调查核实后直接作出拆迁补偿的决定。

（四）关于受案范围问题

《行政复议法》明确规定了行政复议的受案范围。根据这些规定可知：第一，可适用行政复议程序解决的法律争议必须是由一个客观存在的行政行为引发的行政争议，非行政争议不能适用行政复议程序；第二，并非所有的行政争议都可适用行政复议程序，只有《行政复议法》明确规定的受案范围内的行政争议，才可以适用行政复议程序。这就是说，某一法律争议是否属于行政复议的受案范围问题，是复议机关在作出是否受理复议申请时必须查明并作出结论的问题。那么，本案中被拆迁人陈某因南京市浦口区房产局就拆迁补偿问题作出的裁决而与浦口区房产局之间的法律争议是否属于行政复议的受案范围？

之所以提出这样的问题，是因为《城市房屋拆迁管理条例》[①]第16条明确规定，当事人对房产管理部门就补偿问题作出的裁决不服的，可以向人民法院提起诉讼，但没有设置申请行政复议的救济机制。其原因是什么呢？虽然这不能成为否定行政复议适用于这种“裁决”引发的争议的充分理由，但至少可以说，复议机关不能根据《城市房屋拆迁管理条例》的规定得出针对房产管理部门就拆迁补偿问题作出的“裁决”属于行政复议受案范围的结论。如果复议机关认为房产管理部门就拆迁补偿问题作出的“裁决”属于行政复议的受案范围，就必须根据《行政复议法》有关受案范围的规定予以判断。

从案件的发展进程看，南京市浦口区人民政府不仅受理此案而且作出了复议决定。这表明，作为复议机关的南京市浦口区人民政府认为陈某与南京市浦口区房产局的争议属于行政复议的受案范围。不过，复议机关的复议决定书对此没有任何说明和论证。这是否意味着这个问题

① 《城市房屋拆迁管理条例》已经于2011年废止，取而代之的是《国有土地上房屋征收与补偿条例》。

的答案是那么的显而易见因而不需任何说明和论证？其实不然，本案中引发被拆迁人陈某与南京市浦口区房产局之间的法律争议的行为是南京市浦口区房产局就拆迁补偿问题作出的"裁决书"，而这个裁决程序是由拆迁人南京市浦口区土地储备中心申请启动的。那么，这个"裁决书"是否是行政行为、其法律属性如何、适用《行政复议法》的受案范围条款的哪一项规定可以得出其属于受案范围的结论等问题的答案，并非显而易见。

虽然《城市房屋拆迁管理条例》第16条使用"裁决"这一概念，行政实务部门也将房产管理部门就补偿问题作出的结论称为行政裁决，但在行政法学界，行政裁决是一个有特定含义的法学专业术语，通常是指行政机关依据法律的特别授权适用准司法程序解决特定的民事争议或行政争议的活动。这就是说，行政裁决解决的是法律争议，而且是法律特别规定的有限且特殊的民事争议或行政争议；若没有法律的特别规定，民事争议均通过民事仲裁或民事诉讼途径解决争议，而行政争议通过行政复议或行政诉讼途径解决争议。本案中土地储备中心申请房产局处理的拆迁补偿问题，既不是民事争议，也不是行政争议。严格说来，它根本不是一个法律争议。因为，作为拆迁人的土地储备中心为了解决拆迁补偿问题想与被拆迁人签订补偿协议的行为至多是一个缔结行政合同的邀约，该邀约在法律上对被拆迁人并没有约束力，被拆迁人只需拒绝即可，无须承担任何法律后果。土地储备中心想与被拆迁人签订补偿协议提出的补偿内容，在法律上并不是一个可以决定被拆迁人权益的法律决定，被拆迁人如果不满意只需拒绝，无须寻求法律救济。所以，被拆迁人与拆迁人之间根本不存在法律争议。只不过，被拆迁人拒绝签订拆迁补偿协议的结果就是拆迁补偿问题在法律上没有结论，为了后续的拆迁补偿顺利进行，这个问题在法律上必须要解决。正因如此，《城市房屋拆迁管理条例》第16条才规定，由拆迁人提请拆迁管理部门裁决。这就说明，作为拆迁管理部门就拆迁补偿问题的所谓"裁决"，本质上就是一个具有法律效力的拆迁补偿决定，是一个单方行政法律行为，而不是对一个法律争议的裁决。基于这样的分析，根据《行政复议法》第6条第1款第7项——"认为行政机关违法集资、征收财物、摊派费用或者违法要求履行其他义务的"的规定,本案被拆迁人陈某就南京市浦口区房产管理部门的拆迁补偿裁决书之争议,属于行政复议的受案范围。已经于2011年生效实施的《国有土地上房屋征收与补偿条例》第26条的规定,充分佐证了这一分析。

《国有土地上房屋征收与补偿条例》第35条明确废止了国务院于2001年制定实施的《城市房屋拆迁补偿管理条例》,其第26条明确规定:"房屋征收部门与被征收人在征收补偿方案确定的签约期限内达不成补偿协议,或者被征收房屋所有权人不明确的,由房屋征收部门报请作出房屋征收决定的市、县级人民政府依照本条例的规定,按照征收补偿方案作出补偿决定,并在房屋征收范围内予以公告……被征收人对补偿决定不服的,可以依法申请行政复议,也可以依法提起行政诉讼。"由此可见,《国有土地上房屋征收与补偿条例》第26条不仅没有沿用《城市房屋拆迁管理条例》第16条所使用的"裁决"概念,而且直接使用了"补偿决定"概念。在此基础上,新法进一步明确规定,被拆迁人对作为房屋征收主体的市、县级人民政府作出的补偿决定有异议的,可以申请复议,也可以提起行政诉讼。

(五)关于复议程序当事人问题

从本案复议决定书可知,本案复议机关所列的复议程序当事人只有申请人和被申请人,没有复议程序第三人。那么,申请南京市浦口区房产局裁决拆迁补偿问题的土地储备中心,在复议程序中是否应当有程序当事人资格?

如果按照行政实务部门或复议机关的理解,将南京市浦口区房产局作出的拆迁补偿裁决书视为对一个法律争议的裁决,那么,南京市浦口区土地储备中心就应该是这一争议的利害关系人。因此,当被拆迁人陈某对浦口区房产局的裁决书有异议而申请行政复议时,土地储备中心就应当具有复议程序当事人资格,它应当被列为复议程序第三人参与复议程序。因为,既然土地储备中心是原初争议的当事人,而且复议决定又可能会改变南京市浦口区房产局作出的补偿裁决,土地储备中心也就取得了复议程序当事人资格。基于这样的假设与推理,复议机关未将土地储备中心列为复议程序第三人并通知其参与复议程序的做法,是错误的。不过,如前所述,如果将浦口区房产局所作的《拆迁补偿裁决书》视为一个就补偿问题而作出的单方行政法律决定,而不是裁决一个法律争议,即土地储备中心并不是所谓法律争议的当事人一方(因为土地储备中心与被拆迁人之间并不存在一个法律争议),那么,土地储备中心在复议程序中就没有程序当事人资格。就此而言,复议机关未将土地储备中心列为复议第三人反而是正确的。由此可见,复议机关对于本案程序当事人的处理与对引发复议的行政行为的定性之间,在逻辑上存在一定张力。

(六)关于复议决定的合法性及其理由问题

本案复议机关作出的复议决定,维持了被申请人南京市浦口区房产局的"补偿裁决"。根据前面几个方面的分析,基本可以得出复议决定违法的结论。此处再补充一个重要的理由,以期进一步佐证复议决定违法的结论。根据复议决定书记载的信息,本案中引发行政复议的行政行为是南京市浦口区房产局于2013年4月作出的《房屋拆迁纠纷裁决书》。南京市浦口区房产局受理土地储备中心的申请并就拆迁补偿问题作出裁决的权力的依据,是《城市房屋拆迁管理条例》。但是,如前文所述,《城市房屋拆迁管理条例》已经于2011年被国务院制定的《国有土地上房屋征收与补偿条例》第35条明令废止,而且,《国有土地上房屋征收与补偿条例》第26条明确规定,在被拆迁人与房屋征收部分无法达成补偿协议的,由作出房屋征收决定的市、县人民政府作出补偿决定。这表明,引发行政争议的行政行为的作出机关的权力依据已经失效,而且根据新法,房产局也丧失了就补偿问题作出决定的权力,该权力的法定主体是市、县人民政府。

案例二:冯某等不服房产局征收物业维修基金案

一、基本案情

2016年6月24日,冯某、朱某某等共同购买了南京市浦口区江浦街道白马路90号熙龙山院73幢101室,房屋性质为"非住宅"。2017年1月3日,南京市浦口区物业管理中心根据《南京市物业维修基金管理办法》作出决定:熙龙山院73幢101室属于非住宅商品房,应按照75元每平方米缴存住宅专项维修资金。2017年1月20日,朱某某作为产权人代表全额缴存了上述房屋的住宅专项维修资金,共计 219,274 元。2017 年 2 月 16 日,冯某等向南京市浦口区人民政府提出复议申请并由浦口区人民政府受理。申请人认为,作为征收住宅专项维修资金的专门规定——“建住房〔1998〕213 号”,已经被中华人民共和国建设部、中华人民共和国财政部令第 165 号废止。因此,南京市有关住宅专项维修资金征收的“宁政发〔2000〕8 号”和“宁房物〔2007〕57 号”也应当失效。所以,熙龙山院 73 幢 101 室为不需要交存住宅专项维修资金的住宅小区外的非住宅,也不应该缴纳住宅专项维修资金。2017 年 2 月 24 日,南京市浦口区住房保障和房产局提交的行政复议答复书认为,要求申请人依法缴存专项维修资金并无不妥,恳请复议机关驳回申请人的复议请求。2017 年 3 月 24 日,浦口区人民政府召集申请人与被申请人举行了行政复议听证会。经申请人与被申请人充分协商最后达成和解并签订和解协议,双方一致同意:熙龙山院 73 幢物业若出现《住宅专项维修资金管理办法》规定的可以使用维修资金的损毁情况,申请人可以单独申请使用物业维修资金,不需要熙龙山院其他业主同意。2017 年 3 月 27 日,申请人提出撤回复议申请,复议机关作出同意撤回复议申请决定书,复议程序终止。

二、复议决定

南京市浦口区人民政府行政复议终止通知书

〔2017〕浦行复第 7 号

申请人:冯某等

被申请人:南京市浦口区住房保障和房产局

申请人认为被申请人征收物业维修基金行为违法,向本机关申请行政复议,本机关依法予以受理。行政复议期间,申请人向本机关提出撤回行政复议申请。根据《中华人民共和国行政复议法实施条例》第四十二条第一款第一项的规定,行政复议终止。

2017 年 3 月 27 日

三、理论评析

本案是一起典型的因住宅专项维修资金的征收而引发的行政复议案件。虽然本行政复议案件以申请人与被申请人和解而终结，但其中涉及的若干法律问题依然值得深入研讨。

1. 关于本案的争点

本案争议的焦点是，申请人所有的不动产——熙龙山院 73 栋幼儿园是否属于应当缴纳住宅专项维修资金的住宅。

申请人认为其所有的不动产的用途为“科教用地/幼儿园”，不属于应当缴纳住宅专项维修资金的住宅。理由有两个：(1)熙龙山院 73 栋(幼儿园)101 室与熙龙山院住宅小区之间有物理隔离，有单独的出入口，与熙龙山院小区内的任一单栋住宅均不存在结构相连的部位；且熙龙山院 73 栋幼儿园 101 室与熙龙山院住宅小区之间不存在任何的公用设施设备。符合《住宅专项维修资金管理办法》第 6 条规定，不属于交存住宅专项维修资金的对象。(2)作为住宅维修资金征缴依据的部门规章《住宅共用部位共用设施设备维修基金管理办法》(建住房〔1998〕213 号)，已经被中华人民共和国建设部与中华人民共和国财政部联合发布的《住宅专项维修资金管理办法》(建设部、财政部 2007 第 165 号)明确废止。南京市有关物业专项维修资金征缴的规定《南京市物业维修基金管理办法》(宁政发〔2000〕8 号)和《关于贯彻落实南京市物业专项维修基金管理办法的实施意见》(宁房物〔2007〕57 号)作为下位法，亦应当失效。根据建设部和财政部的第 165 号令，熙龙山院 73 栋 101 室为规划确定的教育设施，不属于应当缴存住宅专项维修资金的住宅。所以，浦口区住房保障和房管局对申请人作出的征缴住宅专项维修资金的决定违法，应当撤销。

被申请人认为，熙龙山院小区的《总平面提供图》显示，熙龙山院项目含 73 栋 101 室幼儿园，且熙龙山院住宅小区的规划也包含该幼儿园。根据《南京市物业维修基金管理办法》第 1 条，熙龙山院 73 栋 101 室为非住宅商品房，应当缴存住宅专项维修资金。

那么，申请人所有的不动产——熙龙山院 73 栋 101 室是否属于应当征缴住宅专项维修资金的对象呢？从本案事实及相关法律规定看，申请人与被申请人之间之所以就系争不动产是否属于应当缴纳住宅专项维修资金的住宅产生争议，主要是因为选择适用的法律依据及其具体规定不同。

申请人认为应当适用建设部和财政部 2007 年联合发布的部门规章——《住宅专项维修资金管理办法》。该部门规章的名称明确使用了"住宅"这一概念，其第 2 条明确规定了《住宅专项维修资金管理办法》的适用范围，即"商品住宅、售后公有住房住宅专项维修资金的交存、使用、管理和监督"，其第 3 条进一步界定了住宅维修专项资金使用的对象范围，即住宅共用部分和住宅共用设施设备。具体而言，住宅共用部位是指根据法律、法规和房屋买卖合同，由单幢住宅内业主或者单幢住宅内业主及与之结构相连的非住宅业主共有的部位，一般包括：住宅的基础、承重墙体、柱、梁、楼板、屋顶以及户外的墙面、门厅、楼梯间、走廊通道等。共用设施设备，是指根据法律、法规和房屋买卖合同，由住宅业主或者住宅业主及有关非住宅业主共有的附属设施设备，一般包括电梯、天线、照明、消防设施、绿地、道路、路灯、沟渠、池、井、非经营性车场车库、公益性文体设施和共用设施设备使用的房屋等。

被申请人南京市浦口区住房保障与房产局作出行政征收决定的依据，则是南京市人民政府制定的地方政府规章——《南京市物业维修基金管理办法》。该规章第 1 条明确规定了它的上位法依据即建设部、财政部《住宅共用部位共用设施设备维修基金管理办法》，但它却用"物业""商品房""房屋"等概念替换了其上位法依据中的"住宅"这一概念。例如，其第 1 条规定："为了建立房屋维修保障机制，培育物业管理市场，维护房屋产权人和使用人的合法权益，根据建设部、财政部《住宅共用部位共用设施设备维修基金管理办法》等有关规定，结合本市实际，制定本办法。"第 2 条规定："凡本市市区国有土地范围内，新建商品房（含经济适用住房）、已购公有住房、公有住房以及拆迁实行产权调换的私房等，其共用部位、共用设施设备的维修基金管理，均适用本办法。"第 3 条规定："物业维修基金（以下简称维修基金）专项用于房屋共用部位、共用设施设备保修期满的大修、更新、改造的维修保障资金。"正是由于南京市政府制定的地方政府规章没有直接适用其上位法依据中的专业概念

“住宅”,而使用了“物业”“房屋”“商品房”等概念,且其上位法依据已经被新的部门规章取代,才引发了本案的法律适用选择争议。要正确解决这一争议,必须理清三个问题:第一,“住宅”与“物业”“房屋”“商品房”等概念就专项维修资金的征缴这一问题而言,究竟有无差异以及差异是什么?第二,本案中引发适用法律争议的两个规章就本案争点的规定有无本质差异以及差异是什么?如果有差异,应该如何选择适用?第三,在地方政府规章的立法依据已经被废止的情形下,地方政府规章是否继续有效?

(1)关于“住宅”与“物业”“房屋”“商品房”概念的区分。一般而言,“住宅”“物业”“房屋”“商品房”等概念,在外延上存在很大差别。“住宅”是指供人居住生活的不动产空间。在功能上主要强调居家生活,而非生产;在结构上,可能是一座房子、一间屋子或是一个院子。“物业”的外延远比“住宅”概念广泛,不仅包括生活设施,也包括生产设施。“房屋”概念的外延与“住宅”概念的外延有相交之处,“住宅”概念所涵涉的内容不仅包括房屋,还可能包括房屋外的一定生活空间。“房屋”不仅包括生活用房屋,也包括“生产用房屋”。“商品房”概念则强调房子的商品属性,至于其功能,既包括生活使用,也包括商用。我国住宅专项维修资金征收制度的建立,主要是因为城市居民基本都从开发商开发建设的大型小区购买住房,基于中国城市土地公有制以及商品房客观上存在共用部分和公共设施。如果居民住宅完全是业主自己建造并且各业主的住宅完全独立,没有共用部分或公共设施,那么,住宅专项维修资金征收管理制度就不可能存在。这一点从建设部和财政部联合发布的《住宅专项维修资金管理办法》对专项资金的用途的规定就可明确判定。因此,南京市人民政府制定地方政府规章时,以“物业”“房屋”“商品房”等概念替换“住宅”这一概念的做法,值得商榷。它不仅使同一法律文件中概念使用不统一甚至混乱,而且直接导致对专项维修资金征收对象的判断产生争议。本案就是典型的例证。假如南京市人民政府制定政府规章时完全遵照其制定依据而使用“住宅”这一概念,那么,本案中系争不动产是否是需缴存住宅维修资金的住宅就不会产生争议。因为本案系争不动产根据建设规划,根本不是住宅,而是预先通过规划确定的教育设施。即使它是由开发商与小区住宅一体设计、一体建设,也不能改变其是教育设施而非住宅的属性。因而根据建设部与财政部发布的部门规章,本案系争不动产不是需缴存住宅维修专项资金的对象。不过,从本案实际看,系争不动产与小区其他住宅是否存在结构上的连接因而存在共用部分,以及与小区其他住宅是否存在共用设施的情况,则是一个需要查明的事实问题。假如本案系争不动产与小区其他住宅存在结构上的连接或有共用设施,那么,从公平合理的角度看,系争不动产的产权人对共用部分或共用设施的维修承担义务。如此一来,目前仅仅针对住宅业主征收专项维修资金的立法,无疑是存在漏洞的。补救这一立法漏洞的正确做法,应该是根据实践中的各种具体情况及时修改完善立法。但就本案而言,由于本案系争不动产不是住宅而是公共教育设施,所以,根据行政法治原则,被申请人南京市浦口区住房保障与房产局不得向申请人征缴住宅专项维修资金,其行政征收决定是违法设定义务的行政行为。

(2)关于部门规章与地方政府规章的选择适用。根据我国《立法法》的规定,部门规章与地方政府规章就同一问题的规定不一致的,如果二者的规定不矛盾,则选择适用地方政府规章,如果二者的适用结果矛盾,则应当提请国务院裁定。就本案而言,系争不动产的产权人是否负有住宅专项维修资金的给付义务,适用最新的部门规章的结果与适用南京市地方政府规章的结果相矛盾,根据《立法法》之规定,应当提请国务院裁定。不过,《南京市物业维修基金管理办法》(宁政发〔2000〕8 号),是南京市政府于 2000 年发布的,其直接依据是建设部于 1998 年发布的《住宅共用部位共用设施设备维修基金管理办法》(建住房〔1998〕213 号)。该直接依据已经被建设部与财政部于 2007 年联合发布的新规章明令废止。所以,本案应当适用新的部门规章,而不是南京市人民政府的规章。而且,南京市人民政府于 2017 年制定发布了《南京市住宅专项维修资金管理办法》(宁政规字〔2017〕8 号),取代了 2000 年制定发布的旧规章。这一新的地方政府规章明确使用了"住宅"概念,与其立法依据在概念使用方面保持一致。这也从另一个角度佐证了笔者的判断。

2. 关于行政复议的合法性问题

总体而言,本案争议属于行政复议的受案范围,复议申请人的复议申请合法、复议机关享有管辖权、复议机关受理、审查行政争议的程序基本合法。不过,本案以当事人和解、申请人撤回复议申请、复议机关同意和解的方式结案,是否正确,则不无疑问。根据《行政复议法》第 25 条和《行政复议法实施条例》第 38 条的规定,复议申请人在复议决定作出前可以撤回复议申请,复议机关也可以应申请人的撤回申请而终结复议程序。就此而言,本案复议机关的做法也基本合法。不过,《行政复议法》第 25 条对申请人撤回申请设置了一个条件即“说明理由”,《行政复议法实施条例》第 38 条对复议申请人撤回复议申请也设置了条件即“自愿撤回”和“经复议机关同意”。《行政复议法实施条例》第 42 条第 1 款第 1 项明确规定,申请人要求撤回行政复议申请,行政复议机构准予撤回的,行政复议终止。从立法目的而言,这种条件设置至少意味着,并非只要申请人申请撤回复议申请,复议机关就必须或全部同意撤回而终结复议程序。进言之,在逻辑上,现行立法至少允许“申请人申请撤回复议申请而复议机关不同意撤回”的情形存在。质言之,复议机关不同意申请人撤回复议申请而继续审查引发争议的行政行为的合法性并作出复议决定,也是合法的。如此一来,在行政复议实践中需要面对的问题是,对于复议申请人的撤回申请,复议机关是同意还是不同意的判断标准究竟是什么?目前的《行政复议法》和《行政复议法实施条例》都没有就此给出任何答案。这是为什么?是因为立法者的疏忽(立法漏洞)无法给出客观的标准,还是立法者根本不想给出标准(完全交给复议机关自由裁量)?要回答这一问题,就必须回到行政复议制度的功能定位这一更宏大的议题并综合考虑行政复议机制的特点。关于行政复议制度的功能定位,在行政法理论上存在两个基本学说,即法规维持说与权利救济说。

法规维持说认为,行政复议制度旨在预防行政违法、矫正违法的行政行为,使公共行政实践与行政法律规范保持一致。基于此,行政复议必须对引发争议的行政行为的合法性、适当性进行全面审查(不以复议申请人的复议请求为限)并作出法律结论。对于经审查认定的不合法、不适当的行政行为可以通过撤销、变更、责令重做的方式恢复到与法律规定一致的状态,对于其造成的后果,责令被申请人采取一切合法适当的方式予以补救。

权利救济说认为，行政复议是一种旨在对违法行政的受害人提供救济的争议解决机制。基于此，行政复议的核心目标是救济违法行政的受害人，因而整个复议程序的开展采取当事人主义、复议审查的范围以复议申请人的请求为限，复议程序也应当不设条件地因申请人的撤回申请而终结。

从《行政复议法》第 1 条规定可知，我国目前对于行政复议的功能定位采取法规维持说与权利救济说兼而有之的混合主义。对于行政复议中的各具体问题，分情况采取权利救济说与法规维持说，前者如申请人资格问题，后者如复议审查范围、复议决定类型等。这种方法在很多情况下也是可以的，但是，对于一些特殊问题，就很难取舍，如本案涉及的复议申请的撤回问题。如果单一采取权利救济说，那么，对于申请人自愿申请撤回的，复议机关就应该无条件终结复议程序，复议机关根本没有“是否同意”的决定权。反之，如果采取法规维持说，对于复议申请人的撤回申请，法律上往往设置了复议机关审查同意的程序。在不符合法定条件的情形下，复议机关就应该不同意申请人的撤回申请，也不会因申请人的撤回申请而终结复议程序。《行政复议法》和《行政复议法实施条例》对复议申请人撤回复议申请问题，明确设置了“复议机关审查同意”的条件及程序，这无疑体现了法规维持说，但是，现行立法又没有明确规定复议机关应该同意或不同意复议申请人的撤回申请的判断标准。这就使得复议机关在实践中完全无客观标准地自由裁量，究竟同意还是不同意，复议机关根据实践需要完全自由决定。如此一来，如果复议机关基于减轻工作负担或其他目的统统同意申请人的撤回申请，就会出现法律上采取法规维持说而事实上却是权力救济说的尴尬局面。如果是这样，反倒不如立法直接采取权利救济说。那么，现行立法为什么不直接采取权利救济说，而是为撤回复议申请设置了条件及审查程序呢？

现行立法对复议申请人撤回复议申请设置条件及审查程序的原因，也许可以从我国《行政组织法》就上下级行政机关之间的关系、《行政复议法》关于复议机关的确定规则，以及《行政复议法实施条例》第 40 条有关和解的规定中找到答案。根据《宪法》《地方各级人民代表大会及地方各级人民政府组织法》的规定，我国的行政体制是典型的科层制官僚结构，除国务院作为最高国家行政机关之外，所有行政机关都有其直接上级行政机关，上下级行政机关之间是领导与被领导的关系，上级行政机关不仅负有监督下级行政机关依法履行职责的法定义务，而且基于其领导权可以直接命令下级行政机关作为或不作为，可以直接撤销、改变下级行政机关的决定和命令等。《行政复议法》对于复议机关的确定，除少数特殊情况外，行政复议案件的管辖机关都是作出引发争议的行政行为的行政机关的上一级行政机关。这就说明，行政复议机关一般情况下都是复议程序的被申请人的上一级行政机关。基于组织法规定的领导职责，复议机关对复议被申请人负有领导职责。复议程序应复议申请人的申请而启动，无疑为复议机关审查判断被申请人是否依法积极履行法定职责提供了机会。于此情形下，如果复议机关在复议程序中发现被申请人的行政行为违法或不当，即使复议申请人申请撤回复议申请，复议机关基于领导监督职责，也必须采取相应措施予以纠正，并对违法机关进行惩戒。复议机关的这种地位和权力，并非依据复议法，而是《行政组织法》。从这个意义上说，复议机关发现了或应当发现引发行政复议的行政行为违法或不当，依然同意复议申请人撤回申请并且终结复议程序的做法，无疑是违法的。

如前所述，本案中引发行政争议的住宅维修专项资金的行政征收决定是违法的。而且，根据《行政复议法实施条例》第 40 条的规定，复议当事人可以就被申请人依法可以自由裁量的问题进行和解，[①]但本案中引发争议的行政行为的合法性问题并非自由裁量范畴。所以，本案复议机关以当事人和解为由同意申请人撤回复议申请并结案，其合法性不无疑问。

---

① 参见《行政复议法实施条例》第 40 条规定：公民、法人或者其他组织对行政机关行使法律、法规规定的自由裁量权作出的具体行政行为不服申请行政复议，申请人与被申请人在行政复议决定作出前自愿达成和解的，应当向行政复议机构提交书面和解协议；和解内容不损害社会公共利益和他人合法权益的，行政复议机构应当准许。

案例三：王某请求撤销《浦口区房屋征收补偿协议》案

一、基本案情

2009 年 4 月 24 日申请人王某从案外人陈某等处购买坐落在南京市浦口区桥林街道南大街 50 号的房屋。该房屋未办理房产证和土地使用权证，位于桥林街道老街环境综合整治项目征收范围内，涉案房屋征收过程中，经被申请人调查登记双方确认涉案房屋建筑面积为 223.48 平方米。2014 年 12 月 10 日，申请人与被申请人双方签订《浦口区城市房屋征收补偿协议》，就涉案房屋征收补偿相关事宜做出约定。

申请人认为其持有的江浦县国有土地使用权登记证明中载明的土地登记面积为 282.6 平方米，而与被申请人签订的征收补偿协议中未就超出建筑面积部分 59.12 平方米的地大于房的面积进行补偿。因此，申请人主张其与被申请人南京市浦口区人民政府桥林街道办事处签订的协议号为 2014—27—2158 号的《浦口区房屋征收补偿协议》无效，于 2017 年 6 月 20 日向南京市浦口区人民政府提出行政复议申请，请求撤销 2014—27—2158 号《浦口区房屋征收补偿协议》，责令被申请人对地大于房的土地进行补偿。2017 年 6 月 26 日，南京市浦口区人民政府作出不予受理的决定。

二、复议决定

浦口区人民政府不受理行政复议申请决定书

〔2017〕浦行复第 19 号

申请人：王某

被申请人：南京市浦口区人民政府桥林街道办事处

申请人认为与被申请人签订的协议号为 2014—27—2158 号的《浦口区房屋征收补偿协议》无效，于 2017 年 6 月 20 日向本机关提出行政复议申请，请求撤销 2014—27—2158 号《浦口区房屋征收补偿协议》，责令被申请人对地大于房的土地进行补偿。

本机关认为，申请人与被申请人签订的 2014—27—2158 号《浦口区房屋征收补偿协议》系民事合同关系，不属于《中华人民共和国行政复议法》第六条规定的行政复议范围。根据《中华人民共和国行政复议法》第六条、第十七条的规定,决定不予受理。

如不服本决定,可在接到本决定书之日起15日内,依法向南京市中级人民法院提起行政诉讼。

二〇一七年六月二十六日

三、理论评析

本案是一起典型的关于行政复议受案范围问题的案件。复议申请人王某以其与南京市浦口区人民政府桥林街道办事处签订的房屋征收补偿协议没有包括其房屋所占土地之外的、其他拥有土地使用权证的土地征收补偿为由,请求复议机关撤销房屋拆迁补偿协议,并责令桥林街道办事处就超出房屋所占土地之外的土地履行补偿义务。浦口区人民政府收到复议申请后,以房屋拆迁补偿协议是民事争议因而不属于行政复议的范围为由,作出不予受理的决定。由于本案的行政复议程序没有正式开启,引发本案争议的事实问题也没有经过复议机关审查查明,无法展开理论分析。此处主要讨论复议机关不予受理的决定是否合法。

若秉持公正之心并结合行政法专业基本理论进行审慎评判,就不难得出这样的结论:复议机关作出的不受理决定是违法的。理由有二:一是桥林街道办事处与王某缔结的房屋拆迁补偿协议不是民事合同,而是行政合同。所以,王某与桥林街道办事处之间就房屋拆迁补偿协议的效力问题产生的争议,不是民事争议,而是行政争议。二是本案复议申请人王某的复议请求有两项,即请求撤销拆迁补偿协议和责令桥林街道办事处作出土地征收补偿决定。复议机关不可以完全置其中的一项(土地征收补偿)请求于不顾,直接以另一项请求(撤销房屋拆迁补偿协议)所涉及的补偿协议不属于行政复议的受案范围为由,决定不予受理。现具体分析论证如下:

(一)关于房屋拆迁补偿协议的定性问题

从不动产征收制度的体系性角度看,房屋拆迁补偿问题是不动产征收制度的有机构成部分,征收主体是否对拟征收不动产的产权人给予合理补偿,是判定行政征收是否合法的重要方面。行政征收是典型的公法制度,行政征收引发的争议包括征收补偿争议,无疑属于典型的公法争议，应当通过公法上的救济机制予以解决。在实践中，不动产征收补偿问题，可以由征收主体依法单方面作出行政补偿决定，也可以由征收主体与被征收人在公法制度的框架内通过谈判协商后缔结补偿协议。无论哪种方式，都不能否定征收补偿问题，是典型的公法问题。征收主体与不动产产权人缔结的补偿协议，都不可能是民事合同，而是典型的行政合同。因该等合同的效力及履行引发的法律争议都属于公法争议，不属于民事诉讼的范畴，应当通过行政复议或行政诉讼途径解决。因为不动产的征收主体在强制取得他人不动产所有权时，无疑是以公权力主体的身份活动的，其与不动产所有人就不动产的产权移转及对价支付问题进行交往的活动，根本不是民事活动。不动产征收主体在作出征收决定、补偿决定或缔结补偿协议时，依据的都是有关征收补偿的公法规范，而不是民事规范。其活动的根本准则是行政法治，而不是私法规范的意思自治。

（二）关于房屋拆迁补偿协议是否属于行政复议的受案范围问题

房屋拆迁补偿协议是行政合同，应属无异议之判定。因此，复议机关作出的不受理决定的理由是错误的。不过，根据房屋拆迁补偿协议是行政合同这一判断，并不能当然地得出这样的结论，即拆迁补偿协议引发的争议属于行政复议受案范围。在行政复议的受案范围实行严格的法定主义的情形下，房屋拆迁补偿协议引发的争议是否属于行政复议的受案范围问题，必须根据《行政复议法》的具体规定来判定。质言之，房屋拆迁补偿协议的定性与拆迁补偿协议引发的争议是否属于行政复议受案范围，是两个不同的问题，需要根据不同的标准作出评判和确认。

我国《行政复议法》的受案范围条款中的确没有明确规定行政合同、行政协议或征收补偿协议等，但不能由此得出拆迁补偿协议不属于行政复议受案范围的结论。虽然本案的争议之一是房屋拆迁补偿协议的效力争议，但从征收制度一体性角度看，该争议本质上就是不动产征收争议，因为不依法给予合理补偿的征收是违法行为。所以，根据《行政复议法》第 6 条第 1 款第 7 项中有关违法征收财物的规定，该争议无疑属于行政复议的受案范围。

我国行政复议、行政诉讼以及民事诉讼实践中，之所以会将拆迁补偿协议争议认定为民事争议并将其纳入民事诉讼范畴、排除于行政复议与行政诉讼范畴,除了我国的行政合同理论与法制建设严重滞后以及实务部门工作人员的知识储备不足的原因之外,更重要的原因是我国行政征收实务中将征收与补偿分割操作的实践。从行政工作过程来看,把作出征收决定与确定补偿分割进行并非不可,但在讨论行政征收的合法性时,却不可以将征收与补偿完全割裂。因为行政征收补偿制度是一个完整的体系,是否给予合理补偿也是判定行政征收是否合法的不可或缺的标准之一。就此意义而言,对补偿问题的争议本质上就是对行政征收合法性的争议。

(三)关于土地补偿争议是否属于行政复议的受案范围问题

虽然本案复议申请人的复议请求有两项(撤销房屋征收补偿协议与责令被申请人处理土地补偿问题),但从其请求的理由可知,假如将房屋征收补偿协议约定的补偿,仅仅视为针对被拆迁房屋的补偿而不包括超出房屋占用土地之外的土地的补偿的话,申请人并无异议。申请人真正想要达到的目标是,在房屋拆迁补偿协议约定的房屋价值的补偿之外,再额外增加被征收土地的补偿部分。遵循这一思路,申请人的复议请求就应该是单纯的土地补偿请求,而不应该是提出撤销房屋征收补偿协议的请求。但实际情况是,申请人的确提出了撤销房屋补偿协议的请求,这是为什么呢?根据中国社会的现实情况及生活经验推断,发生这种情况的原因很可能是因重大误解。即被申请人认为,其与申请人签订的房屋补偿协议约定的补偿,就是对申请人被征收财产包括房屋、土地的全部补偿。申请人则以为房屋补偿协议约定的补偿仅仅是房屋的补偿,不包括土地补偿。申请人基于这一认识便与被申请人签订了房屋补偿协议。后来,申请人再要求被申请人对土地进行补偿时遭到拒绝。于是,申请人便想反悔前面签订的房屋补偿协议,在申请行政复议时便提出了撤销房屋补偿协议的请求。如果这一推理成立,那么本案争议的焦点就是房屋拆迁补偿协议的效力。如前所述,这一争议应当属于行政复议的受案范围。

如果复议申请人与被申请人就房屋补偿协议的实质内容不存在误解,即无论是申请人还是被申请人,都认为房屋补偿协议约定的补偿就是针对被征收房屋的补偿,不包括土地补偿,那么,本案的实质争议就只有一个即土地征收补偿,而不是房屋征收补偿协议的效力。根据《土地管理法》第 47 条的规定,征收土地必须予以补偿。关于征地补偿及安置方案的争议,根据《土地管理法实施条例》第 25 条[①]的规定,由县级人民政府协调;协调不成的,由批准征收土地的人民政府裁决。由此可见,如果拟征收土地的产权人仅仅是对征收主体提出的征地补偿标准有异议,就不能直接申请行政复议,而应当依照《土地管理法实施条例》的规定,依次通过县级人民政府协调及批准征地的人民政府裁决程序解决问题。如果政府征收了土地却根本不补偿(自然也就没有征地补偿安置方案),那么,拟征收土地的产权人,就可以对行政征收行为本身的合法性提出异议,当然也就可以依照《行政复议法》第 6 条第 1 款第 7 项有关征收财物的规定提出复议申请,复议机关应该受理。本案中王某对被申请人作出的拒绝征地补偿的决定,本质上不属于对征地补偿及安置方案的争议,而是关于土地征收合法性的争议,应当属于行政复议的受案范围。

① 参见《土地管理法实施条例》第 25 条规定:征收土地方案经依法批准后,由被征收土地所在地的市、县人民政府组织实施,并将批准征地机关、批准文号、征收土地的用途、范围、面积以及征地补偿标准、农业人员安置办法和办理征地补偿的期限等,在被征收土地所在地的乡(镇)、村予以公告。被征收土地的所有权人、使用权人应当在公告规定的期限内,持土地权属证书到公告指定的人民政府土地行政主管部门办理征地补偿登记。市、县人民政府土地行政主管部门根据经批准的征收土地方案,会同有关部门拟订征地补偿、安置方案,在被征收土地所在地的乡(镇)、村予以公告,听取被征收土地的农村集体经济组织和农民的意见。征地补偿、安置方案报市、县人民政府批准后,由市、县人民政府土地行政主管部门组织实施。对补偿标准有争议的,由县级以上地方人民政府协调;协调不成的,由批准征收土地的人民政府裁决。征地补偿、安置争议不影响征收土地方案的实施。征收土地的各项费用应当自征地补偿、安置方案批准之日起 3 个月内全额支付。

第六章　行政信息公开复议实践

第一节　政府信息公开概述

一、政府信息的概念与分类

(一)政府信息的概念

政府信息的概念,在理论上并没有统一的定义。学术界对政府信息的定义众口纷纭。我国《政府信息公开条例》对政府信息进行了规定:本条例所称政府信息,是指行政机关在履行职责中制作或者获取的,以一定形式记录、保存的信息。这一对政府信息概念的界定,包含了政府信息的拥有主体、政府信息与职责的关系、政府信息的来源、政府信息的形式四个要素。

结合条文规定和当前政府信息公开工作的实际情况,政府信息的定义应从以下三个方面进行理解:①

1. 政府信息的拥有主体是行政机关。此处的行政机关意指广义的行政机关,包括行政组织法上的各级人民政府及其职能部门,也包括依法授权的具有公共事务管理职能的组织。依法授权的具有公共事务管理职能的组织,应当具备以下要件:(1)具有法人资格;(2)不以营利为目的;(3)具备事业单位或社会团体或群众组织的资质。②

2. 政府信息是行政机关履行行政管理职责过程中制作或者获取的

① 参见樊长春著:《政府信息公开纠纷诉讼指引与实务解答》,法律出版社 2017 年版,第 39 页。

② 参见应松年著:《行政法学新论》,中国方正出版社 2004 年版,第 68 页。

信息。值得注意的是:(1)政府信息须已客观存在,而非根据申请人要求重新加工、汇总和制作;(2)从形式上来看,政府信息不仅包括行政机关在履行法定职责过程中制作的信息,还包括依职权从公民、法人或者其他组织获取的信息;(3)不仅可以以纸质方式存在,还可以以磁盘、胶卷等方式作为载体。

3. 与其他信息的区分。"政府信息一方面具有信息的三个法律特征,即可管理性、价值性、法定状态性,另一方面它因管理的主体的不同区别于其他社会信息。"①但在实践中,由于政府管理和社会生活的复杂多样性,容易产生某些信息与政府信息混淆的情况,包括民事信息、内部信息、过程性信息、党政混合信息、档案信息、信访信息等。

(二)政府信息的分类

政府信息纷繁复杂,可以根据不同的分类方式,对其做如下分类。②

1. 根据内容的不同,政府信息可以分为行政行为本身信息与行政行为相关信息。前者如因行政处罚而产生的告知书、通知书、决定书。后者如行政许可中申请人填写的地址、电话等信息记录。

2. 根据来源的不同,政府信息可以分为行政机关制作的信息与行政机关获取的信息。前者如行政机关自己制作的规范性文件、决定等。后者如企业向行政机关提供的工商登记信息。

3. 根据公开形式的不同,政府信息可以分为主动公开的信息与依申请公开的信息。前者如行政机关发布的征收决定等,后者如行政机关与被征收人签订的征收补偿协议。

二、政府信息公开的概念、特征与方式

(一)政府信息公开的概念

政府信息公开是指行政机关和法律、法规以及规章授权和委托的组织,在行使国家职能的过程中,依照法定的程序,主动将政府信息向社会

---

① 王勇:《政府信息公开论》,中国政法大学 2005 年博士学位论文。

② 参见樊长春著:《政府信息公开纠纷诉讼指引与实务解答》,法律出版社 2017 年版,第 39 页。

公众或依申请向特定公民、法人或者其他组织公开的制度。政府信息是一种特殊的公共物品,应以公开为原则,不公开为例外。

（二）政府信息公开的特征

政府信息公开是社会的权利,也是公权力主体的义务,其具有以下基本特征:

1. 行政管理性。行政机关基于其行政管理职能的履行才会拥有政府信息,并以行政管理方式对政府信息进行管理和公开。

2. 公民知情性。政府信息公开是为了保障公民的信息知情权,政府信息以公开为原则,不公开为例外。

3. 公开例外性。政府信息公开不是绝对的,需要与国家秘密、商业秘密、个人隐私等信息进行价值衡量并进行特殊的制度设计。国家秘密、商业秘密、个人隐私等信息,是政府信息公开的例外情况。

4. 媒体承载性。政府信息是无形的,需要依靠呈现的载体方能公开。政府信息公开的承载媒体是多种多样的,包括纸质、电子等各种形式。

（三）政府信息公开的方式

政府信息浩如烟海,涉及社会生产生活的各个方面。为切实保障公民、法人或者其他组织的知情权,《政府信息公开条例》规定了主动公开和依申请公开两种方式。

1. 主动公开

《政府信息公开条例》第 19 条与第 20 条规定了主动公开制度,以满足社会公众普遍的信息需求。其中第 19 条规定,涉及公民、法人或者其他组织切身利益的、需要社会公众广泛知晓或者参与的、反映本行政机关机构设置、职能、办事程序等情况的等内容应该依照法律、法规和国家有关规定主动公开。第 21 条对设区的市级人民政府、县级人民政府及其部门、对乡(镇)人民政府在各自职责范围内确定主动公开的政府信息的具体内容予以了进一步明确。

此外,《政府信息公开条例》第 15 条至第 19 条,对行政机关主动公开的途径、媒介、公开期限、编撰政府信息公开指南和目录提出了要求。

2. 依申请公开

《政府信息公开条例》第 27 条规定:除行政机关主动公开的政府信

息外，公民、法人或者其他组织可以向地方各级人民政府、对外以自己名义履行行政管理职能的县级以上地方各级人民政府申请获取相关政府信息。这一依申请公开制度有效地满足公民、法人或者其他组织的特殊信息需求。第 29 条则对依申请公开的形式和内容要件进行了详细规定。

三、政府信息公开的理论基础

信息公开自古有之，并非只有当今时代才有，任何时期任何形态的政府机构基于不同考虑都需要公开信息，差别在于公开的程度、范围。政府基于各种考虑，将其认为应当由全社会或者部分人知悉的信息对外公布，以彰显政府的态度与价值观。然而真正意义上将政府信息公开纳入法治化轨道的应当属美国 1966 年的《信息自由法》，以法律的形式确立了公开政府信息的法定职责。政府信息公开的理论基础主要有以下几种：

（一）知情权理论

公民知情权理论是政府信息公开的理论基础，政府信息公开是实现公民知情权的直接途径。

知情权是国际上广泛承认的基本人权。信息自由是信息权初始阶段的表述，其内涵是保障信息在社会各阶层自由传送。1948 年通过的《世界人权宣言》也规定，人人有权享有主张和发表意见的自由，包括持有不受干涉的自由，和寻求、接受和传递消息和思想的自由。知情权是公民的基本权利，公民有权及时、准确地了解政府制定的法律法规、作出的决策以及进行的执法行为，从而对政府行为进行正确地评判和有效地监督并提出建议。也正是基于此，政府负有公开政府信息的义务，通过各种渠道、方式尽可能地公开信息，确保公民知情权得以实现，同时实现对行政行为是否合法进行监督、评判，有效防止腐败。政府信息公开制度为政府与民众搭建了一座沟通的桥梁，使政府在行政过程中更加透明，民众得以广泛了解和参与其中，这正是现代法治国家所追求的目标。

(二)民主政治理论

政府信息公开制度的另一重要理论基础是民主政治理论。十七八世纪,卢梭在其《社会契约论》一书中提出国家的成立是因为人们把自己享有的自然权利让渡一部分给社会,同时获得社会的保护,其认为国家根据人们订立的社会契约而产生,而产生国家的社会公意就是最高的权力,国家权力的来源主体就是人民,权利行使的过程以及结果必然要向人民交代。我国《宪法》第2条也规定了国家的权力属于人民。国家权力是人民授予的,国家行政机关对其在行使国家行政管理职权过程中获取和保存的信息应当向民众公开。因为,脱离公开谈民主是无源之水。公开使政府机关更加透明,民众的监督权得到落实,权力得到约束、防止滥用,也让行政机关在行使权利时得以从公民利益的角度出发,切实保护公民合法权益。①

四、政府信息公开的基本原则

政府信息公开的原则体现了政府信息公开制度的立法目的及精神,是政府信息公开制度的灵魂所在,贯穿于政府信息公开的立法、执法与监督救济等各个环节中。我国政府信息公开的原则主要包括以下基本原则。

(一)公开原则

政府信息公开本质上就是一种行政公开。公开原则是政府信息公开制度的基本原则。2014年颁布的《中共中央关于全面推进依法治国若干重大问题的决定》第3条第6项就全面推进政务公开问题作出了明确规定:"坚持以公开为常态,不公开为例外原则。"

公开原则具体体现在以下几个方面:

第一,对涉及公众利益的,行政机关即使在无人申请的情况下也应主动公开其依职权制定和履行职责中获取的政府信息。

第二,当申请人向行政机关申请获得所需信息时,只要不涉及法律规定不应公开的情况,行政机关即应依法提供,对申请人资格不加额外

① 参见何淑婷:《政府信息公开司法审查》,华侨大学2017年硕士学位论文。

限制。

第三,应明确政府信息公开与不公开的界限,行政机关仅就法律法规规定不予公开的政府信息方能公开豁免。

(二)平等原则

政府信息公开中的平等原则主要包括以下内容:其一,政府信息公开申请权的平等。任何公民、法人或者其他组织均有权依法向行政机关申请政府信息公开,这种权利不因申请人的身份等外界因素的不同而有所区别。其二,申请内容的平等。政府信息公开的内容和程度,都是依据法律的明确规定,对任何申请人都一视同仁。

(三)平衡原则

平衡原则,也即政府信息公开行为应当在充分考虑公开透明价值取向的前提下,兼顾其他价值取向,比如国家安全、经济安全、公共安全、行政秩序、个人保护、商业竞争利益等。信息公开不能无限制的公开,公开的价值应该是能够达到更高价值的目的,比如增强民主、加强监督、提升政府责任等。域外国家在信息公开制度初立阶段,已经意识到公开不当可能损害他人或者公共的利益,也意识到了对个人信息、商业信息的保护。因此,在制定信息公开法律的同时也制定了商业秘密及个人隐私保护等的法律制度。我国在政府信息公开立法起步较晚,同时与个人隐私、商业秘密的保护相关的法律配套也不完善,如此,在政府信息公开行为中更应该坚持平衡原则。

(四)便民原则

便民原则是政府信息公开制度的一项重要原则。在政府信息公开中,行政机关与民众存在极为明显的信息不对称,而且民众很难直接、准确地向有关部门申请。故而,便民原则直接关系着政府信息公开制度是否能得以落实。便民原则主要指的是行政机关需要预先设计能够方便公民便捷获取政府信息的相应途径,比如设立政府门户网站和专门信息公开受理窗口等可以履行公开义务的途径,以便于为公民提供取得信息的方式,确保民众不因无法获得而使信息获取权落空。对申请人提出申请时语意不明或者只有特征描述的,应当耐心指导或者要求对方补正。及时制定政府信息公开指南、相关清单,以便申请人明确其想要的政府信息。

第二节　政府信息公开及其争议类型分析

与此同时,因政府信息公开引发争议的案件数目也急剧增加。对政府信息公开及其争议类型进行梳理,有助于了解当前政府信息公开争议的整体状况。

一、申请公开的政府信息类型分析

随着公民权利意识的不断提高,政府信息公开制度越来越受到社会的关注,相应地,政府信息公开的申请数量也与日俱增。申请人申请公开的政府信息主要有以下特征:

首先,类型多样。具体而言,申请人要求公开的政府信息涉及社会生产、生活的各个领域,包括:土地信息、房屋信息、规划、相关审批文件、公安消防、环境评价等。这些领域的政府信息直接关系到公民的生产生活,申请人申请信息公开,既是对自己权益的维护,也是参与国家社会事物的管理、监督行政机关依法行政。这种全方位知情权的需求,对各行政机关都提出了较高的要求,行政机关应充分保障公民知情权的实现,促成服务型政府的形成。

其次,热度差异明显。各政府信息公开种类比例分布不均匀,申请人申请热度差异明显。申请公开的信息种类,主要集中在与公民生活紧密相连的民生领域。土地房屋等不动产信息的公开申请是最为常见的,申请人申请公开这类信息的比例是最高的。而且,大部分都和拆迁有关。这一状况与当今城市化进程发展速度直接相关,在拆迁中,一旦政府与拆迁户没有协商好,就容易形成争议点。

二、行政机关答复申请的类型分析

《政府信息公开条例》第 36 条规定,对申请公开的政府信息,行政机关根据下列情况分别作出答复:(1)所申请信息已经主动公开的,告知申请人获取该政府信息的方式、途径;(2)所申请信息可以公开的,向申请人提供该政府信息或者告知申请人获取该信息的方式、途径和时间；(3)行政机关依据本条例的规定决定不予公开的，告知申请人不予公开并说明理由；(4)经检索没有所申请公开信息的，告知申请人该政府信息不存在；(5)所申请公开信息不属检行政机关负责公开的，告知申请人并说明理由；能够确定负责公开该政府信息的行政机关的，告知申请人该行政机关的名称、联系方式；(6)行政机关已就申请人提出的政府信息公开申请作出答复，申请人重复申请公开相同政府信息的，告知申请人不予重复处理；(7)所申请公开信息属于工商、不动产登记等信息，有关法律、行政法规对信息的获取有特殊规定的，告知申请人依照有关法律、行政法规的规定办理。此外，《政府信息公开条例》第40条还规定，行政机关依申请公开政府信息，应当根据申请人的要求及行政机关保存政府信息的实际情况，确定提供政府信息的具体形式；按照申请人要求的形式提供政府信息，可能危及政府信息载体安全或者公开成本过高的，可以通过电子数据以及其他适当形式提供，或者安排申请人查阅、抄录相关政府信息。

在实践中，行政机关依据《政府信息公开条例》的规定，对申请人申请作出答复，具体答复内容呈现多样性。总体而言，分为答复予以公开、答复不予受理或不予公开、未作答复三大类。其中，行政机关答复信息不予受理或不予公开的理由各式各样，主要有：(1)信息不存在；(2)不属于政府信息；(3)不属于本机关公开范围；(4)申请内容不符合规定；(5)涉及国家秘密、商业秘密或个人隐私；(6)已经公开；(7)属于重复申请；(8)不符合主体资格。这些不予公开的理由中，信息不存在和不属于本机关公开范围是行政机关不予公开案件最常用的理由。

三、政府信息公开争议的类型分析

申请人申请政府信息公开后，如果行政机关作出的答复未能令申请人满意，就会引发政府信息公开争议。当前，政府信息公开的争议要有如下几种类型。

(一)期满未收到行政机关答复

《政府信息公开条例》第二十四条规定，行政机关收到政府信息公开申请,能够当场答复的,应当当场予以答复。行政机关不能当场答复的,应当自收到申请之日起20个工作日内予以答复;如需延长答复期限的,应当经政府信息公开工作机构负责人同意,并告知申请人,延长答复的期限最长不得超过20个工作日。

据此,公民、法人或者其他组织向行政机关提出政府信息公开申请,行政机关收到申请后超过20个工作日没有作出答复,也没有告知延长答复期限的,申请人就可以申请行政复议或者提起诉讼,要求行政机关履行信息公开答复的职责。如果是经过政府信息公开工作机构负责人同意延长的情况,延长答复的期限依法最长不得超过15个工作日,但行政机关延长期限后仍超期未作出答复,申请人也可以申请行政复议或提起诉讼,要求行政机关履行答复职责。因此,行政机关在收到申请人的信息公开申请后,应当在法定期限内按照申请人要求的方式予以提供,如果行政机关超过法定期限提供或者不是按照申请人要求的方式提供,都有可能引起争议。

(二)申请人对行政机关答复不服

公民、法人或者其他组织申请政府信息公开后,行政机关一般都会作出答复。如果申请人对行政机关作出的答复不服,就可以申请行政复议或提起诉讼。实践中的政府信息公开争议几乎都是这种情形。具体来看,实务中关于政府信息公开的争议主要有以下一些类型:

1. 申请人请求的信息是否属于政府信息

申请公开的信息是否属于政府信息,是政府信息公开中最主要的争议之一。政府信息是《政府信息公开条例》的调整对象,在政府信息公开案件的行政复议审查当中首先要审查的是涉案信息是否属于政府信息,之后才能审查行政行为的合法性。在实践中,行政机关拒绝公开政府信息通常有两方面的理由:一方面是所申请的信息不符合政府信息的基本要件,另一方面是所申请的政府信息涉及不予公开的法定情形。行政机关如果答复不属于政府信息,对政府信息的认定就会成为争议焦点。其中,依法可以不予公开的政府信息主要是内部信息、过程性信息以及行政机关作为独立民事主体形成的信息三种情况,因为内部信息和过程性信息在判断上的复杂性,前两种情况的争议在实践中最为常见。

2. 公民、法人或者其他组织是否有申请政府信息公开的资格

《政府信息公开条例》第37条的规定：除行政机关主动公开政府信息外，公民、法人或者其他组织可以向地方各级人民政府、对外以自己名义履行管理职能内县级以上人民政府职能部门申请获取相关政府信息。可见，新修订的《政府信息公开条例》对申请人的资格并无特别规定，否定了以往“根据自身生产、生活、科研等特殊需要”的资格限制，扩大了申请人的范围。

3. 被申请人是否属于政府信息公开义务主体

《政府信息公开条例》第10条规定：行政机关制作的政府信息，由制作该政府信息的行政机关负责公开；行政机关从公民、法人或者其他组织获取的政府信息，由保存该政府信息的行政机关负责公开；行政机关获取的其他行政机关的政府信息，由制作或者最初获取该政府信息的行政机关负责公开。法律、法规对政府信息公开的权限另有规定的，从其规定。但在实践中，还是经常出现某项政府信息是否属于行政机关公开权限范围的争议。还有一类争议，是起因于多部门信息的处理，即同一份政府信息分别由不同的行政机关来“制作、获取、保存”，那么应该由谁来履行公开义务，存在争议。有时候，其中一个部门不经过协调和沟通，就进行答复，申请人对答复不满意，就去诉诸其他部门。

4. 政府信息是否应该公开

政府信息公开是保障社会大众知情权的体现，但不是所有的政府信息一律都必须公开，否则将会造成严重影响。因此，对政府信息公开的范围进行界定就很有必要，关系国家秘密、个人隐私的内容，以及危及“三安全一稳定”的政府信息就不应公开。但在实践中，申请人请求公开的政府信息究竟是否涉及国家秘密、个人隐私以及危及“三安全一稳定”，却是需要根据具体情况作出分析和认定的，此类争议大多由此而生。即使是该项政府信息涉及国家秘密、个人隐私以及危及“三安全一稳定”，是否就一定不能公开，能否采取区分处理再予以公开，也是有争议的。此外，此类信息还往往涉及第三方权益，也容易引发争议。

5. 政府信息是否存在

《政府信息公开条例》中将政府信息不存在规定为一种答复方式：

“经检察没有所申请公开信息的，告知申请人该政府信息不存在。”但究竟什么情况属于政府信息不存在却未明确，这就使实践中对此概念的理解争议不断。此外，公民对政府信息不存在的答复不服的，依法应举证该政府信息事实上是存在的，这一举证义务实际上很难做到，由此也会引发争议。

6. 程序性争议

实践中经常出现行政机关在答复政府信息公开申请时的程序性争议。例如，有的认为行政机关公开信息的内容不符合申请要求；有的认为行政机关未直接针对申请事项进行回复；有的认为行政机关文不对版，未按照申请人的请求提供政府信息；有的认为行政机关未按照申请人要求的形式提供政府信息；有的认为行政机关提供政府信息不应收取费用，等等。

第三节　政府信息公开复议审查工作要点

在我国，政府信息公开行政纠纷的主要解决途径为举报、行政复议和行政诉讼三种。举报没有严格的提起条件和程序性限制，只要公民、法人或者其他组织认为行政机关在政府信息公开工作中存在违法行为，就可以举报，不依申请为要件。而行政复议和行政诉讼，则只有在公民、法人或者其他组织认为行政机关在政府信息公开工作中的具体行政行为侵犯其合法权益的，才可以依法申请行政复议或者提起行政诉讼。在此，我们仅就行政复议审查政府信息公开纠纷的工作要点进行探讨。

一、对行政复议进行程序性审查

（一）审查复议申请人资格

设立政府信息公开制度是为了打造透明政府、保障公民知情权。如果公民、法人或者其他组织认为在申请政府信息公开中自身权益受到了行政机关的侵犯，当事人则可以依法申请行政复议，采取这种行政系统内部的监督方式进行维权。

对依申请的政府信息公开决定不服提起行政复议申请的，复议申请人为提出政府信息公开申请且对其申请作出的政府信息公开决定不服的公民、法人或其他组织。具体包括以下两类:(1)向政府信息公开义务主体申请公开政府信息的相对人;(2)因政府信息公开而认为自身合法权益受到损害的第三人。

(二)审查复议被申请人资格

根据《行政复议法》的规定,公民、法人或者其他组织对行政机关的具体行政行为不服申请行政复议的,作出具体行政行为的行政机关是被申请人。因此,政府信息公开行政复议的被申请人为作出政府信息公开决定的具有政府信息公开义务的主体。

(三)审查行政复议机关是否正确

依据《行政复议法》对行政复议机关的规定,一般情况下,对县级以上地方各级人民政府工作部门的政府信息公开决定不服的,应向该被申请人的上级机关或者本级人民政府申请行政复议。对地方各级人民政府作出的政府信息公开决定不服的,向上一级人民政府申请行政复议。对国务院部门或者省、自治区、直辖市人民政府的政府信息公开决定不服的,向作出该政府信息公开决定的国务院各部门或者省、自治区、直辖市人民政府申请行政复议。

(四)审查行政复议的申请期限

申请人对政府信息公开决定不服,可在收到答复书之日起 60 日内向法定行政复议机关申请复议。政府信息公开决定为当场作出的,自作出之日起计算申请期限;政府信息公开决定书直接送达的,自签收之日起计算申请期限;政府信息公开决定书采用邮寄方式送达的,自邮件签收之日起计算。因不可抗力或者其他正当理由耽误法定申请期限的,申请期限自障碍消除之日起继续计算。

二、对政府信息公开申请人与被申请人资格的审查

(一)审查政府信息公开申请人主体资格

原《政府信息公开条例》第 13 条规定,除本条例第 9 条、第 10 条、第 11 条、第 12 条规定的行政机关主动公开的政府信息外,公民、法人或者其他组织还可以根据自身生产、生活、科研等特殊需要,向国务院部门、

地方各级人民政府及县级以上地方人民政府部门申请获取相关政府信息。但该条例第 20 条在规定政府信息公开申请应包含的内容时,并没有要求申请人对申请获取信息的目的作出说明。从这两条规定的字面表述来看,并不能明确得出申请人提出信息公开申请必须符合“三需要”(生产、生活、科研等特殊需要)这一结论,公民、法人或者其他组织是“可以”而非“必须”根据自身生产、生活、科研等特殊需要申请获取相关政府信息。但是,国务院发布的《国务院办公厅关于施行〈中华人民共和国政府信息公开条例〉若干问题的意见》(国办发〔2008〕36 号)的第五部分“关于依申请公开政府信息问题”的第十四条却规定:行政机关对申请人申请公开与本人等特殊需要无关的政府信息,可以不予提供。这一条被认为是对政府信息公开申请人资格的限缩规定,明确将“三需要”确定为政府信息公开申请的资格要件,给行政机关以不符合“三需要”为由拒绝公开政府信息提供了法律依据。但“三需要”涉及面非常广,外延亦不明确,在实践中行政机关以申请人的申请不满足“三需要”为由拒绝公开后,往往引起争议。

那么,究竟是否应当限制申请人资格呢?认为应作出“三需要”限制的出发点是:从行政机关的实际工作需要出发,若不限制申请主体会导致权利滥用,将会浪费行政资源。认为不应作出“三需要”限制的出发点是:从《政府信息公开条例》的立法宗旨看,政府信息公开制度的目的是公开,而非限制公开,以“三需要”为由限定公开不仅背离了《政府信息公开条例》的立法精神,也背离了“知情权”内涵的精神。因此,在审查信息公开案件时宜对“三需要”作宽泛解释,申请人是否符合“三需要”条件,只需进行合理说明即可,无须进行严格审查和举证。新修订的《政府信息公开条例》第 27 条直接删除了“三需要”的相关规定,从立法上解决了这一争议。

(二)审查被申请人是否是政府信息公开义务主体

根据《政府信息公开条例》第 27 条的规定,依申请公开政府信息的义务主体包括:国务院部门、地方各级人民政府、县级以上地方人民政府部门。但依据国务院办公厅 2008 年颁布的《关于施行〈中华人民共和国政府信息公开条例〉若干问题的意见》的规定:“国务院各部门(单位)和地方各级人民政府及其部门（单位）要切实做好依申请公开政府信息的工作。要采取多种方式，方便公民、法人和其他组织申请公开政府信息。特别是设区的市级人民政府及其部门（单位）、县级人民政府及其部门（单位）、乡（镇）人民政府，直接面向基层群众，要充分利用现有的行政服务大厅、行政服务中心等行政服务场所，或者设立专门的接待窗口和场所，为人民群众提供便利，确保政府信息公开申请得到及时、妥善处理。”实际上采用“单位”这样的表述对依申请政府信息公开的义务主体做出了扩大解释，在实务中亦是普遍如此适用。

《政府信息公开条例》第10条规定，行政机关制作的政府信息，由制作该政府信息的行政机关负责公开；行政机关从公民、法人或者其他组织获取的政府信息，由保存该政府信息的行政机关负责公开；行政机关获取的其他行政机关的政府信息，由制作或者最初获取该政府信息的行政机关负责公开。法律、法规对政府信息公开的权限另有规定的，从其规定。但实务中，由于行政机关及其设置机构的多样性和复杂性，单凭这一标准去判断并非易事，还需要结合机构设置的相关法律规定、三定方案以及设立背景等一并考量。

另外，还应从行政主体理论审查被告主体资格，如果不属于行政机关或者法律、法规授权的组织，就不能作为行政复议的被申请人，只能督促其自觉履行义务。

三、对申请人申请公开的信息是否是政府信息的法定范围的审查

（一）政府信息的基本构成要素审查

当今是信息爆炸的时代，各种政府相关的信息也是浩如烟海。《政府信息公开条例》第2条规定，政府信息是指行政机关在履行职责过程中制作或者获取的，以一定形式记录、保存的信息。在复议实践中，对于政府信息的判断，复议机关通常直接认定为符合《政府信息公开条例》第2条的规定。具体而言，判断一项信息是否属于政府信息，主要从以下四个要素进行审查。

1. 对主体要素的审查

政府信息是行政机关产生的，而不是立法机关、司法机关等。但在

实践中，政府信息的产生是个动态的过程，如果产生信息的主体不属于行政主体或者不能被认为是行政主体，那么其制作的信息作何认定，是否属于政府信息？我们认为，对于《政府信息公开条例》规定的产生政府信息的主体——行政机关而言，应作广义解释，不仅包括行政机关，还包括法律法规授权的具有管理公共事务职能的组织。

此外，还应注意，有些争议信息虽然不是行政机关直接制作，而是由相关具体部门或其他机构、审查委员会等其他组织制作。例如，行政机关往往会将涉及技术性的内容交给专业机构来完成，通过专业机构（通常为专业审查委员会）的结果来做出判断，那么由专业机构制作的信息是否属于政府信息？谁是该信息的制作主体？对此，在审查中应进行实质性考察，如审查委员会审评是否是必经程序、这一程序是否是行政机关为了履行职责而设置等，再最终做出判断。因此，如果争议信息是行政机关为了履行自身法定职能而制作，即使其直接制作者并非该行政机关，也应认定该信息为政府信息，其制作主体为该行政机关。

2. 对职责要素的审查

政府信息是行政机关在履行行政管理职责及公共服务职责过程中产生的，行政机关在职责之外产生的信息不是政府信息。但值得注意的是，如果政府信息的产生主体具有多种职能，就需要在审查中仔细分辨，哪种职能下产生的信息才属于政府信息。例如，当事人向公安部申请有关破案机制的通知和工作评比等文件，这些信息属于公安机关的刑事司法职能而非行政管理职能，因此，不属于政府信息。

3. 对信息产生方式的审查

政府信息的产生方式包括制作和获取两种情形，可能是行政机关自身制作的，也可能是从其他途径获取的。行政机关自身制作的政府信息，通常产生于政府管理过程中，包括行政机关在宏观管理过程中制定的并不针对具体个人和事件的行政规范和政策等，以及行政机关在微观管理过程中为履行行政职责针对具体的行政相对人和事件而直接制作的信息，如行政处罚、行政许可等相关信息。行政机关通过其他途径获取的政府信息，则是行政机关在日常行政管理的过程中获得的行政相对人办理相关业务时提交的材料中涉及的相对人的年龄、财产、经营项目等私人信息,以及在程序过程当中上下级之间或者与单位所转移的信息。这些从外部获取的信息该如何定性,是复议实践中的审查难点。

外部信息要想纳入政府信息需要有一个非政府信息向政府信息转化的过程。在实践中,政府机关拥有的大量信息中,许多信息并不属于政府信息,但可以转化为政府信息,主要包括两种情形。一种情形是:行政机关依据法律的明确规定,将外部信息通过审查认定后转化为政府信息,这种情形一般出现在登记信息的过程中。如行政许可时,当事人提交有关企业或者个人的信息,通过行政机关的审查、发放行政许可后,此部分登记的信息也就转化为政府信息了。另一种情形是:判断行政机关在行政管理的过程中是否必须要利用此类信息,是否有业务上的必要性。这种转化应该考虑三个方面的要件:(1)行政机关是在履职过程中获得的信息;(2)这些获得的信息,是行政机关履行职责所必不可少的,如果缺少这一条件,则不属于政府信息;(3)行政机关将该信息进行了保存,如果履行职责后政府机关不再需要这些信息,因而未进行留存,那么这些信息也不属于政府信息。

4. 对载体要素的审查

政府信息是以一定形式记录或保存的信息,承载在某种介质上予以固定。这种载体既可以是纸质形式,也可以是胶卷、磁带、磁盘等形式。没有载体依托的口头信息和传闻等不属于政府信息。另外,行政机关只负责提供原始信息,并没有为申请人收集制作信息的义务。

(二)内部信息是否属于政府信息的认定

《政府信息公开条例》第 16 条第 1 款规定:行政机关的内部事务信息,包括人事管理、后勤管理、内部工作流程等方面的信息,可以不予公开。国务院办公厅在国办发〔2010〕5 号《国务院办公厅关于做好政府信息依申请公开工作的意见》中将内部信息认定为非政府信息。内部信息主要指车库的使用规则、管理规则、病假政策等琐碎事项,以及机关的活动规则、指导方针和调查程序手册等仅知道机关工作人员的事项。[①] 内

① 参见樊长春著:《政府信息公开纠纷诉讼指引与实务解答》,法律出版社 2017 年版,第 39 页。

部信息属于行政机关的内部事务，不涉及公共利益，因而单纯的内部信息不予公开。目前国外的通行做法也是将内部信息排除在政府信息之外，这些事项极其琐碎，对公众来说这些事项对其没有利益需求，要求公开这些事项只会增加行政机关的负担，对于公共利益没有益处，因此而免于公开。[①] 因此，在政府信息公开的实际操作中，如果申请人所申请的信息属于内部信息，行政机关一般都会以所申请的信息不属于政府信息来答复。

但申请人申请公开的信息究竟是否属于单纯的内部信息，在实务中仍然引致纠纷。例如，申请人申请公开特定事项的会议纪要、意见书等信息，行政机关通常都会回复称此类信息属于政府内部公文、只供领导使用的信息或属于内部讨论记录，不是履行行政管理职能产生的信息，属于内部信息而非政府信息，不予公开。但申请人却认为这些信息与自身利益密切相关，应该公开。

复议机关在审查相关信息是否属于单纯的内部信息时，应从两个方面进行判断：

第一，该信息的属性。内部信息的内容是与公共利益无关的事项，比如内部人事和财务，如果其内容对公共利益能产生影响，或是对行政相对人的权利义务产生法律效果，就不应再以该信息属于内部信息为由不予公开。

第二，该信息的效力范围。内部信息的效力只涉及行政机关内部，对外界没有任何影响力。如果该信息的效力及于行政机关外部，就不再是单纯的内部信息。例如，申请公开批准用地情况，行政机关认为此信息为省政府送其备案的信息，属于内部管理信息，但实际上，批准用地情况与相关民众的利益有着直接的关系，属于行政机关在对外履行职责过程中以一定形式记录和保存的信息，应当属于政府信息。

因此，复议机关在认定内部信息时，只有内容完全与公共利益无关且其效力只及于行政机关内部的信息才能认定为内部信息，排除公开。

---

① 参见王名扬著：《美国行政法》，中国法制出版社1995年版，第980页。

（三）过程性信息是否属于政府信息的认定

1. 过程性信息的认定标准

过程性信息不予公开在实务中十分常见，《政府信息公开条例》第16条第2款规定：行政机关在履行行政管理职能过程中形成的讨论记录、过程稿、磋商信函、请示报告等过程性信息以及行政执法案卷信息，可以不予公开。国务院办公厅在国办发〔2010〕5号《国务院办公厅关于做好政府信息依申请公开工作的意见》第2条中规定的，行政机关向申请人提供的政府信息，应当是正式、准确、完整的，申请人可以在生产、生活和科研中正式使用，也可以在诉讼或行政程序中作为书证使用。据此可以判断，尚处于讨论、研究或者审查中的过程性信息，一般不属于应公开的政府信息。规定过程性信息不予公开，主要是因为此类信息一旦过早公开，很可能引起公众误解，造成无法挽回的后果。

复议机关在审查相关信息是否属于过程性信息时，应从以下三个方面进行判断：

第一，属于政府信息。过程性信息必须首先是政府信息，行政机关在履行职责过程中制作或者获取的，以一定形式记录、保存的信息。

第二，与行政机关履行职责行为形成过程有关，但尚不具备完整的使用价值。例如，为了完成正在起草的文件讨论稿，召集的专家会议形成的会议讨论记录。

第三，产生于行政行为形成过程中，即行政行为启动后到正式作出之前这一阶段，信息上不具有正式性。

2. 过程性信息的公开规则

过程性信息原则上不予公开，但是否应一律不予公开呢？有观点认为，在行政决策或者行政决定作出之前的政府信息，都属于讨论、研究或者审查过程中的信息，应一律不予公开。但从政府信息公开的立法目的来看，①上述观点将行政决策或者行政决定作出之前的政府信息完全与公众屏蔽，不符合“提高政府工作的透明度”这一立法目的，政府工作的透明不应仅是结果的透明，也应该是过程的透明，也不符合“充分发挥政

① 参见王名扬著：《美国行政法》，中国法制出版社1995年版，第980页。

府信息对人民群众生产、生活和经济社会活动的服务作用”这一立法目的,在行政决策或行政决定作出之前制作或者获取的信息,对相关民众而言,可能已经具备一定使用价值。因此,过程性信息不应当是绝对不公开,而是应该在公开的利益与不公开的利益之间进行权衡,如果公开利益大于不公开利益,则应该公开;如果不公开利益大于公开利益,则不应公开。这其中涉及行政效率、舆论后果和知情权之间的平衡,为保证讨论的自由,防止过程性信息公开对决策的正确性造成不利影响,应当对讨论的内容加以保护,但是,知情权的实现可能不仅需要结果信息,也可能需要过程性信息,所以,过程性信息的公开还要平衡这两种利益。

过程性信息是否应予公开的考量规则有:(1)意见信息一般不公开。在行政机关讨论、研究、审核过程中,机关之间、人员之间正在进行的意见交换,如果被公之于众,可能对坦率意见交换、意思决定中立造成不当损害或使决定难以作成,因此不宜公开。(2)未成熟的主体行为信息不公开。不成熟的、未定型的信息涉及敏感事项,过早公开会引发各种猜想,误导公众,引发混乱。(3)过程性信息中的事实信息应当公开。过程性信息的事实信息往往是主体行为作出的事实依据,是成熟的、客观的,应当公开。(4)过程结束后的信息公开。过程性信息不公开从时间上来讲是过程进行中的不公开。一旦该过程结束或取消,这些信息就不能因为是过程性信息而禁止公开。[①] 因此,在行政决策或行政决定完成后,过程性信息原则上就转化为可以公开的政府信息,这样有助于了解行政决策或行政决定作出的背景。但根据美国的经验,此时公开的应限于与决策或决定一致的、相关联的信息和结论,对于其中与决定不一致的意见信息则不做公开,以保护官员交流的积极性。

四、对申请公开的政府信息是否应当公开的审查

申请公开的政府信息是否应该公开,应严格依据法律的规定。政府信息以公开为原则,不公开为例外,法律对于不应公开的例外情况作出

① 参见樊长春著:《政府信息公开纠纷诉讼指引与实务解答》,法律出版社 2017 年版,第 39 页。

了规定。复议机关在复议审查中,应做到既要避免随意公开政府信息而损害国家利益和公共利益,又要防止裁量权力的滥用和误用,避免以国家利益和公共利益为借口而剥夺公民获得政府信息的权利。

(一)危及“三安全一稳定”的政府信息不得公开

《政府信息公开条例》第14条规定,行政机关公开政府信息,不得危及国家安全、公共安全、经济安全和社会稳定。该条内容通常被简称为“三安全一稳定”。“三安全一稳定”是一个不确定的法律概念,为保障政府信息公开的公正性,行政机关以“三安全一稳定”为理由作出不公开决定的,应该向申请人说明理由。在行政复议审查中,如果行政机关提出政府信息危及“三安全一稳定”的理由充分,为维护国家利益和社会稳定,复议机关应予支持;反之,如果行政机关只是笼统地提出政府信息危及“三安全一稳定”,并不能客观说明理由的,复议机关则不应予以支持。

(二)涉及国家秘密的政府信息不得公开

《政府信息公开条例》第14条和第17条具体规定,行政机关在公开政府信息前,应当依照《中华人民共和国保守国家秘密法》以及其他法律、法规和国家有关规定对拟公开的政府信息进行审查,行政机关不得公开涉及国家秘密的政府信息。

但在复议审查中,行政机关以国家秘密不能泄密为由,却不能提供足够的证据进行举证的,便会给复议机关审查政府信息公开答复行为的合法性带来障碍。对于涉及国家秘密的政府信息,因其保密性和专业性,应该采取特殊的举证规则:行政机关应提供书面证据材料,证明其拒绝公开的政府信息已经依照法定程序确定为国家秘密,或者提供有关主管部门、同级保密工作部门出具的政府信息公开保密审查结论,复议机关方可不要求其提供该政府信息。但有下列情况的除外:(1)复议机关认为相关证据材料不充分的;(2)复议机关认为需要对政府信息中含有的不应当公开的内容与可以公开的内容作区分处理的。

(三)涉及商业秘密和个人隐私的政府信息原则上不得公开

根据《政府信息公开条例》的规定,行政机关不得公开涉及商业秘密、个人隐私的政府信息,但经权利人同意公开或者行政机关认为不公开可能对公共利益造成重大影响的,可以予以公开。行政机关认为申请公开的政府信息涉及商业秘密、个人隐私，公开后可能损害第三方合法权益的，应当书面征求第三方的意见；第三方不同意公开的，不得公开。但是，行政机关认为不公开可能对公共利益造成重大影响的，应当予以公开，并将决定公开的政府信息内容和理由书面通知第三方。

在复议审查中，应重点注意以下几个问题：

1. 构成商业秘密、个人隐私的判断标准

（1）构成商业秘密的审查

《政府信息公开条例》并未对商业秘密的内涵和外延作出明确界定，要判定申请的政府信息是否涉及商业秘密，可参考我国《反不正当竞争法》中对商业秘密概念的规定。① 在复议审查中，复议机关可以将被申请的政府信息和商业秘密的属性进行对比，如果政府信息在相关领域中属于普遍知晓的信息，则不属于商业秘密，如果政府信息具有现实或者潜在的价值，一旦公开可能对信息所有者的竞争地位造成实质性危害，则属于商业秘密。此外，还应审查权利人的保密意愿、保密措施的可识别程度、其他人获取保密信息的难易程度等方面，如果权利人没有采取保密措施，则不认定为商业秘密。

（2）构成个人隐私的审查

《政府信息公开条例》虽然规定了涉及个人隐私的政府信息可以不予公开，但并未对个人隐私的判定标准进行规定，我国也尚无相关立法。个人的信息多种多样，需要甄别，有的信息是需要隐私保护的，有的则属于普通信息，对于什么信息应该属于隐私信息，需要复议机关进行具体的审查和判断。2017 年《政府信息公开条例》修订征求意见稿中对"个人隐私"进行了列举性规定，规定个人隐私是指涉及他人身份、通信、健康、婚姻、家庭、财产状况等个人隐私的信息。但众所周知，列举并不能穷尽，在实践中判断政府信息是否涉及个人隐私依然不易。在复议审查中，如果以保护隐私权的价值取向优先，涉及个人隐私的政府信息均不予公开，这不仅与信息公开的主旨不符，也不利益监督行政机关依法行

① 参见我国《反不正当竞争法》第 10 条第 3 款规定，商业秘密指不为公众知悉，能为权利人带来经济利益、具有实用性并经权利人采取保密措施的技术信息和经营信息。

政。但如果以维护公共利益的价值取向优先,不论是否涉及个人隐私,相关的政府信息均直接公开,那么个人隐私权就得不到应有的保障。因此,复议机关在审查中,应对个人隐私权保护与信息公开公共利益维护进行综合地价值衡量。此外,还应借鉴美国对于个人隐私类型化的规定,对隐私权人的身份给予考虑,公众人物隐私权的界定范围应比普通公民小。

2.涉及商业秘密、个人隐私不予公开的例外处理

(1)申请人申请公开的政府信息涉及商业秘密、个人隐私,但权利人同意公开的,可以予以公开。

(2)申请人申请公开的政府信息涉及商业秘密、个人隐私,行政机关认为申请公开的政府信息不公开可能对公共利益造成重大影响的,可以予以公开,但应采取特定主体让渡部分权利的方式化解商业秘密保护权、个人隐私权和公众知情权、监督权之间的冲突。此外,权利人也有权提出行政复议和行政诉讼。此类案件被称为反政府信息公开案件,涉案数量也在逐步增加。

(3)对涉及商业秘密、个人隐私的政府信息能够予以区分处理的,应当采取技术手段处理后,公开可以公开的部分内容。

3.第三方利益保护的审查

《政府信息公开条例》第15条规定,行政机关认为申请公开的政府信息涉及商业秘密、个人隐私,公开后可能损害第三方合法权益的,应当书面征求第三方的意见;第三方不同意公开的,不得公开。但是,行政机关认为不公开可能对公共利益造成重大影响的,应当予以公开,并将决定公开的政府信息内容和理由书面通知第三方。根据这一规定,凡涉及第三方利益的信息,启动征求第三方意见的程序。在实践中,行政机关认为政府信息涉及商业秘密、个人隐私,公开后可能损害第三方合法权益的,都会将征求第三方意见作为必经程序,第三方同意公开的,行政机关自然就放心予以公开了,但一旦第三方不同意公开信息,有些行政机关怕承担公开后可能侵权的风险,就直接决定不予公开,有的申请人申请公开的是企业的年检材料,行政机关也认为涉及商业秘

密，不予公开。[①] 实际上，这与《政府信息公开条例》规定的立法精神是矛盾的。按照《政府信息公开条例》规定的精神，对于涉及商业秘密、个人隐私的政府信息，在对申请人公开之前，行政机关认为可能损害第三方合法权益的，虽然启动征询第三方意见程序是法定义务，但在征询过后，是否公开依然取决于行政机关的决定。若权利人不同意，行政机关应当进行公开与否的公共利益权衡，而不应放弃主动审查判断保护商业秘密、个人隐私与公开的公共利益之间权衡的职责。

五、对政府信息不存在的审查

许多信息公开案件中，行政机关以政府信息不存在作为答复。根据《政府信息公开条例》第 36 条的规定，申请公开的政府信息，依法不属于本行政机关公开或者该政府信息不存在的，应当告知申请人，对能够确定该政府信息的公开机关的，应当告知申请人该行政机关的名称、联系方式。

政府信息不存在主要包括以下几种情形：(1)申请人所申请的信息的来源始终就不存在，行政机关根本没有制作和获取信息的原因。(2)行政机关并未履行制作和获取的义务，导致信息不存在，可能是其失职行为也可能是还未来得及做。(3)行政机关以往制作或者获取了信息但是没有保存下来。厘清这种情况是否属于政府信息不存在的情形也是对行政决定合法性审查的前提。

我国现行立法，未对"政府信息不存在"的内涵和外延作出明确界定，行政机关在答复中除明确答复政府信息不存在外，答复"未制作""未获取""未保存""未找到"，均可视为属于"政府信息不存在"范畴。政府信息不存在是这一信息自始不存在，既未被制作过，也未从其他地方获取，所以也就在客观上无法公开。

在复议审查中，复议机关应审查行政机关是否具有相应的行政职权、是否履行了该项职能、是否负有制作或获取相关政府信息的义务、是

① 参见上海市高级人民法院：《政府信息公开法律问题研》，载《行政执法与行政审判》2008 年第 1 期，第 32～35 页。

否已尽责查找和检索此项政府信息等事项。如果行政机关具有相应行政职权但未履行职能,或者负有制作或获取相关政府信息的义务但未履行该义务,则为行政不作为。而有些申请人申请政府信息公开的实质目的其实就是证明行政机关不作为,如果在审查中发现行政机关的确存在不作为的情形,复议机关则可以认定相关政府信息不存在,即行政机关答复政府信息不存在是正确的,政府信息公开申请人可就行政不作为另行寻求法律救济。如果行政机关的确负有制作或获取相关政府信息的义务,但相关信息因保管不当已经丢失或因年代久远不复存在,答复政府信息不存在也是正确的。实践中,行政机关只需证明已经尽到合理的查找和检索义务,将相应查找和检索情况告知申请人,并就应当制作、获取、保存但未制作、未获取、未保存等客观不存在的情况作出合理说明的,即应视为履行了政府信息公开义务。而申请人认为信息存在的,根据谁主张谁举证的证据规则,就必须要举证证明行政机关方存在所申请的政府信息,以申请人弱势的地位,这种取证是极其困难或者说几乎不可能的。因此,一般情况下,申请人都无法证明政府信息的客观存在。如此,申请人的权益很难得到维护。

目前,根据现有法律法规的规定,此类行政复议案件的举证责任分配问题是一个难点。申请人举证困难,但让行政机关证明“不存在”的否定事实也极为不合逻辑。因而,在复议审查中,目前只能要求行政机关证明已经尽到了查询义务,但应对其举证义务作出严格要求。

第四节　典型案例分析

案例一:潘某不服浦口区泰山街道办事处政府信息公开回复案

一、基本案情

申请人:潘某

申请人地址:南京市浦口区桥北新村

申请人身份证号:320123195812××××××

被申请人:南京市浦口区人民政府泰山街道办事处

被申请人地址:南京市浦口区柳州北路 10 号

申请人不服被申请人作出的《关于潘某申请涉及某某商城违法建设强制拆除事宜政府信息公开的回复》于 2015 年 11 月 27 日向本机关申请行政复议,本机关依法予以受理,现本机关已审理完结。

申请人请求责令被申请人公正、准确地履行政府信息公开义务。

申请人称:2015 年 11 月 11 日向被申请人申请政府信息公开,请求公开被申请人 2013 年 9 月是否联合南京某房地产公司副总经理黄某对其部分房屋进行强制拆除的政府信息。2015 年 11 月 25 日,被申请人作出了《关于潘某申请涉及某某商城违法建设强制拆除事宜政府信息公开的回复》,回复内容为:"您所需信息公开内容,不是《政府信息公开条例》第 6 条、第 9 条规定公开的内容,我街道无法推测您要求公开的具体内容。"被申请人的回复未能公正、准确地履行信息公开的法定义务,请求责令被申请人履行信息公开的法定义务,公正、准确地公开申请人所需的政府信息。

被申请人辩称:2015 年 11 月 11 日收到申请人信息公开申请,2015 年 11 月 25 日作出了书面回复,符合《政府信息公开条例》第 24 条的程序规定;由于申请人信息公开内容不明确、不具体,导致无法准确回复。

经审理查明:2015 年 11 月 11 日,申请人向被申请人提出了信息公开书面申请,要求被申请人公开 2013 年 9 月是否联合南京某房地产公司副经理黄某对其部分房屋进行强制拆除。其所需公开的信息用途为本人财物被毁坏的诉讼,获取信息的方式为邮寄。2015 年 11 月 25 日,被申请人对申请人的信息公开申请作出了《关于潘某申请涉及某某商城违法建设强制拆除事宜政府信息公开的回复》的书面回复,其内容为:"您所需信息公开内容,不是《政府信息公开条例》第 6 条、第 9 条规定公开的内容,我街道无法推测您要求公开的具体内容。"

另查明,某某商城系私营独资企业,申请人为某某商城的法定代表人。

以上事实由:1.《政府信息公开申请表》;2.《关于潘某申请涉及某某商城违法建设强制拆除事宜政府信息公开的回复》;3. 营业执照予以证实。

本机关认为:《政府信息公开条例》第 6 条的规定是:“行政机关应当及时、准确地公开政府信息。行政机关发现影响或者可能影响社会稳定、扰乱社会管理秩序的虚假或者不完整信息的,应当在其职责范围内发布准确的政府信息予以澄清。”第 9 条的规定是:“行政机关对符合下列基本要求之一的政府信息应当主动公开:(一)涉及公民、法人或者其他组织切身利益的;(二)需要社会公众广泛知晓或者参与的;(三)反映本行政机关机构设置、职能、办事程序等情况的;(四)其他依照法律、法规和国家有关规定应当主动公开的。”这两条规定与申请人要求公开的政府信息无关联性;被申请人收到申请人的信息公开申请后,应根据申请人所需信息内容的描述判断其所申请公开的信息是否属于政府信息、有无申请人所需的信息、能不能向申请人公开,在进行判断后,准确及时地给予答复。被申请人虽然对申请人的信息公开申请进行了答复,但其未能正面回答有无申请人要求公开的信息,致使申请人无法实现获取信息的目的。

二、复议决定

复议机关认为,被申请人未能全面准确地履行信息公开的法定义务,申请人的复议申请事实清楚,理由充分。根据《行政复议法》第 28 条第 1 款第 2 项之规定,决定:被申请人在收到本决定书 15 日内,重新作出信息公开答复。

如不服本决定,可以在接到本决定书之日起 15 日内,依法向南京市中级人民法院提起行政诉讼。

三、理论评析

(一)行政行为合法性评价

本案是一起典型的关于政府信息公开范围争议的案件。南京市浦口区人民政府泰山街道办事处于 2015 年 11 月 11 日收到申请人潘某的信息公开申请,2015 年 11 月 25 日作出《关于潘某申请涉及某某商城违法建设强制拆除事宜政府信息公开的回复》的书面回复,其内容为:“您所需信息公开内容,不是《政府信息公开条例》第 6 条、第 9 条规定公开的内容,我街道无法推测您要求公开的具体内容。”但申请人潘某认为被申请人的回复未能公正、准确地履行信息公开的法定义务。那么,根据现行法律规范,南京市浦口区人民政府泰山街道办事处作出的答复的合法性,可以从如下几个方面进行分析。

1. 申请人申请公开的信息属于政府信息

本案中,申请人向被申请人申请公开的是:2013 年 9 月,被申请人是否联合南京某房地产公司副总经理黄某某对申请人部分房屋(某某商城违法建设)进行了强制拆除。此信息是某某商城违法建设强制拆除事宜的相关信息。某某商城违法建设强制拆除是被申请人南京市浦口区人民政府泰山街道办事处为行使职权作出的行政强制行为,相关政府信息不属于内部信息,强制拆迁行为已经完成因此也不属于过程性信息。因此,申请人申请公开的信息属于政府信息。

2. 申请人申请公开的政府信息不存在不予公开的法定情形

申请人申请公开的政府信息,是一起违法建设拆除行为中的部分具体信息,不涉及国家秘密、商业秘密和个人隐私,也不存在危及国家安全、公共安全、经济安全和社会稳定的情况,即不存在不予公开的法定情形。

3. 申请人具有政府信息公开申请人的资格

政府信息公开的申请人潘某是某某商城的法定代表人,该商城违法建设被强制拆除的相关信息直接涉及其切身利益,符合原《政府信息公开条例》对申请人资格“三需要”要求,并无争议。

4. 被申请人是政府信息公开的义务主体

根据原《政府信息公开条例》的规定,公民、法人或者其他组织可以向国务院部门、地方各级人民政府及县级以上地方人民政府部门申请政府信息公开。此条中的政府信息公开的主体做扩大解释,街道办事处也归属其中。政府信息依法应由制作该政府信息的行政机关负责公开,因此,案涉有关强制拆迁的信息,由南京市浦口区人民政府泰山街道办事处制作并承担公开义务,是正确的。

5. 申请政府信息公开的时间在法定时限内

在本案中,泰山街道办事处自收到申请之日起 14 日就做出了回复,采取邮寄并签字的方式确保申请人潘某收到了答复书,依据原《政府信息公开条例》第 24 条，在法定时限之内，程序合法。

6. 被申请人作出书面答复的适用依据错误

本案中，南京市浦口区人民政府泰山街道办事处作出的书面回复的内容是："您所需信息公开内容，不是《政府信息公开条例》第 6 条、第 9 条规定公开的内容，我街道无法推测您要求公开的具体内容。"原《信息公开条例》第 6 条的规定是："行政机关应当及时、准确地公开政府信息。行政机关发现影响或者可能影响社会稳定、扰乱社会管理秩序的虚假或者不完整信息的，应当在其职责范围内发布准确的政府信息予以澄清。"第 9 条的规定是："行政机关对符合下列基本要求之一的政府信息应当主动公开：（一）涉及公民、法人或者其他组织切身利益的；（二）需要社会公众广泛知晓或者参与的；（三）反映本行政机关机构设置、职能、办事程序等情况的；（四）其他依照法律、法规和国家有关规定应当主动公开的。"这两条规定与申请人要求公开的政府信息并不相关，街道办事处作出答复决定的依据不正确。

首先，潘某申请公开与其相关的政府信息，泰山街道办事处作出答复时所适用的应当是原《政府信息公开条例》第 21 条：依法不属于本行政机关公开或者该政府信息不存在的，应当告知申请人，对能够确定该政府信息的公开机关的，应当告知申请人该行政机关的名称、联系方式；申请内容不明确的，应当告知申请人作出更改、补充。该案适用法律法规错误。

其次，潘某向泰山街道办事处申请政府信息公开，是典型的依申请公开，其依据应是原《政府信息公开条例》第 13 条，而非第 6 条、第 9 条。因此，将原《政府信息公开条例》第 6 条和第 9 条作为答复依据，认为申请人申请公开的内容不是《政府信息公开条例》第 6 条、第 9 条规定公开的内容，是错误的。

7. 被申请人作出的答复决定不正确

被申请人收到申请人的信息公开申请后，答复称"我街道无法推测您要求公开的具体内容"。依据原《政府信息公开条例》第 21 条，申请内容不明确的，被申请人应当告知申请人作出更改、补充。因此，泰山街道办事处作出的答复决定不正确。

(二)复议工作评价

1. 受理正确

根据原《行政复议法实施条例》第28条的规定,行政复议申请符合下列规定的,应当予以受理:(1)有明确的申请人和符合规定的被申请人;(2)申请人与具体行政行为有利害关系;(3)有具体的行政复议请求和理由;(4)在法定申请期限内提出;(5)属于行政复议法规定的行政复议范围;(6)属于收到行政复议申请的行政复议机构的职责范围;(7)其他行政复议机关尚未受理同一行政复议申请,人民法院尚未受理同一主体就同一事实提起的行政诉讼。

本案中,潘某申请行政复议完全符合以上条件,复议机关受理正确。

(1)有明确的申请人:潘某。

(2)符合规定的被申请人:南京市浦口区人民政府泰山街道办事处。

(3)申请人与具体行政行为有利害关系:潘某与该政府信息公开行为有利害关系。

(4)有具体的行政复议请求和理由:请求责令被申请人公正、准确地履行政府信息公开义务。

(5)在法定申请期限内提出:泰山街道办事处2015年11月25日作出答复,潘某于2015年11月27日泰山街道办事处申请行政复议,符合规定的"自知道该具体行政行为之日起六十日内"。

(6)属于行政复议法规定的行政复议范围:属于公民、法人或者其他组织认为具体行政行为侵犯其合法权益的情况。

(7)属于收到行政复议申请的行政复议机构的职责范围:《行政复议法》第15条规定,对县级以上地方人民政府依法设立的派出机关的具体行政行为不服的,向设立该派出机关的人民政府申请行政复议,浦口区人民政府泰山街道办事处是浦口区人民政府的派出机关,浦口区人民政府是适格的复议机关。

(8)其他行政复议机关尚未受理同一行政复议申请,人民法院尚未受理同一主体就同一事实提起的行政诉讼:本案不存在此类情况。

2. 审理方式与期限

行政复议采取以书面审理为主,其他方式为辅的审理方式。复议机关应当在受理复议申请60日内作出决定。本案中，南京市浦口区人民政府就双方的书面材料进行了书面审查，并在期限内作出了复议决定，符合规定。

3. 复议决定正确

申请人请求责令被申请人公正、准确地履行政府信息公开义务。浦口区政府根据《行政复议法》第28条第1款第2项的规定“被申请人不履行法定职责的，决定其在一定期限内履行”作出复议决定，即被申请人在收到本决定书15日内，重新作出信息公开答复。复议决定正确。

案例二：余某不服浦口区民政局未履行信息公开法定职责案

一、基本案情

申请人：余某住四川省成都市大邑县邮政局身份证号：510183198901××××××

被申请人：南京市浦口区民政局地址：南京市浦口区江浦街道文德东路10号

申请人认为被申请人未履行政府信息公开法定职责，依法公开被申请人负责人信访接待日的时间和地点，其行为违法。2016年2月3日申请人向本机关提出行政复议申请，本机关依法予以受理，现本案已审理终结。

申请人请求：1. 确认被申请人未在法定期限内答复申请人的政府信息公开申请行为违法；2. 承担申请人因复议产生的合理误工、打印、交通、咨询等费用1600元。

申请人称：2015年12月6日向被申请人邮寄两份政府信息公开书面申请，其中一份要求被申请人公开负责人信访接待日的时间和地点，而被申请人未在法定期限内予以答复，其行为违反了《政府信息公开条例》第24条的规定，行为违法。

被申请人辩称：2015年12月10日收到申请人政府信息公开书面申请两份，分别是申请公开被申请人主要领导成员名称、履历、分工，以及各部门具体职能职责和公开被申请人负责人信访接待日的时间和地点。被申请人主要领导干部姓名、职务、分工及各部门具体职责已在本单位网站上主动公开,领导干部履历不是被申请人负责制作和保存的信息,申请人应当向浦口区委组织部提出公开申请;被申请人一直按照相关规定坚持“周三局长接待日”制度,每周三由局领导班子轮流接待来信来访人员;申请人提交信息公开申请时未能提交与其个人生产、生活和科研需要有关的证据。

经审理查明:2015 年 12 月 7 日申请人向被申请人邮寄了两份政府信息公开书面申请,其内容分别是申请公开被申请人主要领导成员名称、履历、分工,以及各部门具体职能职责和被申请人负责人信访接待日的时间和地点,而被申请人未在 15 日予以答复。

以上事实由:1. 政府信息公开申请书;2. 邮件投递信息查询单等材料予以证实。

二、复议决定

复议机关认为:《政府信息公开条例》第 24 条规定:“行政机关收到政府信息公开申请,能够当场答复的,应当当场予以答复。行政机关不能当场答复的,应当自收到申请之日起 15 个工作日内予以答复;如需延长答复期限的,应当经政府信息公开工作机构负责人同意,并告知申请人,延长答复的期限最长不得超过 15 个工作日。”被申请人 2015 年 12 月 10 日收到申请人政府信息公开申请后,应当在法定期限内对该申请进行答复,被申请人不予答复的行为违反了《政府信息公开条例》的规定,本机关对申请人请求确认被申请人未答复信息公开申请的行为违法的复议申请予以支持;《国家赔偿法》第 3 条、第 4 条规定,行政机关及其工作人员在行使行政职权时侵犯了公民人身权、侵犯财产权时,受害人有请求赔偿的权利。被申请人对申请人的信息公开申请不予答复的行为侵害的是知情权,申请人要求被申请人承担因复议产生的合理误工、打印、交通、咨询等费用 1600 元没有法律依据,本机关不予支持。

根据《行政复议法》第 28 条第 1 款第 3 项、第 29 条、《行政复议法实施条例》第 42 条第 1 款第 2 项之规定,复议机关决定如下:

确认被申请人未在 15 个工作日内答复申请人政府信息公开申请的行为违法,责令被申请人收到本决定书后 15 个工作日内对申请人的政府信息公开申请给予答复。

驳回要求被申请人承担申请人因复议产生的合理误工、打印、交通、咨询等费用1600元行政复议申请。

如不服本决定,可以在接到本决定书之日起15日内,依法向南京市中级人民复议机关提起行政诉讼。

三、理论评析

(一)行政行为合法性评价

本案是一起关于政府信息公开超期未答复的争议案件。政府信息公开申请人于2015年12月7日向被申请人邮寄了两份政府信息公开书面申请,其内容分别是申请公开被申请人主要领导成员名称、履历、分工,以及各部门具体职能职责和被申请人负责人信访接待日的时间和地点,而被申请人未在15日予以答复。根据现行法律规范,被申请人作出的答复的合法性,可以从如下几个方面进行分析。

1. 申请人申请公开的信息属于政府信息

本案中,申请人向被申请人申请公开的是:被申请人主要领导成员名称、履历、分工,以及各部门具体职能职责和被申请人负责人信访接待日的时间和地点,是原《政府信息公开条例》第9条中规定的"反映本行政机关机构设置、职能、办事程序等情况的"信息,且不属于单纯的内部信息,亦不属于尚未成熟的过程性信息,故而属于政府信息。

2. 申请人申请公开的政府信息不存在不予公开的法定情形

本案申请人申请公开的政府信息,不涉及国家秘密、商业秘密和个人隐私,也不存在危及国家安全、公共安全、经济安全和社会稳定的情况,即不存在不予公开的法定情形。

3. 被申请人辩称未作出答复的理由不成立

首先,被申请人主要领导干部姓名、职务、分工及各部门具体职责虽然已在本单位网站上主动公开,但申请人申请公开这些信息时,被申请人仍需依照法定程序进行答复,对于此类属于主动公开范围且已经主动公开的政府信息,被申请人无须向申请人提供该政府信息,只需告知其获取信息的方式和途径。

其次，被申请人"周三局长接待日"制度一直在实际执行中，每周三由局领导班子轮流接待来信来访人员，被申请人仍需依照法定程序进行答复，向申请人告知该项信息或获取该信息的方式和途径。

最后，被申请人认为领导干部履历信息不是被申请人负责制作和保存的信息，申请人应当向浦口区委组织部提出公开申请，但这不是不予答复的正当理由。原《政府信息公开条例》第 21 条对这种情形如何答复进行了规定：依法不属于本行政机关公开或者该政府信息不存在的，应当告知申请人，对能够确定该政府信息的公开机关的，应当告知申请人该行政机关的名称、联系方式。

4. 申请人具有政府信息公开申请人的资格

本案中，被申请人认为申请人提交信息公开申请时未能提交与其个人生产、生活和科研需要有关的证据，因而不具备政府信息公开的申请人资格。虽然原《政府信息公开条例》规定公民、法人或者其他组织可以根据自身生产、生活、科研等特殊需要，向相关部门申请获取相关政府信息。

国务院发布的《国务院办公厅关于施行〈中华人民共和国政府信息公开条例〉若干问题的意见》(国办发〔2008〕36 号)规定：行政机关对申请人申请公开与本人等特殊需要无关的政府信息，可以不予提供。但实践中，申请人只需对"三需要"情况进行合理说明即可，不应要求其进行严格举证。本案中，被申请人应要求申请人进行合理说明，而非超期不予答复。

5. 被申请人是政府信息公开的义务主体

根据原《政府信息公开条例》，政府信息应由制作该政府信息的行政机关负责公开。本案中，申请人向被申请人申请公开被申请人主要领导成员名称、履历、分工，以及各部门具体职能职责和公开被申请人负责人信访接待日的时间和地点，这些信息中除了领导成员履历，其他都是属于被申请人掌握的信息，被申请人是案涉政府信息公开的义务主体。

6. 被申请人超期未作出答复

在本案中，被申请人未在 15 日予以答复，也未依照法定程序延长答复期限，违反了原《政府信息公开条例》的明确规定。

（二）复议工作评析

1. 受理正确

根据《行政复议法实施条例》第28条的规定，行政复议申请符合下列规定的，应当予以受理：(1)有明确的申请人和符合规定的被申请人；(2)申请人与具体行政行为有利害关系；(3)有具体的行政复议请求和理由；(4)在法定申请期限内提出；(5)属于行政复议法规定的行政复议范围；(6)属于收到行政复议申请的行政复议机构的职责范围；(7)其他行政复议机关尚未受理同一行政复议申请，人民法院尚未受理同一主体就同一事实提起的行政诉讼。

本案中，余某申请行政复议完全符合以上条件，复议机关受理正确。

(1)有明确的申请人：余某。

(2)有符合规定的被申请人：南京市浦口区民政局。

(3)申请人与具体行政行为有利害关系：余某与该政府信息公开行为有利害关系。

(4)有具体的行政复议请求和理由：①确认被申请人未在法定期限内答复申请人的政府信息公开申请行为违法；②承担申请人因复议产生的合理误工、打印、交通、咨询等费用1600元。

(5)在法定申请期限内提出：余某于2015年12月6日申请政府信息公开，南京市浦口区民政局满15日未作出答复，余某于2016年2月3日申请行政复议，从期满之日起到申请行政复议的日期符合规定的"60日内"。

(6)属于行政复议法规定的行政复议范围：属于公民、法人或者其他组织认为具体行政行为侵犯其合法权益的情况。

(7)属于收到行政复议申请的行政复议机构的职责范围：对浦口区民政局的具体行政行为不服的，申请人可以选择向该部门的本级人民政府申请行政复议，也可以向上一级主管部门申请行政复议，本案中，申请人选择前者，符合法律规定。

(8)其他行政复议机关尚未受理同一行政复议申请，人民法院尚未受理同一主体就同一事实提起的行政诉讼：本案不存在此类情况。

2. 审理方式与期限

行政复议采取以书面审理为主，其他方式为辅的审理方式。复议机关应当在受理复议申请60日内作出决定。本案中,南京市浦口区人民政府就双方的书面材料进行了书面审查,并在期限内作出了复议决定,符合规定。

3. 复议决定正确

本案中,申请人要求确认被申请人未在法定期限内答复申请人的政府信息公开申请行为违法;承担申请人因复议产生的合理误工、打印、交通、咨询等费用1600元。

根据原《政府信息公开条例》第24条规定:"行政机关收到政府信息公开申请,能够当场答复的,应当当场予以答复。行政机关不能当场答复的,应当自收到申请之日起15个工作日内予以答复;如需延长答复期限的,应当经政府信息公开工作机构负责人同意,并告知申请人,延长答复的期限最长不得超过15个工作日。"被申请人2015年12月10日收到申请人政府信息公开申请后,超期未予答复,违反了原《政府信息公开条例》的规定。复议机关对申请人请求确认被申请人未答复信息公开申请的行为违法的复议申请予以支持是正确的。

《国家赔偿法》第3条规定,行政机关及其工作人员在行使行政职权时有下列侵犯人身权情形之一的,受害人有取得赔偿的权利:(1)违法拘留或者违法采取限制公民人身自由的行政强制措施的;(2)非法拘禁或者以其他方法非法剥夺公民人身自由的;(3)以殴打、虐待等行为或者唆使、放纵他人以殴打、虐待等行为造成公民身体伤害或者死亡的;(4)违法使用武器、警械造成公民身体伤害或者死亡的;(5)造成公民身体伤害或者死亡的其他违法行为。《国家赔偿法》第4条规定,行政机关及其工作人员在行使行政职权时有下列侵犯财产权情形之一的,受害人有取得赔偿的权利:(1)违法实施罚款、吊销许可证和执照、责令停产停业、没收财物等行政处罚的;(2)违法对财产采取查封、扣押、冻结等行政强制措施的;(3)违法征收、征用财产的;(4)造成财产损害的其他违法行为。本案中,被申请人对申请人的信息公开申请不予答复的行为侵害的是知情权,申请人要求被申请人承担因复议产生的合理误工、打印、交通、咨询等费用1600元没有法律依据,复议机关不予支持是正确的。

第七章　行政不作为案件的复议

行政不作为是行政实践中常见的一类行政违法情形。公民、法人或其他组织以行政主体不履行法定职责为由申请行政复议的案件,在基层行政复议实践中也占有比较大的比重。行政不作为,可以发生在行政许可、行政处罚、行政强制等诸多行政领域,因此,行政不作为案件在逻辑上与行政许可案件、行政处罚案件、行政强制案件等不可避免地存在交叉。但是,行政不作为案件作为其中一类,有其特殊性,在行政复议或行政诉讼中应当注意处理不同的问题。所以,将行政不作为案件作为单独的一类专门予以讨论分析,非常必要。

第一节　行政不作为的基础理论

一般认为,行政不作为是指在法律上负有某一积极作为义务行政主体,在知道或应当知道履行积极作为义务的法定条件已经成就,因而应当积极作为却没有作为的违法行为。

一、行政不作为违法的构成

根据行政不作为概念的界定,行政不作为违法的构成要件主要有以下几个:

其一,行政主体在法律上是否负有积极做出某一行为的义务。行政不作为违法必须以行政主体负有法定的积极作为义务为前提。如果行政主体在法律上并不负担某一积极作为之义务,那么,行政主体就不可能构成不作为违法。

其二,行政主体履行积极作为义务的法定条件已经成就。行政主体在法律上负担的积极作为义务,往往都有严格的法定条件。只有这些法定条件已经客观成就时,行政主体才可以履行积极作为之义务,否则会构成违法。积极作为义务的法定条件,从类型上来说,可能是公民、法人或其他组织做出的某一行为如违法行为,也可能是自然事件如各种自然灾害等。

其三,行政主体已经知道或应当知道履行积极作为义务的条件已经成就。这就是说,虽然行政主体履行积极作为义务的条件客观上已经成就,但如果行政主体事实上不知道或在法律上也不能认定行政主体应当知道,那么,行政主体也不会构成不作为违法。为了使行政主体依法履行积极作为义务,法律上往往会设置一些使行政主体能够获知作为义务的条件是否成就的机制,如行政主体自己的执法检查巡查、特定利害关系人的申请、社会公众的投诉举报以及新闻媒体的报道等。从行政法律实务看,行政主体是否知道或是否应当知道积极作为的法定条件已经成就,往往是行政不作为案件中最容易引发争议的问题。

其四,行政主体履行积极作为义务的法定期间已经届满。行政主体履行法定义务,客观上需要耗费一定的人力、时间等资源。而且,每一个行政主体针对不特定的社会公众往往负有大量的义务。所以,行政主体对其所负担义务的权利人,不可能立即有求必应。因此,法律通常会为行政主体履行积极作为义务设定一定的期间。该期间的长短,要根据需履行的特定义务的具体情况,以及特定国家和地区公共行政资源,特别是行政主体处理行政事务的能力和效率综合判断后确定。该期间的起算点,往往是从负有积极作为义务的行政主体知道或应当知道履行义务的法定条件已经成就之时。

在法律设定有积极作为的期间的情形下,如果该期间尚未届满,就不可认定行政主体构成不作为违法。当然,对于可能会给公民、法人或其他组织的合法权益造成难以弥补的重大损害,因而需要行政主体立即采取救济措施的情形,法律就不会设定义务履行期间,而是要求行政主体自知道积极作为的法定条件成就时立即采取行动。对于这种情况,法律上往往有严格的紧急事件应对的操作规程。行政主体一旦违反操作规程拖延,就可能构成不作为违法。

其五,行政主体对是否履行积极作为义务没有裁量空间。公共行政的对象,是不特定的社会公众。同一行政主体对于不同公民、法人或其他组织往往负有相同或相似的积极作为义务,在行政资源及时间既定的情形下,行政主体往往不可能同时对所有的相对人履行积极作为义务,法律上自然应该允许行政主体可以根据事情的轻重缓急自主分配公共资源的使用,因此,行政主体往往有选择优先向哪一个相对人积极履行义务的裁量权。在行政法律实务中,只要行政主体没有逾越法定的义务履行期间、裁量也没有明显不当,那么,其他利害关系人就应当接受和容忍这种情形,不可以根据公平原则质疑行政主体的选择,亦不可认定行政主体构成不作为。

最后,负有积极作为义务的行政主体客观上没有履行义务,且不存在法律上可以免责的正当理由,如不可抗力等。如果负有积极作为义务的行政主体没有履行义务,是因为法定的可以免责的情形发生,那么,行政主体也不构成不作为违法。

二、行政不作为的类型

基于不同类型的行政不作为的构成要件及法律救济等方面的客观差异,为应对行政不作为违法,对于行政不作为,可以根据不同标准进行分类:根据行政主体所负担的积极作为义务是程序性义务还是实体性义务,行政不作为可以分为程序性不作为与实体性不作为;根据行政主体所负担的积极作为义务是否以行政相对人的申请为条件,行政不作为可以分为须经申请而构成的行政不作为与无须申请而构成的行政不作为。

(一)程序性不作为与实体性不作为

基于程序正义之要求,现代行政法对于行政主体就涉及公民权利义务的事项作出实体性法律结论的动态过程设置了比较细密的程序性规范。这些程序性规范,往往为行政主体作出最终的实体性决定,设定了一系列积极作为的程序性义务,例如通知、告知、听取意见、告知理由、组织听证、救济教示等。行政主体在履行行政职能过程中,如果未履行程序法规范设定的积极作为义务,就构成程序性行政不作为。实体性不作为,是指行政主体未履行其所负担的实体性积极作为义务。

区分程序性不作为与实体性不作为的实际意义主要有二,一是程序性不作为与实体性不作为的构成要件有所不同,二是程序性不作为与实体性不作为的救济制度的设置往往有所不同。

(二)须经申请而构成的程序不作为与无需申请而构成的行政不作为

须经申请而构成的行政不作为,是指行政主体履行其所负担的积极作为义务,必须以相对人的申请为条件,在相对人依法提出申请而行政主体依然不履行积极作为义务时才能构成的行政不作为。无须申请而构成的行政不作为,是指行政主体履行其所负担的积极作为义务无须行政相对人的申请(这种积极作为义务的履行行为通常称为依职权的行政行为),在法定的积极作为的条件已经成就但行政主体依然未履行义务而构成的不作为。

区分须经申请而构成的行政不作为与无须申请而构成的行政不作为的实际意义在于:须经申请而构成的行政不作为一般都具有特定的申请人,该申请人可以作为复议申请人或行政诉讼的原告,对行政不作为违法之侵害寻求法律救济。无须申请而构成的行政不作为在许多情况下没有特定的利害关系人,因而无法通过行政复议或行政诉讼机制予以监督,除非法律设置了行政公益诉讼且能够涵盖这一情形;即使在例外地存在特定的利害关系人的情况下,该特定的利害关系人不是行政主体负担的积极作为义务的相对人,而是不作为的受害人。总之,这一分类主要是因为针对行政不作为的监督与救济制度及程序当事人资格不同。

第二节　行政不作为争议的主要类型

对于行政不作为争议类型的概括,可以通过分析现实中已经发生的行政不作为争议案件并适度进行逻辑演绎而进行。行政不作为争议的类型主要有纯粹的程序性不作为争议、纯粹的实体性不作为争议、实体与程序混合型不作为争议。

一、纯粹的程序性不作为争议

纯粹的程序性不作为争议,是指行政利害关系人仅仅就行政主体未履行程序法上的积极作为义务而提出的异议。也就是说,行政利害关系人对公共行政主体已经作出的或者应当作出而实际没有作出的实体性行政决定没有提出任何异议,仅仅主张行政主体没有履行程序性的积极作为义务,并以此为由申请复议或提起行政诉讼,其复议申请的请求或诉讼请求也仅限于请求确认被申请人或被告的行为违法,没有进一步的义务履行请求。这类争议最典型的案件表现是:公民、法人或其他组织向某一行政机关提出一项请求或申请或投诉举报等,因行政机关收到该申请、请求、投诉或举报以后,对申请人没有做出任何反馈,因而引发申请人的不满,申请人以此为由提出异议甚至启动救济机制。

对于纯粹的程序性不作为争议,是否允许适用行政复议程序或行政诉讼程序,一直是理论与实践中存在较大争议的问题。肯定论者认为,行政程序法设定的程序规范也是强制性的法律规范,如果行政主体违反了程序法规范构成不作为而不受监督与制裁,那么,就无法有效维护程序法规范的效力,将使行政程序法控制公共行政的目标落空。因此,应当允许民众通过行政复议或行政诉讼机制监督行政主体遵守程序法规范。反对论者认为,行政利害关系人如果对行政实体问题不提出争议,那么,利害关系人对其提起的复议案或诉讼案就不存在值得保护的法律利益,因而以为当事人权益提供救济为目标定位的行政复议或行政诉讼机制,就不适用。

就我国的具体情况而言,从《行政复议法》及《行政诉讼法》有关受案范围的条款的文义看,现行立法的字里行间反复强调,申请复议或提起诉讼的公民、法人或其他组织必须是认为行政行为侵犯其人身权、财产权及其他合法权益的人。这在一定意义上似乎可以得出纯粹的程序性不作为不属于受案范围的结论。不过,从我国的行政复议实践或行政审判实践看,纯粹的程序不作为案件普遍存在。而且,即使法律明确规定纯粹的程序性不作为争议不属于受案范围,复议申请人或行政诉讼的原告完全可以以争议实体性不作为为名而行争议程序性不作为为实,以规避法律规定。所以,从案件受理的角度看,法院不受理纯粹的程序性不作为案件的立法并不能从根本上阻止该类案件进入救济程序。

二、纯粹的实体性行政不作为争议

纯粹的实体性行政不作为争议,是行政复议或行政诉讼实践中最重要的一类案件。在这类争议案件中,行政利害关系人主张行政主体没有履行法定的某一积极作为义务。行政主体一方却主张已经履行了作为义务。具体而言,行政主体在法律上负有积极作出实体性行政行为的义务,而且行政主体也作出了积极行为,但是,由于该积极作为没有达到行政利害关系人所认为的或期望的那种标准、程度或状态,致使行政利害关系人认为行政主体构成不作为。例如,某行政相对人向某行政机关提出一项许可申请,接受申请的行政机关经审查后认为相对人不符合获得许可的法定条件而作出了不予许可的决定。但是,申请人却认为自己完全符合法定条件因而应当获得许可,行政主体不予许可就构成不作为。在目前的理论上,行政许可机关作出不予许可的决定,究竟是行政作为还是不作为,的确存在较大争议。不过,从行政复议或行政诉讼实务角度而言,尤其是考虑到复议申请人或行政诉讼原告的权益救济的话,这种理论争议并没有太多意义。因为,认定为行政作为的结论,无非是站在行政主体的客观行动立场上做出的判断(行政主体的确积极行动了而不是没有积极行动)。这一判断,虽然对于在未来的行政复议程序或救济程序中优先审查行政主体拒绝的行为是否合法、是否有效、应否撤销等提供理论前提。但是,对于复议申请人或行政诉讼原告的诉讼目标而言并没有什么意义。在行政主体作出拒绝许可决定的情况下,如果行政相对人申请复议或提起诉讼的目标不再是期望获得许可,而仅仅是争议行政主体拒绝的行为违法或撤销,那么,其理由依然是行政主体应当作出许可决定而没有做出,因而构成不作为;如果行政相对人申请复议或提起行政诉讼的目标依然是获得许可,那么,其请求就是请求案件管辖机关判令被申请人或被告依法作为(予以许可),其理由依然是行政主体应当许可而未许可,因而构成不作为。当然,在后一种情形下,案件管辖机关不仅要审查行政主体的拒绝行为是否合法、应否撤销,而且要审查行政相对人是否符合法定条件、是否应当获得许可。在这些审查结论的基础上进一步判断,行政主体不许可是否构成不作为违法。

总之,行政主体作出的未达到行政相对人期望的决定,究竟是行政作为还是行政不作为,存在一定的争议。但是,若站在行政复议或行政诉讼的角度看,将凡是公民、法人或其他组织以行政主体不作为为由申请行政复议或提起诉讼的案件,作为行政不作为案件来处理,应该没有什么问题。至于行政主体是否构成真正的不作为,应当根据行政不作为的构成要件来判断。如果行政主体应当许可申请却作出了拒绝的决定,从申请人的角度看,认定行政主体不作为也没有任何问题(于此情形下,违法作为与不作为没有本质的区别,只是认知角度不同而已)。

三、实体与程序混合型不作为争议

实体与程序混合型不作为争议,仅仅是实体性不作为与程序性不作为共存于一个行政行为的情形,从案件处理角度看并没有需要特别对待之处。在这类争议中,行政利害关系人主要争议的还是实体法上的问题,即行政利害关系人认为行政主体应当作出实体法上的某一积极行为,程序不作为往往是充实其诉讼理由的因素而已。

第三节　行政不作为案件的复议审查要点

复议机关审查行政利害关系人以行政主体不作为为由提起的复议申请案件,除了依据《行政复议法》及《行政复议法实施条例》的规定,审查一般行政复议案件的共性问题之外,还必须注意行政不作为复议案件的特殊问题。具体而言,行政不作为复议案件的审查要点主要有以下几个:

一、复议申请人资格问题

根据我国《行政复议法》的规定,复议申请人必须是与引发争议的行政行为有利害关系的公民、法人或其他组织。那么,当公民、法人或其他组织以行政主体不作为提出复议申请时,如何判定申请人是否具有法定资格呢？对此，应当从两个方面展开审查：其一，复议申请人与行政主体负担的某一特定积极作为义务是否有利害关系，即行政主体作出或不作出某一特定的积极作为行为与复议申请人是否有法律上的利害关系，是否减损申请人的权益或增加申请人的义务。其二，复议申请人在提出复议申请前，是否已经向他所认定的被申请人提出了履行积极作为义务的合法申请。根据法律规定，行政主体所负担的积极作为义务，可以分为须经申请而作出与无须申请而作出两类，前者如行政许可、行政给付等，后者如行政处罚、行政强制等。对于法定的须经申请的积极作为，只有在适格的申请人提出合法申请后，行政主体才可能作出积极作为。如果申请人没有提出申请，就不可以行政主体不作为申请复议；对于法定的无需申请的积极作为，如环保部门依法查处违法排污的企业，根据一般的社会利益机制，积极作为的直接相对人并不会申请行政主体积极作为，更不会以行政主体不作为为由申请复议。对于这一类积极作为，以行政主体不作为为由申请复议的公民、法人或其他组织，只能是行政不作为的受害人，如企业违法排污的受害人认为环保部门没有履行查处违法排污时，很可能就会以环保行政部门不作为为由申请复议。该等行政不作为的受害人若要以行政不作为为由申请行政复议必须满足两个条件：一是对行政主体积极作为在法律上享有请求权，二是已经向行政主体提出过积极作为的请求且作为被请求人的行政主体在法定期限内没有积极作为。

二、复议申请期间问题

在我国，申请行政复议是有法定期限限制的。根据《行政复议法》第9条规定，公民、法人或者其他组织认为具体行政行为侵犯其合法权益的，可以自知道该具体行政行为之日起60日内提出行政复议申请；但是，法律规定的申请期限超过60日的除外。公民、法人或其他组织以行政不作为为由申请复议的，其法定期间的审查应当注意三个方面的要点：(1)公民、法人或其他组织向行政主体提出履行积极作为义务的时间。它是行政主体履行积极作为义务的法定期间的起算时间。(2)行政主体收到申请后履行积极作为义务的法定期间届满的时间。它是行政复议申请期间的起算时间。(3)公民、法人或其他组织的复议请求如果包含被申请人履行积极作为义务,除撤销被申请人的拒绝决定请求以外,应该不受复议申请期间的限制。

三、被申请人资格问题

根据我国《行政复议法》的规定,一般情况下,作出引发争议的行政行为的行政主体,是行政复议的被申请人。在实践中,如果行政主体的积极作为引发了行政争议,那么,行政复议的被申请人资格通常不会有争议。但在行政不作为行政复议案件中,被申请人的资格常常会出现争议。一般来说,纯粹的程序性不作为争议,其被申请人就是接受了申请人的申请而在程序上不作为的行政主体;对于实体性不作为争议,如果复议申请人的复议请求仅仅是确认被申请人的行为违法,那么,被申请人就是收到行政利害关系人的申请后作出或未作出某一积极行动的行政主体;如果复议申请人的复议请求包含履行积极作为义务,那么,被申请人必须是在法律上真正负有该积极作为义务的行政主体。否则,申请人的请求无法通过该复议程序而实现。在行政实践中,公民、法人或其他组织很可能因不了解各行政部门之间的职权划分,向不负担某一积极作为义务的行政主体提出履职请求(如申请人向A机关提出积极履行义务的申请,但在法律上A机关并不负担该积极作为义务,而B机关才是真正的义务主体),然后又以该行政主体不作为为由提出复议申请。这是一种典型的被申请人不适格。对于此种情况,复议机关应当告知申请人向负有积极作为义务的行政主体提出履职申请,并裁定不予受理。

四、复议申请人的救济目标问题

我国的行政复议程序,是一种要式权益救济机制。为了使复议程序能够充分发挥权益救济功能,复议机关必须准确把握复议申请人的救济目标。复议申请人以行政主体不作为为由提出复议申请,其目标通常为违法确认、撤销拒绝决定或不同意决定、积极履行作为义务等一种或多种混合。除了单一的违法确认请求只需要通过审查被申请人的行为是否构成不作为违法并予以确认之外,其他请求的满足,不仅需要审查被申请人的行为是否合法，还需要审查复议申请人的履行积极作为义务之请求在法律上是否应该被满足，以及具体如何行为方能满足。

第四节　行政不作为复议案件的实证分析

案例一：赵某要求桥林街道办事处履行法定职责案

一、基本案情

2015年6月，南京市浦口区桥林街道林山村村民赵某以其母亲张某名义，向浦口区人民法院提起民事诉讼。经法院审查，起诉人张某患老年痴呆症，无诉讼行为能力。赵某没有经过法定程序被指定为监护人，其无权以张某的名义起诉，裁定不予受理。赵某不服，向南京市中级人民法院提起上诉，南京市中级人民法院裁定驳回上诉，维持原裁定。收到法院裁定后，赵某向居住地林山村民委员会提出申请，要求指定其为张某的监护人，林山村民委员会未予指定。2015年6月30日，赵某向桥林街道办事处提出书面申请，请求桥林街道办事处责令林山村民委员会指定其为张某的监护人。桥林街道办事处收到赵某的申请书后，以赵某的请求没有法律依据为由明确口头拒绝。赵某不服，向浦口区政府申请行政复议。

二、复议决定

南京市浦口区人民政府行政复议决定书

〔2016〕浦行复第8号

申请人：赵某

被申请人：南京市浦口区人民政府桥林街道办事处

申请人认为被申请人未依法责令林山村民委员会为其母亲指定监护人行为违法，向本机关提出行政复议申请，本机关依法予以受理。为了便于查明案情，维护当事人的合法权益，2016年6月7日本机关组织了申请人、被申请人召开了行政复议听证会。申请人赵某，被申请人浦口区人民政府桥林街道办事处的委托代理人刘某参加了听证会。现本案审理终结。

申请人请求责令被申请人依法履行法定职责，责成林山村民委员会为其母亲指定监护人。

申请人称：2015年6月30日向被申请人递交了一份《请求指定赵某为母亲张某监护人的申请》，而被申请人未给予任何答复，也未责令林山村民委员会为其母亲指定监护人，其行为违法。

被申请人辩称：村民委员会是自我管理、自我教育、自我服务的基层群众性自治组织，被申请人对林山村民委员会只能给予工作上的指导、支持和帮助，无权责成村民委员会为其母亲指定监护人；2015年6月30日收到申请人指定监护人的申请后，口头答复了申请人，告知要求被申请人责令林山村民委员会为其母亲指定监护人无法律依据；申请人的母亲张某虽患有老年痴呆症，但不能证明其是无民事行为能力，有无民事行为能力需经过法定程序进行认定；张某老人有四个子女，其都有赡养、监护母亲的法定义务，申请人要求指定其为监护人没有充分的法定依据和理由。

经审理查明：2015年6月，申请人以其母亲张某名义向浦口区人民法院提起民事诉讼。经法院审查，起诉人张某患老年痴呆症，无诉讼行为能力，申请人未经法定程序被指定监护人，其无权以张某的名义起诉，裁定不予受理。申请人不服，向南京市中级人民法院提起上诉，南京市中级人民法院裁定驳回上诉，维持原裁定。收到法院裁定后，申请人向居住地林山村民委员会提出申请，要求指定其为张某的监护人，林山村民委员会未予指定。2015年6月30日，申请人向被申请人提出书面申请，请求被申请人责令林山村民委员会指定其为张某的监护人。

另查明，张某患老年痴呆症。

以上事实由1.浦口区人民法院、南京市中级人民法院的民事裁定书；2.《请求指定张某为母亲张某某监护人的申请》；3.国内挂号信信函收据；4.诊断证明书等材料予以证实。

本机关认为：《中华人民共和国村民委员会组织法》第三十六条第二款规定："村民委员会不依照法律、法规的规定履行法定义务的，由乡、民族乡、镇的人民政府责令改正。"

指定监护人是《中华人民共和国民法通则》赋予村民委员会的法定

职责,村民委员会不履行该法定职责时,乡、民族乡、镇的人民政府应当责令其改正。被申请人虽是浦口区人民政府的派出机关,但它承接的是乡、镇人民政府的法定职能,应履行乡、镇人民政府的法定职责。张某患有老年痴呆症是否能认定为无民事行为能力,应是林山村民委员会在履行指定监护人法定义务时进行确认,而非被申请人不履行《中华人民共和国村民委员会组织法》确定的职责的法定理由。

综上所述,林山村民委员会拒绝履行指定监护人的法定义务时,被申请人有责令其改正的法定职责,申请人的复议申请事实清楚,理由充分。根据《中华人民共和国行政复议法》第二十八条第一款第二项之规定,本机关决定:

被申请人在收到本决定书30日内,依法责令林山村民委员会履行指定监护人的法定职责。

如不服本决定,可以在接到本决定书之日起15日内,依法向南京市中级人民法院提起行政诉讼。

二〇一六年七月十四日

三、理论评析

本案是一起典型的民事行政混合型的行政不作为复议案件。复议申请人赵某真正需要解决的现实问题,在本质上是一个民事法律问题,即确定自己为其母亲张某的监护人的问题。确定自然人的监护人,无疑是一个民事法律问题。在我国的民事法律制度中,成年的自然人都是完全民事行为能力人,无须监护人。只有因精神健康原因而在法律上被确认为无民事行为能力人的成年人,才需要法定的监护人。关于无民事行为能力的成年人的监护人的确定,我国原来的《民法通则》①与现行的

① 《中华人民共和国民法通则》于2017年已经被《中华人民共和国民法总则》取代。《民法通则》第17条规定:无民事行为能力或者限制民事行为能力的精神病人,由下列人员担任监护人:(1)配偶;(2)父母;(3)成年子女;(4)其他近亲属;(5)关系密切的其他亲属、朋友愿意承担监护责任,经精神病人的所在单位或者住所地的居民委员会、村民委员会同意的。对担任监护人有争议的,由精神病人的所在单位或者住所地的居民委员会、村民委员会在近亲属中指定。对指定不服提起诉讼的,由人民法院裁决。没有第一款规定的监护人的,由精神病人的所在单位或者住所地的居民委员会、村民委员会或者民政部门担任监护人。

《民法总则》①都设置了由具有监护人资格的人协商确定、由具有监护人资格的人申请被监护人住所地的村民委员会或居民委员会指定监护人指定的解决机制。所不同的是,《民法总则》新增了一种解决机制,即由具有监护权人资格的自然人直接向人民法院申请指定监护人。究竟采取何种机制解决无民事行为能力人的监护人问题,法律完全交由具有监护权资格的人自主选择。从本案的基本案情可知,复议申请人赵某选择了请求村委会指定监护人这一种机制。但是,村委会没有履行民事法律规范为其设定的义务。赵某又向本行政复议案的被申请人桥林街道办事处提出请求,请求被申请人责令村委会履行指定监护人的法定义务。被申请人收到申请后依然没有因申请人的请求责令村委会履行法定义务,因而引发行政复议。

从行政法律关系的角度分析,本案最核心的争议是被申请人桥林街道办事处是否负有责令村委会履行法定义务的职责。对此,复议申请人赵某根据《中华人民共和国村民委员会组织法》(以下简称《村民委员会组织法》)第36条的规定,认为被申请人负有责令村委会指定监护人的法定职责。行政复议被申请人桥林街道办事处的辩护理由为,村民委员会是基层群众自治性组织,被申请人无权责令村委会指定监护人。从复议决定看,复议机关不仅认可了申请人的主张,即桥林街道办事处负有责令村委会指定监护人的法定职责,而且完全支持了申请人的复议请求,因而作出了责令桥林街道办事处依法履行职责的复议决定。那么,本行政复议案件的被申请人究竟是否负有责令村委会履行指定监护人的法定义务的职责?《村民委员会组织法》第36条的规定是否足以支持复议申请人的请求?

---

① 《民法总则》第28条规定,无民事行为能力或者限制民事行为能力的成年人,由下列有监护能力的人按顺序担任监护人:(1)配偶;(2)父母、子女;(3)其他近亲属;(4)其他愿意担任监护人的个人或者组织,但是须经被监护人住所地的居民委员会、村民委员会或者民政部门同意。第29条规定,被监护人的父母担任监护人的,可以通过遗嘱指定监护人。第30条规定,依法具有监护资格的人之间可以协议确定监护人。协议确定监护人应当尊重被监护人的真实意愿。第31条规定,对监护人的确定有争议的,由被监护人住所地的居民委员会、村民委员会或者民政部门指定监护人,有关当事人对指定不服的,可以向人民法院申请指定监护人;有关当事人也可以直接向人民法院申请指定监护人。

《村民委员会组织法》第 36 条中的确有“村民委员会不依照法律、法规的规定履行法定义务的,由乡、民族乡、镇的人民政府责令改正”的规定,但仅凭这些语句就得出被申请人负有本案系争的法定职责之结论,无疑是草率的、断章取义的。理由如下:

1. 从《村民委员会组织法》的全部条款看,本法无疑是对作为基层群众自治组织的村民委员会的组织及其自治权能的规定,并无意涉及村民之间的民事法律争议的解决(按照我国目前的法律制度体系及内容,村民之间包括亲属之间的民事法律争议问题,属于国家司法权的范畴,并不是村民自治范畴)。引发本行政复议案件的原初争议是具有监护权资格的自然人之间的民事法律争议,本不属于村民自治范畴,因而不应当,也不会是《村民委员会组织法》的规制范畴。从《村民委员会组织法》的整体结构看,第 36 条被置于第五章“民主管理与民主监督”之下,前面各章之条文规定的是村委会的组成及自治管理职权,依照法律文本的逻辑要求,第五章有关民主管理与民主监督的条文,也应当是有关村委会的组成及其自治职权行使的监督与管理,而不应该有其他理解。

2. 从《村民委员会组织法》第 36 条[①]本身的规定看,该条共包含 3 款,本案复议申请人与复议机关为支持自己的论点而引述的条款,仅仅是第 2 款。但是,对于法律条文的理解与解释,必须在逻辑上作为一个整体进行,不可以完全撇开第 1 款与第 3 款而对仅对第 2 款进行简单的语义解释,否则必然会生断章取义之错误。处于整体法律文本第五章“民主管理与民主监督”之下的第 36 条第 1 款(村民委员会或者村民委员会成员作出的决定侵害村民合法权益的,受侵害的村民可以申请人民法院予以撤销,责任人依法承担法律责任)中的“村民委员会作出的决定”,应被解释为村委会行使《中华人民共和国村民自治法》及《村民委员会组织法》所规定的自治职权时作出的决定。第 3 款(乡、民族乡、镇的人民政府干预依法属于村民自治范围事项的,由上一级人民政府责令

① 参见《村民委员会组织法》第 36 条规定,村民委员会或者村民委员会成员作出的决定侵害村民合法权益的,受侵害的村民可以申请人民法院予以撤销,责任人依法承担法律责任。村民委员会不依照法律、法规的规定履行法定义务的,由乡、民族乡、镇的人民政府责令改正。乡、民族乡、镇的人民政府干预依法属于村民自治范围事项的,由上一级人民政府责令改正。

改正）明确使用了"村民自治范围事项"这一术语。总之，《村民委员会组织法》第36条共计3款内容，应当被作为一个整体作如下解释：第1款是对村民委员会以积极作为方式违法行使自治权造成他人权益损害的救济条款；第2款是对村民委员会不行使自治权（负有积极行使自治权之义务而不行使权利的违法行为）的监督条款；第3款是为村民委员会享有的自治权免受乡镇政府非法干预的保障条款。总之，第36条所涉及的村委会的职权职责均应当属于村民自治权范畴，非村民自治权范围内的事项，不属于该条款的调整范围。

综上所述，本案申请人的请求没有法律依据，复议机关应当予以驳回。被申请人的主张（没有责令村委会指定监护人的权限和职责）正确，但其辩护理由特别是有关村委会指定监护人的条件和程序的观点等，与其主张不具有合理关联；被申请人作为行政机关应当遵循基本的行政程序，在申请人提出申请但不属于被请求机关的职权范围时，应当履行行政程序法规定的告知结果及理由说明的程序义务。其没有履行告知义务构成程序不作为违法。复议机关作出的复议决定适用法律错误。

本案申请人解决自己问题的正确途径有两个：其一，由申请人与其兄弟姐妹进行协商，协商不成的，向法院申请确认其母亲为无民事行为能力人。如果法院认为申请人之母不属于无民事行为能力人，那么，申请人想要确定自己为其母亲监护人的主张，在法律上不成立。如果法院确认申请人的母亲为无民事行为能力人，申请人就可以请求村委会或民政部门指定。村委会或民政部门不指定或对指定不服的，应当向法院提起民事诉讼。其二，直接向法院提起监护人确认诉讼，由法院裁判。

案例二：张某认为浦口区市场监督管理局不履行法定职责案

一、基本案情

2015年12月8日，浦口区居民张某向被南京市浦口区市场监督管理局以书面形式举报南京博洛尼电气有限公司生产销售无3C认证的断路器。2015年12月16日，浦口区市场监督管理局作出产品质量申诉受理的决定并书面通知了张某。张某主张自己始终没有收到浦口区市场监督管理局对其投诉案件的处理结果，遂以浦口区市场监督管理局未依法履行职责为由,向浦口区政府申请行政复议。复议机关受理后召集申请人和被申请人举行复议听证会,张某无故未出席。浦口区市场监督管理局主张:2015 年 12 月 17 日,浦口区市场监督管理局对南京博洛尼电气有限公司登记的住所——南京市浦口区星甸街道石桥工业开发区团结路45 号进行现场检查,发现南京博洛尼电气有限公司无实际生产场所和经营门面,后经查询南京博洛尼电气有限公司在 2015 年 9 月 22 日被列入经营异常名录。2016 年 1 月 5 日,浦口区市场监督管理局根据《网络交易管理办法》第 41 条规定,将举报(申诉)事宜移送杭州市余杭区市场监督管理局处理,并将处理情况电话告知申请人。

二、复议决定

南京市浦口区人民政府行政复议决定书

〔2016〕浦行复第 11 号

申请人:张某

被申请人:南京市浦口区市场监督管理局

申请人认为被申请人未将举报案件的处理结果告知申请人,侵犯了其合法权益,于 2016 年 5 月 26 日向本机关申请行政复议,本机关依法予以受理。为了便于查明案情,维护当事人的合法权益,2016 年 6 月 22 日本机关通知申请人、被申请人 2016 年 7 月 4 日在本机关召开行政复议听证会,申请人无正当理由拒不参加行政复议听证会。现本案已审理完结。

申请人请求确认被申请人未将举报案件的处理结果告知申请人,行为违法,并责令被申请人将举报案件的处理结果告知申请人。

申请人称:2015 年 12 月 8 日书面向被申请人举报南京博洛尼电气有限公司生产销售无 3C 认证的断路器,2015 年 12 月 16 日被申请人作出产品质量申诉受理的决定并书面通知了申请人,可时至 2016 年 5 月 21 日,被申请人也未将案件的处理结果告知申请人,其行为违反了《质量技术监督行政处罚程序规定》第三十二条之规定,其行为违法。

被申请人辩称:对申请人的举报(申诉)事项依法进行了核查,申请人举报(申诉)的南京博洛尼电气有限公司在登记住所查无实际生产场所和经营门面,已被列入经营异常名录;已将举报(申诉)事宜移送杭州市余杭区市场监督管理局处理,并对申请人进行了电话回复;已按规定程序和内容对申请人举报(申诉)事项作出处理,履行了全部法定职权和义务。

经审理查明:2015年12月10日,被申请人收到申请人的举报(申诉)信,2015年12月16日被申请人作出了受理决定,并书面告知了申请人。2015年12月17日,被申请人对南京博洛尼电气有限公司登记住所:南京市浦口区星甸街道石桥工业开发区团结路45号进行现场检查,发现南京博洛尼电气有限公司无实际生产场所和经营门面,后经查询南京博洛尼电气有限公司2015年9月22日列入经营异常名录。2016年1月5日,被申请人根据《网络交易管理办法》第四十一条的规定,将举报(申诉)事宜移送杭州市余杭区市场监督管理局处理,并将处理情况电话告知申请人。

以上事实由1. 浦市监申通字〔2015〕09号《浦口区市场监督管理局产品质量申诉受理通知书》、送达回证及申诉举报函;2. 南京市浦口区星甸街道招商引资办公室出具的证明;3. 全国企业信用信息公示系统(江苏)显示的南京博洛尼电气有限公司被列入经营异常名录的信息;4. 浦市监移字〔2015〕05号《南京市浦口区市场监督管理局移送函》、邮局系统显示该份快递的信息照片;5. 回复申请人的通话记录、电话录音文件:15070684351－20160106095316. wav及文字摘要等予以证实。

本机关认为:《质量技术监督行政处罚程序规定》第三十二条规定:“质量技术监督部门办理行政处罚案件,应当自立案之日起3个月内作出处理决定。因案情复杂不能按期作出处理决定的,经质量技术监督部门主要负责人批准,可以延长30日。案情特别复杂,经延期仍不能作出处理决定的,应当报请上一级质量技术监督部门批准,适当延长办案期限。”该规定是对被申请人实施行政处罚的内部处理程序规定,并未要求被申请人将处理结果告知申请人;被申请人收到举报投诉后,已按照《产品质量申诉处理办法》的规定进行了处理,并将处理情况电话告知了申请人,履行了被申请人应尽的法定义务。

综上所述,申请人的复议申请没有法律依据。根据《中华人民共和国行政复议法实施条例》第二十八条、四十八条第一款第一项规定，本机关决定：

驳回申请人的行政复议申请。

如不服本决定，可以在接到本决定书之日起15日内，依法向南京市中级人民法院提起行政诉讼。

二〇一六年七月十一日

三、理论评析

本行政复议案件，是复议申请人张某因未收到被申请人就其投诉案件的处理结果而以被申请人不履行法定职责为由申请复议引发的。申请人的复议请求有两项：一是请求复议机关确认被申请人未将投诉案件处理结果告知申请人的不作为行为违法，二是请求复议机关责令被申请人告知申请人有关投诉案件的处理结果。由此可知，本案争议的焦点是被申请人是否构成不作为、被申请人应否继续履行法定职责。

在讨论本案的争议焦点时，必须首先要准确把握本案当事人所争议的被申请人应否履行的“法定职责”究竟是什么？因为从复议申请人的复议请求看，他所要求的“投诉案件的处理结果”究竟指什么，也是比较模糊的。从本案的案情看，申请人所谓的“投诉案件的处理结果”有两种可能性：一是指受理投诉的被申请人在程序上究竟如何处理此案，例如被申请人所称的“将案件移送有管辖权的机关处理”就是一个程序性的案件结论。二是指受理投诉的被申请人在实体法上对被投诉企业是否予以处罚以及如何处罚的实体处理结果。

如果申请人所要的“投诉案件处理结果”是指程序性的案件处理结论，那么，依照复议决定书载明的信息，被申请人已经履行了告知义务，按照常理申请人不应该再申请行政复议。因为他已经得到了想要的结果。除非被申请人没有将案件的调查以及移送情况告知申请人，即被申请人“已将案件处理情况告知申请人”的主张没有证据支持或是谎言。对于这一点，由于申请人没有参与复议机关举行的听证会，复议决定书也没有特别提及这一点。复议决定书完全认可了被申请人的“已经电话通知申请人处理结果”的主张。如果被申请人有关“已经将案件处理结果电话告知申请人”的主张真实有据，申请人依然申请行政复议，要求复议机关责令被申请人履行职责，告知申请人投诉案件的处理结果，那么，合理的解释只能是，申请人真正想要的并不是一个程序性的案件处理结论，而是被申请人对于被投诉企业的查处的实体性处理结果。因为被申请人电话通知申请人的案件处理结论，仅仅是被申请人将案件移送情况，而这不是申请人想要的结果。

从复议决定书反映的复议机关的审查要点及最终的复议决定看，复议机关完全是在前述第一种可能性的意义上理解“被申请人的法定职责”的。因为只有这样，才能得出被申请人完全履行了法定职责的结论，驳回申请人的复议请求的决定才能成立。但是，如前所述，如果申请人要求被申请人履行的法定职责仅仅是告知其案件调查及移送的情况，在复议机关已经认定被申请人已经告知了申请人相关信息的情形下，那么，复议申请人依然申请行政复议就是无理取闹，没事找事。现实中的确不乏这种现象，但不能因为有这种现象就任意推断特定案件的申请人也是无理取闹。这种推理及结论无疑是草率的。根据前面的推理分析，本案申请人申请复议的行为，完全有一种合理解释，那就是复议申请人想要的不是有关案件调查及移送的程序性结论，而是被申请人对被投诉企业的查处结果（被投诉企业是否违法、应否受处罚以及最终怎么处罚的情况）。从充分有效救济行政利害关系人的权益的角度考虑，复议机关如果能够认真分析思考，就应当想到这种情形。如果想到了这种情况，那么，复议机关就应该进一步询问申请人的诉讼目标究竟是什么。如果复议申请人的回答应征了前面的而合理推理，即复议申请人想要的就是对被投诉企业的查处结论，那么，复议机关需要查明的问题就不是被申请人是否履行了程序性的答复义务，而是被申请人是否有查处被投诉企业的职权职责以及被申请人是否履行了该等职责。顺着这样的思路，根据本案的全部信息，复议机关作出的复议决定应该也是驳回申请人的请求，但理由不应该是被申请人已经履行了答复义务，而应该是被申请人对被投诉企业的违法行为没有查处权。因为，如果被申请人将投诉案件移送给杭州市余杭区市场监督管理局的做法是合法的，那么，对本案所涉被投诉企业的违法行为负有查处职责的机关，就应该是杭州市余杭区市场监督管理局,而不是本案被申请人。所以,申请人请求被申请人履行对被投诉企业进行查处的要求于法无据。如果申请人想要一个对被投诉企业查处的实体法结论,就应该以杭州市余杭区市场监督管理局为被申请人申请行政复议或提起行政诉讼。如果是这样,案件的管辖机关就应该是杭州市余杭区人民政府或杭州市余杭区人民法院。

从完善当事人权利救济以及加强各地区行政执法合作的角度考虑,本案暴露了一个值得进一步思考和解决的问题,那就是本案被申请人将案件移送给杭州市余杭区市场监督管理局之后,是否有后续的跟进案件调查处理过程并将最终结论告知本案申请人(投诉人)的义务?如果没有这种制度衔接的设置,在电子商务全国化甚至全球化的背景下,消费者如何跨区域甚至跨国维护自己的权益,则是一个成本高昂而且艰难的问题。

案例三:亓某不服浦口区市场监督管理局不予受理决定案

一、基本案情

2018年7月6日,亓某向南京市浦口区市场监督管理局电话举报南京初美文化传媒有限公司发布违法广告的行为。浦口区市场监督管理局以亓某举报事务不属于其管辖范围为由拒绝立案。亓某根据《互联网广告管理暂行办法》以及《工商行政管理机关行政处罚程序规定》,认为浦口区市场监督管理局对初美文化传媒有限公司发布违法广告的行为有管辖权。在后期的沟通中,浦口区市场监督管理局改称因南京初美文化传媒有限公司不在其营业执照登记住所地经营,属经营异常情况,所以不予立案。但亓某根据《中华人民共和国公司法》《中华人民共和国公司登记管理条例》的规定,认为浦口区市场监督管理局的理由缺乏法律依据,不能因南京初美文化传媒有限公司经营异常就对其丧失管辖权。8月16日,亓某以浦口区市场监督管理局拒绝立案违法为由,向南京市浦口区人民政府申请行政复议。8月20日,复议机关向浦口区市场监督管理局送达《行政复议答复通知书》,要求其书面答复并提交相关材料。同日,亓某向复议机关提交《行政复议撤回申请书》,申请撤回行政复议。9月3日,复议机关作出《行政复议终止通知书》,行政复议终止。

二、复议决定

南京市浦口区人民政府行政复议终止通知书

〔2018〕浦行复第21号

申请人：亓某

被申请人：南京市浦口区市场监督管理局

申请人认为被申请人不予立案决定的答复违法，向本机关申请行政复议，本机关依法予以受理。行政复议期间，申请人向本机关提出撤回行政复议申请。根据《中华人民共和国行政复议法实施条例》第四十二条第一款第一项的规定，行政复议终止。

二〇一八年九月十三日

三、理论评析

本案是一起典型的实体性行政不作为复议案。申请人亓某以南京初美文化传媒有限公司发布违法广告为由向被申请人提出举报，要求被申请人对南京初美文化传媒有限公司的违法行为进行查处。被申请人以其没有管辖权拒绝立案。申请人不服并申请行政复议。复议机关受理申请人的申请后，以申请人在复议审查期间申请撤回复议申请为由终结了复议程序。

行政主体查处公民、法人或其他组织的违法行为，是一种依职权的行政行为。若行政主体负有积极履行查处违法行为的法定职责，在有人举报因而行政主体知道了履行职责的法定条件已经成就的情形下，行政主体如果依然不履行查处职责，就构成实体性行政不作为违法。本案中的情形正是如此。若本案申请人在复议审查期间不申请撤回复议请求，复议机关就应当审查如下问题：(1)本案被申请人是否负有查处被举报企业南京初美文化传媒有限公司违法发布广告行为的法定职责；(2)被申请人是否知道或应当知道被投诉企业涉嫌发布违法广告的情况；(3)被申请人是否在法定期间内履行了查处违法行为的法定职责；(4)被申请人查处被举报企业违法行为的决定是否合法；(5)被申请人是否将最终的查处决定告知举报人等。

从复议机关作出的行政复议终结通知书可知,因复议申请人在复议审查阶段撤回了复议申请,所以,复议机关对于被申请人是否构成行政不作为违法没有进行实质审查就终结了复议程序。从个案实证分析的角度看,本案在理论上依然有两个主要问题有待深入分析:一是被申请人是否构成不作为违法;二是复议机关是否可以无条件地基于申请人撤回复议申请的请求就一律终结复议程序,且在法律文书中对申请人撤回申请的理由及其复议机关对该等理由的审查不做任何说明。

关于本案被申请人就申请人的举报拒绝立案的决定是否合法的问题,可以从行政主体资格、行政主体的权限、行政行为的内容以及行政行为的程序等方面展开讨论。在主体资格方面,作出拒绝立案决定的本案被申请人浦口区市场监督管理局,是浦口区人民政府的组成部门,具有行政权能,并能以自己名义运用行政权力,独立承担相应法律责任的国家行政机关,具有行政主体资格。在行政权限方面,根据《广告法》第53条、①《互联网广告管理暂行办法》第18条②及《广告法》第6条③的规定,对于南京初美文化传媒有限公司涉嫌违法发布广告的行为,被申请人有管辖权。在行政行为的内容方面,被申请人拒绝立案的决定没有法律依据且其理由反复,不合法。被申请人应当立案查处而拒绝立案,构成行政不作为违法。在行政程序方面,《广告法》第53条规定,接到投诉、举报的部门应当自收到投诉之日起7个工作日内,予以处理并告知投诉、举报人。申请人于2018年7月6日向浦口区市场监督管理局举报,7月10日收到电话答复,被申请人的行为符合法定程序。综上所述,本案被申请人的行为构成行政不作为违法。

---

① 《广告法》第53条规定,任何单位或者个人有权向市场监督管理部门和有关部门投诉、举报违反本法的行为。市场监督管理部门和有关部门应当向社会公开受理投诉、举报的电话、信箱或者电子邮件地址,接到投诉、举报的部门应当自收到投诉之日起7个工作日内,予以处理并告知投诉、举报人。

② 《互联网广告管理暂行办法》第18条规定,对互联网广告违法行为实施行政处罚,由广告发布者所在地工商行政管理部门管辖。广告发布者所在地工商行政管理部门管辖异地广告主、广告经营者有困难的,可以将广告主、广告经营者的违法情况移交广告主、广告经营者所在地工商行政管理部门处理。

③ 《广告法》第6条第2项规定,县级以上地方市场监督管理部门主管本行政区域的广告监督管理工作,县级以上地方人民政府有关部门在各自的职责范围内负责广告管理相关工作。

关于复议机关因申请人撤回申请而终结复议程序的合法性问题，根据《行政复议法》及《行政复议法实施条例》有关撤回复议申请的条款的规定及其反映的立法意图，复议机关以复议申请人撤回复议申请为由终结复议程序必须具备两个条件：一是申请人撤回复议申请必须要说明理由，二是复议机关经审查同意申请人的撤回，复议机关是否应该同意依赖于复议机关的监督职责及系属案件所涉行政行为是否合法、是否需要矫正。在不具备法定条件的情况下，复议机关终结复议程序且不说明理由的做法是值得商榷的。具体的理论分析论证可参阅上一章——行政征收征用行政复议案中关于“冯某等不服房产局征收物业维修基金申请行政复议案”的相关分析论证，此处不再赘述。

案例四：邓某认为南京市质量技术监督局浦口分局不履行法定职责案

一、基本案情

消费者邓某以南京佳茂食品厂生产的桂花酒酿产品不符合食品安全国家标准 GB28050—2011 的规定为由向南京市质量技术监督局鼓楼分局进行举报。南京市质量技术监督管理局鼓楼分局收到举报后，因南京佳茂食品厂已经迁址至浦口，遂将举报（申诉）信移送至南京市质量技术监督局浦口分局。2013 年 11 月 13 日，被申请人收到南京市质量技术监督局鼓楼分局移送的《质量技术监督产品质量申诉移送书》（宁鼓质监申移字〔2013〕01 号）后，对举报内容及时进行了核查，并于 2013 年 11 月 15 日依法予以立案。举报人邓某因一直没有收到南京市质量技术监督管理局浦口分局对举报的处理结果，遂以南京市质量技术监督管理局浦口分局未履行法定职责为由，向浦口区人民政府申请复议。

复议机关受理复议申请后经调查确认：南京市质量技术监督管理局浦口分局对邓某举报的情况进行了调查，最终确认南京佳茂食品厂生产的桂花酒酿产品违反食品安全国家标准 GB28050—2011 的规定，并于 2013 年 12 月 16 日，依据《中华人民共和国标准化法实施条例》第 32 条第 1 款、第 2 款的规定，对南京佳茂食品厂的经营者朱某实施了行政处罚，同日朱某缴纳了全部罚没款人民币 2000 元。

二、复议决定

南京市浦口区人民政府驳回行政复议申请决定书

〔2014〕浦行复第5号

申请人:邓某

被申请人:南京市质量技术监督局浦口分局

申请人以被申请人不履行法定职责为由,于2014年3月20日向本机关申请复议。经审查,本机关依法予以受理。

申请人请求责令被申请人对南京佳茂食品厂生产的桂花酒酿产品不符合食品安全国家标准GB28050—2011的规定的行为作出行政处罚决定。

申请人称:申请人举报南京佳茂食品厂生产的桂花酒酿产品不符合食品安全国家标准GB28050—2011的规定,被申请人2013年11月25日立案后,至今未作出行政处罚决定。

被申请人辩称:对申请人举报的南京佳茂食品厂生产的桂花酒酿产品不符合食品安全国家标准GB28050—2011的规定的违法行为,被申请人及时进行了核查,并依法进行了查处,现南京佳茂食品厂已履行了处罚决定。申请人的行政复议请求事实不清,请求依法驳回申请人的复议申请。

经审理查明:2013年11月13日,被申请人收到南京市质量技术监督局鼓楼分局移送的《质量技术监督产品质量申诉移送书》(宁鼓质监申移字〔2013〕01号)后,对举报内容及时进行了核查,并于2013年11月15日依法予以立案。经调查,南京佳茂食品厂生产的桂花酒酿产品违反食品安全国家标准GB28050—2011的规定。2013年12月16日,被申请人依据《中华人民共和国标准化法实施条例》第三十二条第一款、第二款的规定对南京佳茂食品厂的经营者朱某实施了行政处罚,同日朱某缴纳了全部罚没款人民币2000元。

上述事实有:1.《质量技术监督产品质量申诉移送书》(宁鼓质监申移字〔2013〕01号);2.《质量技术立案审批表》(宁浦质技监立字〔2013〕030号);3.《质量技术监督行政处罚决定书》(宁浦质技监罚字〔2013〕

030 号)及罚没收据予以证明。

本机关认为:申请人申请复议前被申请人已履行了法定职责,对南京佳茂食品厂的经营者朱某实施了行政处罚。申请人的复议申请属于《中华人民共和国行政复议法实施条例》第四十八条第一款第一项规定的情形。根据该条规定,本机关决定:驳回申请人的行政复议申请。

二〇一四年四月二十二日

三、理论评析

从申请人的复议请求看,本案是一起实体行政不作为案。因为申请人的复议请求,明确要求复议机关责令被申请人履行对被举报企业的违法行为查处的行政职责。但从案件审理过程中被申请人的答辩及复议机关确认的事实看,本案属于纯粹的程序不作为案。因为,本案申请人申请行政复议的理由是,其一直没有收到被申请人对被举报企业违法行为的查处结果。但被申请人在复议答辩中辩称自己已经对被举报企业进行了查处,复议机关在复议决定中也认可了被申请人的主张。由此可知,被申请人已经实际履行了查处违法生产销售不符合国家标准的食品的违法行为,只是没有正式通知申请人,才导致申请人误以为被申请人没有履行查出职责。从程序正义角度看,本案被申请人应当将查处被举报企业的违法行为的结果明确告知举报人即本案申请人。然而,无论是从被申请人的复议答辩中还是复议决定书中,都看不出被申请人将举报案件的查处结果告知举报人的事实。因此,应当认定被申请人没有履行告知义务。

由于复议程序采取书面审理,一般情况下,复议申请人与被申请人在复议程序中没有面对面陈述辩论的机会。所以,如果复议机关没有举行复议听证会或协调会,申请人与被申请人没有机会面对面交流信息的机会的话,即便被申请人履行了查处违法行为职责的情况,申请人依然不知道。基于此,复议机关应当作出确认被申请人不履行告知义务的行为构成程序违法不作为,责令被申请人履行程序性的告知义务,驳回申请人要求被申请人履行查处违法企业的职责的复议请求。

本案复议机关作出的复议决定是,驳回申请人的复议请求。其理由是:被申请人已经履行了申请人所要求的法定职责。基于前面的分析,这一复议决定是错误的。其根本原因是,复议机关没有充分认识到行政复议机制与解决民商事争议的民事救济机制的重大差异,即民商事争议的解决机制通常采取当事人主义并且采用言辞审理,而行政复议机制采取职责主义和书面审理。这种差异的具体表现是:(1)复议机关对复议案件要进行全面审查,不以申请人的复议请求为限。既要审查引发行政争议的行政行为的合法性、适当性,又要审查申请人的复议请求是否在法律上应当予以支持,以及根据全案的情况依法作出既能监督行政主体依法行政又能对申请人的权益予以有效救济的复议决定。与此不同,民事救济程序中案件管辖机关的审查权限仅限于原告的诉讼请求,最终的决定也只能是要么支持原告的请求要么驳回原告的请求,不能自主选择管辖机关认为更合适的其他处理办法。(2)民事救济机制通常采取言辞审理,在案件审理过程中,案件当事人可以通过陈述辩论实现信息交互与共享。而行政复议机制一般采取书面审理,复议申请人根本看不到被申请人答辩的主张及其理由。复议机关通常根据申请人的申请和被申请人的答辩并辅之以适当的调查了解案情后作出复议决定。

本案中,复议申请人的请求的确是要求被申请人履行实体性义务。根据被申请人的答辩以及复议机关的确认,被申请人已经实际履行了申请人所要求的实体法义务。基于这两点完全可以得出复议申请人的请求不适当应当予以驳回的结论。如此一来,复议机关作出的决定就是完全正确的。但是,必须强调指出的是,因为被申请人没有履行告知义务,申请人事实上并不知道被申请人履行职责的信息,所以,站在申请人的角度考虑,不能强求他未卜先知,更不能认为申请人在不知道被申请人已经履行了查处违法企业的义务的情况下要求被申请人履行义务是错误的。申请人在没有收到被申请人履行职责的通知的情况下,推定被申请人没有履行法定职责并申请行政复议的做法,是完全合理的。复议机关不可以凭借自己在审理案件过程中单方面获知的全部信息,责难不知道这些信息的申请人。复议机关应当采取的正确做法是,根据案件的全部信息,积极地全面审查被申请人的行政行为的合法性、适当性,在此基础上选择能够有效救济申请人权益的恰当方式并作出复议决定。

本案中,申请人应该不知道被申请人已经履行了查处职责,基于程序正义他有权知道,被申请人也有告知的法定义务。所以,复议机关应当确认被申请人构成程序不作为违法,并责令被申请人履行告知义务。这是对申请人权益的最合理的救济方式。由于被申请人已经履行了查处违法企业的义务,责令被申请人履行查处违法企业的违法行为已经没有意义。所以,复议机关应当驳回复议申请人请求被申请人履行查处职责的复议请求。在复议机关作出这样的复议决定,并且被申请人履行复议决定确定的告知义务后,如果申请人对被申请人已经作出的查处违法企业的行为满意,那么,本案就完满解决了。如果申请人在得到被申请人履行查处违法企业的结果通知后,依然对被申请人查处违法企业的行为不满意并且申请复议或提起诉讼的话,那就是另一个行政复议或行政诉讼案件。它是一个典型实体不作为复议案或诉讼案,其审查要点就是本案被申请人的处罚行为是否合法。至于本案被申请人对违法企业作出的处罚决定是否合法,复议机关在复议程序中并没有进行审查,而且复议决定书提供的事实信息有限,无法作进一步的分析讨论。

案例五:徐某认为南京市国土资源局浦口分局不履行行政补偿义务案

一、基本案情

1999 年徐某在浦口区老山林场东山分场大堰口,投资开办了南京东山里口采石有限公司。2002 年 8 月 20 日,根据市政府《贯彻省人大常委会关于实施限制开山采石的决定的实施意见》和《关于公布南京市首批禁止开山采石、限制开山采石区域范围的通知》的有关要求,南京市浦口区人民政府研究制定了《浦口区禁止开山采石工作方案》报请南京市人民政府予以批准。2002 年 9 月 27 日,南京市人民政府答复同意了《浦口区禁止开山采石工作方案》的批复。根据以上相关文件,2003 年申请人徐某在其矿场的采矿许可证到期后,将矿场关停。2008 年申请人向浦口区财政局申请公开矿山禁采补偿金安排情况,2008 年 7 月 22 日浦口区财政局对申请人要求的信息公开申请给予了答复,明确矿山禁采补偿金总额为 540 万元,由南京市国土资源局浦口分局分配。2012 年 9 月 3 日,依据政府文件的规定及浦口区财政局拨付 540 万元补偿款的事实,申请人向南京市浦口区人民政府申请行政复议,要求被申请人给付矿山补偿款278,300元。2012年9月14日,南京市浦口区人民政府对南京市国土资源局浦口分局提出答复通知书,要求南京市国土资源局浦口分局在收到申请书副本之日起10日内,对该行政复议申请书提出书面答复,并提交相关证据和材料。2012年9月18日,被申请人南京市国土资源局浦口分局提交了行政复议答复书,对以下三点作出了答复:1. 申请人的申请不属于《行政复议法》规定的行政给付范畴。2. 对申请人的矿山给予补偿不是被申请人的法定职责。3. 申请人的申请已超过了行政复议的申请期限。因此,请求浦口区人民政府查明事实,依法驳回申请人的复议请求。南京市浦口区人民政府经过审查作出了驳回申请人复议请求的复议决定。

二、复议决定

南京市浦口区人民政府行政复议决定书

〔2012〕浦行复第9号

申请人:徐某

被申请人:南京市国土资源局浦口分局

申请人对被申请人未按照政府文件(浦政发〔2002〕34号、宁政复〔2002〕105号)规定给付申请人矿山补偿款278,300元不服,于2012年9月4日向本机关申请行政复议,本机关经审查依法予以受理,现本案已审理终结。

申请人请求责令被申请人给付申请人矿山补偿款278,300元。

申请人称:1999年在浦口区老山林场东山分场大堰口投资开办了南京东山里口采石有限公司,2003年根据政府相关文件规定停止了生产。依据《关于浦口区禁止开山采石工作方案的请示》(浦政发〔2002〕34号)、《市政府关于同意浦口区禁止开山采石工作方案的批复》(宁政复〔2002〕105号)文件的规定以及浦口区财政局拨付给被申请人540万元矿山补偿款的事实,被申请人应当给付申请人矿山补偿款278,300元。

被申请人辩称:行政给付行政机关依法发放抚恤金、社会保险金或者最低生活保障费的行为,申请人的申请不属法定的行政给付范畴,不符合《行政复议法》第六条规定的行政复议受案范围；对申请人的矿山给予补偿不是被申请人的法定职责，申请人提交的《关于浦口区禁止开山采石工作方案的请示》（浦政发〔2002〕34号）、《市政府关于同意浦口区禁止开山采石工作方案的批复》（宁政复〔2002〕105号）文件没有规定被申请人应该对申请人的矿山给予经济补偿；申请人的申请已超过了行政复议的申请期限。2008年7月22日申请人知道了浦口区财政局拨付了540万元的矿山禁采补偿款，2012年9月4日才申请行政复议，远远地超过了60日的行政复议申请期限。

经审理查明：2002年8月20日，根据市政府《贯彻省人大常委会关于实施限制开山采石的决定的实施意见》（宁政发〔2002〕19号）和《关于公布南京市首批禁止开山采石、限制开山采石区域范围的通知》（宁政发〔2002〕105号）的有关要求，浦口区政府研究制定了《浦口区禁止开山采石工作方案》报请南京市人民政府予以批准。2002年9月27日，南京市人民政府答复同意了《浦口区禁止开山采石工作方案》（《市政府关于同意浦口区禁止开山采石工作方案的批复》宁政复〔2002〕105号）。《关于浦口区禁止开山采石工作方案的请示》（浦政发〔2002〕34号）、《市政府关于同意浦口区禁止开山采石工作方案的批复》（宁政复〔2002〕105号）没有确认由被申请人对申请人矿山禁采予以经济补偿。由于东山里口采石有限公司在禁采内，被停止了生产；2008年申请人向浦口区财政局申请公开矿山禁采补偿金安排情况，2008年7月22日浦口区财政局对申请人要求的信息公开申请给予了答复，明确矿山禁采补偿金总额为540万元。

以上事实有：1.《关于浦口区禁止开山采石工作方案的请示》（浦政发〔2002〕34号）；2.《市政府关于同意浦口区禁止开山采石工作方案的批复》（宁政复〔2002〕105号）；3.浦口区财政局作出的《关于政府信息公开申请的回复》予以证实。

本机关认为：《中华人民共和国行政复议法实施条例》第四十八条第一款规定：申请人认为行政机关不履行法定职责申请行政复议，行政复议机关受理后发现该行政机关没有相应法定职责或者在受理前已经履行法定职责的；受理行政复议申请后，发现该行政复议申请不符合《行政复议法》和本条例规定的受理条件的,行政复议机关应当驳回行政复议申请。申请人的行政给付申请不属法定的行政给付范畴,不符合《行政复议法》第六条规定的行政复议受案范围;没有法律和政策规定被申请人应对申请人给予矿山补偿,对申请人给予经济补偿不是被申请人的法定职责;申请人的行政复议申请超过了法定的行政复议申请期限。本机关决定,驳回申请人的行政复议申请。

二〇一二年十月二十五日

三、理论评析

本案是一起典型的行政补偿不作为行政复议案。从复议申请人的救济目标看,复议申请人真正想要达到的目标,是获得因其采矿企业被关停而应得的补偿金。申请人根据政府发布的矿山禁采及补偿政策,认为自己应当得到一定数额的补偿款而被申请人没有履行支付补偿款之义务,遂申请行政复议。从复议决定书载明的信息可知,被申请人在复议程序中的答辩主张及理由以及复议机关作出的复议决定及理由,都围绕三个问题展开:一是矿山禁采补偿款是否属于行政给付,二是被申请人是否负有给付矿山禁采补偿款之义务,三是申请人的复议申请是否超出法定的复议期限。复议机关最后作出的复议决定,对这三个问题都做出了否定性判断,并基于该判断而驳回了复议申请人的复议请求。

根据行政法原理以及《行政复议法》及其实施条例的规定,综合全案争点及事实信息,不难得出这样的结论:复议申请人的复议请求不具备行政复议案件受理的条件,复议机关应当不予受理。具体理由如下:

1. 复议申请不合法。复议申请人申请行政复议,必须是对已经存在的一个行政行为包括作为和不作为有异议。申请人提出异议的行政行为如果是行政作为即行政主体已经作出的积极行动,那么,只要与该行为有法律上的利害关系,申请人就可以提出复议申请;申请人提出异议的行政行为如果是行政不作为,那么,只有在申请人已经向负有法定职责的行政主体提出履行义务的请求且被明确决绝或申请人对行政主体应请求而作出的义务履行不满意的情形下,申请人才可申请行政复议。质言之,申请人在没有向他所认为的负有履行法定职责的行政主体提出履职申请的情形下,不能直接根据普遍性法律规范就行政主体的法定职责的规定直接提出复议申请。行政不作为复议申请,必须以申请人已经向被申请人提出过履职申请为条件。本案中,复议申请人并没有向被申请人提出过给付矿山禁采补偿款的请求,因此,对申请人而言,不存在一个行政不作为行为。因此,其复议申请属于无的放矢。所以,复议机关收到该复议申请后,应当明确告知申请人先向被申请人提出给付补偿款的请求,并裁定不予受理复议申请。

2. 复议申请人的复议请求表述是否恰当,不能成为复议机关直接驳回复议请求的充分理由。从复议决定书载明的信息可知,复议申请人在其复议请求的表述中的确使用了“给付”这一术语,但不能直接依此得出申请人的请求就是行政给付请求,进而判定本案争点不属于行政给付因而不属于行政复议的受案范围。复议申请人的复议请求的完整表述是:请求复议机关责令被申请人给付申请人矿山补偿款。从申请人的救济目标来看,这一复议请求的表述没有问题。仅凭这一表述无法得出申请人是以行政给付不作为为由申请复议的结论。在复议案件审理过程中,被申请人的答辩理由之一,就是针对申请人请求的给付补偿款是否是《行政复议法》第 6 条第 1 款第 10 项[①]规定的行政给付。被申请人的观点是,矿山禁采补偿款的给付,不是行政给付。复议机关也据此作出了复议决定。

从行政法理论看,无论基于什么理由,只要行政主体负担的义务是已经明确确定的特定数额的金钱给付,本质上就是狭义的行政给付。若是从广义而言,行政给付概念的外延更加宽泛,不仅包括金钱给付,还包括公共设施的建设等。本案中,若申请人先向负有给付补偿款义务的行政主体提出请求,收到申请的行政主体作出了给付决定而不履行,那么,申请人的复议申请就是典型的金钱给付申请,无疑属于行政给付;收到申请的行政主体如果拒绝作出给付决定,那么,申请人的复议请求,就应该是请求复议机关撤销拒绝决定和责令被申请人给付补偿款两项,本质

① 参见《行政复议法》第 6 条第 1 款第 10 项:申请行政机关依法发放抚恤金、社会保险金或者最低生活保障费,行政机关没有依法发放的。

上还是行政给付。因此,认为矿山禁采补偿款的给付不是行政给付的论断是错误的。

诚然,《行政复议法》第6条第1款第10项,仅仅列举了抚恤金、社会保险金以及最低生活保障金三种金钱给付义务。但从我国法律体系的整体看,行政主体在法律上负担的金钱给付义务远不止这三种。《行政复议法》只列举三种并且没有加具有兜底功能的"等"字,的确是不应该发生的立法疏漏。但在解释该条法律时,不应该完全拘泥于法律条文的文义,而应该根据立法整体,在整体把握立法目的的基础上进行。因此,不可以仅凭《行政复议法》没有列明其他金钱给付义务,就直接得出行政主体不履行其他金钱给付义务的情形不属于行政复议的受案范围之结论。即使认可给付矿山禁采补偿款不属于《行政复议法》第6条第1款第10项规定的行政给付,是否就可得出本案申请人的申请不属于行政复议的受案范围的结论?答案无疑是否定的,即使申请人的申请不符合《行政复议法》第6条第1款第10项规定的行政给付,也完全可以根据《行政复议法》第6条第1款第11项的规定,得出本案申请人的申请属于行政复议的受案范围的结论。正如前文所述,本案复议机关不应当受理复议申请人的复议申请的理由,不是申请人的申请不属于行政复议受案范围,而是复议申请不成熟,未满足提起行政复议的程序条件。

退一步讲,即使复议申请人的复议请求表述不适当,复议机关作为执法机关,基于其所承担的行政监督职能,应当秉持"以吏为师"之古训,对复议申请人履行法律释明义务,建议和帮助申请人修正复议请求,而不应当直接以申请人的复议请求表述不当为由驳回请求。

3. 因前文述及的理由,复议机关不应当受理本案,自然无须进一步审查被申请人在法律上是否负有向申请人给付矿产禁采补偿款的义务问题。本案复议机关不仅受理了行政复议申请,而且对被申请人是否负有法定义务也进行了审查。其结论是,被申请人没有给付补偿款的法定职责,具体理由是申请人的采石矿是因许可证到期而歇业的,不是政府强令关停的。就本案复议决定书载明的信息看,复议机关的结论不正确,其理由与结论也不匹配。正确的判断及表述应该是:被申请人负有对政府强制关停的采矿企业支付补偿款的义务,但申请人不符合获得补偿款的法定条件,因而申请人请求被申请人支付矿山禁采补偿款的请求于法无据,不予支持。

案例六:南京绿润新能源公司认为泰山街道办事处未履行法定职责案

一、基本案情

2013 年 6 月,南京绿润新能源有限公司向南京高新区投资促进局申请技改项目备案过程中,按照南京高新区投资促进局的要求去找南京市浦口区人民政府泰山街道办事处盖章,泰山街道办事处以申请人的技改项目与泰山街道的产业定位不符、申请人的技改项目在南京市老山景区内应当征得老山景区管理机构的同意以及在技改项目备案申请表上盖章并不是其对申请人负担的法定职责为由予以拒绝,并多次口头告知申请人该技改项目不符合地区产业规划和老山专项规划。

2013 年 12 月 23 日南京绿润新能源有限公司向泰山街道发出关于项目迁出的申请,请求泰山街道办事处对于迁出请示做批复,便于项目迁建。2014 年 1 月 28 日南京绿润能源有限公司法定代表人彭某向泰山街道发出请求书,要求泰山街道配合其执行老山景区管理处的决定。泰山街道对此作出情况说明,表示原则上同意南京绿润新能源有限公司搬离社区,并要求彭某在半年之内将企业搬离社区,缴纳在此期限内的相关费用。2014 年 6 月 13 日南京绿润新能源有限公司向泰山街道办事处索赔相关损失和利润。2014 年 7 月 16 日彭某以泰山街道办事处行政不作为为由向浦口区人民政府申请行政复议。2014 年 8 月 7 日浦口区人民政府作出驳回行政复议申请决定书,驳回申请人的行政复议请求。

二、复议决定

南京市浦口区人民政府驳回行政复议申请决定书

〔2014〕浦行复第 24 号

申请人:南京绿润新能源有限公司

被申请人:南京市浦口区人民政府泰山街道办事处

申请人以被申请人不履行法定职责为由,于 2014 年 7 月 16 日向本机关申请复议。经审查,本机关依法予以受理。

申请人请求确认被申请人拒绝履行在技改申请表格上盖章的法定职责,其行为违法;责令被申请人承担其未履行法定职责给申请人造成的一切经济损失;责令被申请人对申请人实施企业搬迁。

申请人称:2013年6月4日,申请人向南京高新区投资促进局申请技改项目备案,申请人按照南京高新区投资促进局的要求去被申请人处盖章,被申请人以种种理由拒绝在项目立项申请表上盖章,被申请人拒不履行法定职责,行为违法。

被申请人辩称:申请人的技改项目与泰山街道的产业定位不符;申请人的技改项目在南京市老山景区内,该项目的建设应当征得老山景区管理机构的同意;在技改项目备案申请表上盖章只是备案机关征求被申请人意见的方式,并不是被申请人的法定职责;被申请人收到申请人技改备案申请表后已多次口头告知该技改项目不符合地区产业规划和老山专项规划。

经审理查明:《江苏省企业投资项目备案暂行办法》第七条规定,项目申报单位申请备案时应向备案机关提交项目备案申请表。项目备案申请表应包括企业基本情况、项目基本情况、项目投资基本情况,并无要求所在地基层政府或者派出机关盖章的内容。项目备案机关作出备案决定前,认为有必要的,可以征求行业主管部门的意见。行业主管部门在收到征求意见函(附项目备案申请表)后5个工作日内,应当向项目备案机关提出书面审核意见;逾期没有反馈书面意见的,视为同意。被申请人的"三定方案"(职能配置、内设机构、人员编制)中也没有设定对技改立项审核的职能。

本机关认为:《江苏省企业投资项目备案暂行办法》和被申请人的"三定方案"没有设定被申请人对技改立项申请审核盖章的法定职责;备案机关要求被申请人在技改立项申请表上盖章只是征求被申请人的意见,被申请人应向备案机关反馈意见,其是否反馈意见的行为只相对备案机关,并不针对申请人。申请人的复议申请属于《中华人民共和国行政复议法实施条例》第四十八条第一款第一项规定的情形。根据该条规定,本机关决定:驳回申请人的行政复议申请。

二〇一四年八月七日

三、理论评析

本案是一起典型的行政不作为附带行政赔偿复议案。申请人以被申请人拒绝给其技改项目备案表上盖章致使企业技改及搬迁无法顺利进行且造成重大损失为由，请求复议机关确认被申请人的行为违法，并责令被申请人赔偿损失。被申请人在复议程序中辩称，根据相关法律、政策，申请人的技改项目备案表无需预先由被申请人审查盖章，因而被申请人的行为合法。复议机关完全认可被申请人的答辩主张及理由，遂作出驳回申请人复议请求的决定。

根据复议决定书载明的信息，被申请人的答辩在法律上完全成立，复议决定也完全正确。

1. 依据《行政复议法》第 31 条之规定，行政复议机关应当自受理申请之日起 60 日内作出行政复议决定；但是法律规定的行政复议期限少于 60 日的除外。情况复杂，不能在规定期限内作出行政复议决定的，经行政复议机关的负责人批准，可以适当延长，并告知申请人和被申请人；但是延长期限最多不超过 30 日。行政复议机关作出行政复议决定，应当制作行政复议决定书，并加盖印章。行政复议决定书一经送达，即发生法律效力。本案中，浦口区人民政府在收到复议申请后 23 日内作出行政复议的决定，符合对于时间上的要求。

《行政复议法》第 15 条第 1 款规定：对县级以上地方人民政府依法设立的派出机关的具体行政行为不服的，向设立该派出机关的人民政府申请行政复议。本案中被申请人南京市浦口区人民政府泰山街道办事处，是由浦口区人民政府设立的派出机关，对其行政行为引发的行政复议案件，浦口区人民政府拥有管辖权。在申请人因对被申请人的行政行为向浦口区政府提出复议申请时，浦口区政府予以受理是正确的。

2.《行政复议法实施条例》第 48 条规定："有下列情形之一的，行政复议机关应当决定驳回行政复议申请：(一) 申请人认为行政机关不履行法定职责申请行政复议，行政复议机关受理后发现该行政机关没有相应法定职责或者在受理前已经履行法定职责的……"依据《江苏省企业投资项目备案暂行办法》第 7 条规定，项目单位申请备案时应向项目备案机关提交项目备案申请表。项目备案申请表包括以下内容:(1)项目法人基本情况;(2)项目基本情况;(3)项目投资基本情况。被申请人没有必须在申请人的技改项目备案表上盖章的法定职责。所以,复议机关驳回申请人的复议请求的决定正确。

不过,本案有一个令人疑惑但被复议机关完全回避的问题,值得进一步讨论。既然被申请人和复议机关都认为申请人向南京高新区技术促进局提交的技改项目备案申请表不需要被申请人先盖章,那么,申请人在办理技改项目备案时为何非要找被申请人盖章,难道申请人是没事故意给自己找事?这样的推理非常不合常理。从申请人的主张及其理由中可以知道,申请人之所以非要找被申请人盖章,是因为负责技改项目备案的高新区技术促进局要求如此。那么,究竟是高新区技术促进局的说法符合法律及政策,还是被申请人的说法符合法律及政策?如果复议机关认可的被申请人的说法是正确的,那么,高新区技术促进局的要求就是违法的。反之,被申请人的说法及复议机关的认定就是错误的。在本案中,就申请人的权利救济而言,这是一个至关重要的问题。假如复议决定正确,并生效,那么,申请人就应当以高新区技术促进局违法增设义务为由申请复议或提起诉讼。

从行政法治的总体要求看,本案的发展演变,在一定意义上反映了中国行政实践中客观存在的、行政主体之间相互推诿扯皮而使行政相对人疲于奔命无所适从的现象。具体就本案而言,根据《江苏省企业投资项目备案暂行办法》第7条的有关规定,被申请人南京市浦口区人民政府泰山街道办事处并没有在技改申请表格上盖章的职责要求,因此备案机关南京高新区投资促进局要求南京绿润新能源有限公司向泰山街道办事处请求盖章的行为,无疑是违法设定义务之举。即使这被解读为是南京高新区投资促进局要向泰山街道办事处征求相关意见,但根据《江苏省企业投资项目备案暂行办法》第12条的规定,泰山街道办事处逾期没有反馈书面审核意见的,应视为其同意;根据第13条的规定,南京高新区投资促进局应在受理项目备案申请后10个工作日内作出是否备案的决定,并向社会公开,有法律规定的特定情形的可延长7日,但备案机关并没有进行相关的程序,而是任由事情拖延下去,导致问题迟迟得不到解决。如果南京高新区投资促进局一开始便按照《江苏省企业投资项目备案暂行办法》的有关规定,对绿润公司的备案申请按程序进行处理,便很可能不会有后续的一系列争端,也不会浪费如此多的人力物力。

案例七:潘某认为浦口城管局未履行职责案

一、基本案情

潘某于 1996 年与原泰山镇桥北村签订了土地租赁协议,桥北村将 13.9 亩的土地租赁给潘某使用。金东公司所建的海德北岸售楼处在该块土地上。金东公司的海德北岸售楼处建筑面积 1022 平方米,属于临时建筑。2006 年 7 月 18 日取得临时建设工程规划许可证,其使用期限已满。2014 年 6 月 29 日,被申请人予以立案查处,2014 年 7 月 4 日作出了限期拆除决定,要求金东公司 7 日内自行拆除海德北岸售楼处,金东公司未履行。2014 年 7 月 16 日,被申请人向金东公司送达了《履行行政决定催告书》,要求金东公司履行行政决定,金东公司仍未履行。2014 年 7 月 24 日,被申请人向金东公司发出了《强制拆除公告》,2014 年 10 月 9 日,被申请人作出了强制拆除决定,并于 2014 年 10 月 10 日送达金东公司。法定期限内,金东公司对被申请人作出的限期拆除决定、强制拆除决定既未申请行政复议也未提起行政诉讼,两决定均已生效。

2012 年 9 月 29 日,南京市浦口区城市管理行政执法局(以下简称浦口城管)与南京市高新技术产业开发区管委会城市管理局(以下简称高新城管)签订委托执法协议,浦口城管将浦口区泰山街道、沿江街道、盘城街道行政区域内的城市规划管理的行政执法权委托给高新城管行使。以上所述的对金东公司作出的限期拆除决定、履行行政决定催告、强制拆除决定均为高新城管以浦口城管的名义实际作出。2014 年 10 月 17 日,浦口城管与高新城管根据《关于进一步完善高新区托管街道相关工作的意见》(浦委办发〔2014〕40 号)解除了泰山街道行政区域内城市规划管理行政执法委托事项,但在协议中明确 2014 年 10 月 17 日前,原泰山街道范围内的由高新城管作出的行政处罚尚未结案的,仍由高新城管履行完结。

二、复议决定

南京市浦口区人民政府行政复议决定书

〔2015〕浦行复第2号

申请人:潘某

被申请人:南京市浦口区城市管理行政执法局

申请人认为被申请人未依法履行法定职责拆除南京金东房地产开发有限公司(以下简称金东公司)所建的海德北岸售楼处的违法建筑,侵犯了其合法权益,向南京市人民政府提起行政复议。2015年4月1日,南京市人民政府法制办将复议申请材料转送本机关,2015年4月7日,申请人补正了被申请人不履行法定职责与其有利害关系的证明材料后,本机关依法予以受理,现本案已审理终结。

申请人请求责令被申请人依法拆除金东公司所建的海德北岸售楼处。

申请人称:金东公司所建的海德北岸售楼处为超期临时建筑。2014年6月29日被申请人对该建筑立案查处,2014年10月9日作出了强制执行决定。在法定期限内,金东公司即未申请行政复议也未提起行政诉讼,被申请人应当履行法定职责,依法强制拆除金东公司的海德北岸售楼处。

1996年申请人与原泰山镇桥北村签订了土地租赁协议,桥北村将13.9亩的土地租赁给申请人使用。金东公司所建的海德北岸售楼处在该块土地上,金东公司的海德北岸售楼处不依法拆除,直接侵犯了申请人的合法权益。

被申请人辩称:1.对金东公司海德北海售楼处的查处,被申请人已经完成了违建强制拆除的前置执法程序。根据《浦口区关于加强控制违法建筑工作的实施意见》(浦委发〔2008〕32号)和《关于明确高新区城市管理、行政执法职责与范围的通知》(宁高管〔2014〕8号)的相关规定,该处违建位于泰山街道辖区范围内,应由泰山街道组织实施对该违建的拆除。2.申请人的行政复议申请不在《行政复议法》第六条规定的行政复议申请范围之内,且该处违建是否拆除与申请人没有利害关系。

经审理查明:金东公司的海德北岸售楼处建筑面积1022平方米,属于临时建筑。2006年7月18日取得临时建设工程规划许可证,其使用期限已满。2014年6月29日,被申请人予以立案查处,2014年7月4日作出了限期拆除决定,要求金东公司7日内自行拆除海德北岸售楼处,金东公司未履行。2014年7月16日,被申请人向金东公司送达了《履行行政决定催告书》,要求金东公司履行行政决定,金东公司仍未履行。2014年7月24日,被申请人向金东公司发出了《强制拆除公告》,2014年10月9日,被申请人作出了强制拆除决定,并于2014年10月10日送达金东公司。法定期限内,金东公司对被申请人作出的限期拆除决定、强制拆除决定即未申请行政复议也未提起行政诉讼,两决定均已生效。

2012年9月29日,南京市浦口区城市管理行政执法局(以下简称浦口城管)与南京市高新技术产业开发区管委会城市管理行政执法局(以下简称高新城管)签订委托执法协议,浦口城管将浦口区泰山街道、沿江街道、盘城街道行政区域内的城市规划管理的行政执法权委托给高新城管行使。以上所述的对金东公司作出的限期拆除决定、履行行政决定催告、强制拆除决定均为高新城管以浦口城管的名义实际作出。2014年10月17日,浦口城管与高新城管根据《关于进一步完善高新区托管街道相关工作的意见》(浦委办发〔2014〕40号)解除了泰山街道行政区域内城市规划管理行政执法委托事项,但在协议中明确2014年10月17日前,原泰山街道范围内的由高新城管作出的行政处罚尚未结案的,仍由高新城管履行完结。

另查明,金东公司的海德北岸售楼处在申请人与原泰山镇桥北村租赁的土地范围之内,申请人曾经向高新城管举报,要求高新城管依法强制拆除金东公司的违法建筑。

以上事实有:1.《限期拆除决定书》及送达回证;2.《履行行政决定催告书》及送达回证;3.《强制拆除公告》;4.《强制拆除决定书》及送达回证;5.南京市规划局浦口分局《关于明确海德北岸售楼处临时规划许可的函》;6.《南京市浦口区城市管理局行政权执法权及事权移交高新区交接清单》(一)及《高新城市管理局与浦口区城市管理局职能、人员、经费、资产移交承接清单》;7. 申请人与原泰山镇桥北村签订的《协议》及泰山街道桥北社区(原泰山镇桥北村)出具的证明等材料予以证实。

本机关认为:金东公司违法建筑是否能依法拆除,关系到申请人是否能行使其租赁土地的使用权,与其有直接的利害关系;被申请人虽然完成了行政处罚程序,但并未对违法建筑予以强制拆除,未能实现执法目的,其应当履行强制拆除的职责;《浦口区关于加强控制违法建筑工作的实施意见》(浦委发〔2008〕32号)中只是明确属地具有控违职责,行使强制权须由法律授权方可实施,被申请人认为应由泰山街道组织实施对金东公司的违法建筑强制拆除没有法律依据;浦口城管可委托高新城管执法,当高新城管不履行委托所确定的义务时,应由浦口城管承担相应的法律后果。

综上所述,被申请人对金东公司的违法建筑具有强制拆除的法定职责,申请人的复议申请事实清楚,理由充分。根据《中华人民共和国行政复议法》第二十八条第一款第二项之规定,本机关决定:

被申请人在收到本决定书30日内,依法强制拆除金东公司海德北岸售楼处。

如不服本决定,可以在接到本决定书之日起15日内,依法向南京市中级人民法院提起行政诉讼。

二〇一五年六月三十日

三、理论评析

本案是一起行政实体性不作为行政复议案。申请人以被申请人不执行其作出并生效的违章建筑拆除决定为由申请复议,复议机关依法审查并作出复议决定。本案争议焦点主要有三个:第一,被申请人是否应该执行被申请人作出的强制拆除的决定;第二,申请人申请复议是否超过法定期限;第三,申请人与金东公司的超期违法建筑是否拆除有无利害关系。纵观全案信息,复议审查及复议决定合法。

(一)本案中有关行政行为的合法性

本案涉及的行政主体为被申请人南京市浦口区城市管理行政执法局。在本案中南京市浦口城市管理行政执法局作出的行政行为主要有:

于2014年6月29日对金东公司海德北岸售楼处予以立案查处并于2014年7月4日做出责令限期拆除的决定；在金东公司不予履行的情况下对其送达《履行行政决定催告书》，要求金东公司履行行政决定；在金东公司仍不履行的情况下于2014年7月24日，向金东公司发出了《强制拆除公告》，2014年10月9日，作出了强制拆除决定。该局已执行完毕该处违建强制拆除的前置执法程序，但未履行强制执法决定。

从合法性角度来说，根据案件卷宗中被申请人作出的具体行政行为的证据及依据，金东公司海德北岸售楼处属于超期违法建筑，根据《城乡规划法》第66条第1款第3项的规定，建设单位或者个人有下列行为之一的，由所在地城市、县人民政府城乡规划主管部门责令限期拆除，可以并处临时建设工程造价一倍以下的罚款：(1)未经批准进行临时建设的；(2)未按照批准内容进行临时建设的；(3)临时建筑物、构筑物超过批准期限不拆除，被申请人做出责令限期拆除的决定符合法律规定。被申请人作出责令限期拆除的决定并告知金东公司后，金东公司拒不履行，也未在规定期限内提出行政复议或者行政诉讼。后被申请人向金东公司送达了《履行行政决定催告书》，金东公司仍不履行。被申请人向金东公司发出了《强制拆除公告》后做出了强制拆除的决定并告知金东公司。根据《行政强制法》第44条的规定，对违法的建筑物、构筑物、设施等需要强制拆除的，应当由行政机关予以公告，限期当事人自行拆除。当事人在法定期限内不申请行政复议或者提起行政诉讼，又不拆除的，行政机关可以依法强制拆除。因此，被申请人作出强制拆除的决定符合法律规定。

本案中引发行政争议的行政行为，是被申请人对其作出的强制拆除决定未强制执行，并认为其已经完成了前置的执法程序，根据《浦口区关于加强控制违法建筑工作的实施意见》和《关于明确高新区城市管理、行政执法职责与范围的通知》的相关规定，本案所涉违章建筑虽然位于泰山街道辖区范围内，但《浦口区关于加强控制违法建筑工作的实施意见》(浦委发〔2008〕32号)中只是明确属地具有控违职责，行使强制权须由法律授权方可实施。因此，被申请人认为应由泰山街道组织实施对金东公司的违法建筑强制拆除没有法律依据。被申请人应当履行拆除违章建筑职责却未履行,构成行政不作为违法。

（二）行政复议的合法性

在受案范围方面,根据《行政复议法》第 6 条第 9 项和第 11 项的规定:申请行政机关履行保护人身权利、财产权利、受教育权利的法定职责,行政机关没有依法履行的;认为行政机关的其他具体行政行为侵犯其合法权益的。公民、法人或其他组织可以申请行政复议。在本案中,该违法建筑是否拆除与申请人的利益有关,如果不予拆除,申请人就无法使用租赁土地的使用权,该复议申请属于行政复议的受案范围。

在管辖权方面,根据《行政复议法》第 12 条和第 13 条的规定,对县级以上地方各级人民政府工作部门的具体行政行为不服的,由申请人选择,可以向该部门的本级人民政府申请行政复议,也可以向上一级主管部门申请行政复议。对地方各级人民政府的具体行政行为不服的,向上一级地方人民政府申请行政复议。本案中,被申请人是南京市浦口区城市管理行政执法局,其本级人民政府为南京市浦口区人民政府,所以该行政复议案件的管辖合法。

在复议申请的合法性方面,根据《行政复议法》第 9 条、第 11 条和第 16 条第 2 款的规定,公民、法人或者其他组织认为具体行政行为侵犯其合法权益的,可以自知道该具体行政行为之日起 60 日内提出行政复议申请;但是法律规定的申请期限超过 60 日的除外。申请人申请行政复议,可以书面申请,也可以口头申请。公民、法人或者其他组织向人民法院提起行政诉讼,人民法院已经依法受理的,不得申请行政复议。本案中,复议申请人与强制拆除违章建筑有法律上的利害关系,被申请人明确、适格,复议请求明确具体,本案争议属于行政复议受案范围,浦口区政府对本案享有管辖权,复议申请符合法定期限。所以,从申请复议的条件来看具有合法性。

在复议决定及其理由方面,本案复议决定是决定行政机关在一定期限内履行法定职责的类型。该复议决定的理由主要是依据证据和材料作出的事实认定、对《浦口区关于加强控制违法建筑工作的实施意见》等地方制度规章的理解以及《行政复议法》。该复议决定积极回应了申请人的请求,对申请人的请求,予以支持,要求被申请人于 30 日内执行强制拆除。但复议决定内容中,对事实的判断缺少法律依据和理论分析。

纵观全案,本案争议焦点是应否由被申请人浦口区城管行使拆除违建的权力。在案件前期,浦口区城管积极履行了行政前置程序,但政府机关履行行政职责时,仅对其作出行政处罚决定,却不实施具体的行政强制措施,导致了公民的合法权益不能得到及时合理的维护。同时,仅依据地方文件通知,对属于自身机关责任的不作为,推诿扯皮,导致政府丧失公信力,难以帮助人民解决问题。行政机关在解决具体问题时,不能仅依靠一纸决定或是公告来搪塞问题,应合理使用政府赋予的强制执法权,来更好地解决问题。对于公权力的运行应当建立健全监督机制,既要让权力在阳光下运行,也要让权力及时合理有效地得到运行。同时,有权审理行政复议的机关应该根据事实,援引法条,进行理论分析,确保决定的合法性、合理性。政府机关在解决类似问题时,应完善地方制度,明确责任,以避免出现问题后,行政机关借此互相推诿、逃避责任。

案例八:杜某认为浦口区社保中心未足额支付工伤保险待遇案

一、基本案情

2008 年 8 月 7 日,南京联翔机电装备有限公司的职工郑某在上班路上发生交通事故经抢救无效死亡。2011 年 9 月 5 日南京市浦口区人力资源和社会保障局作出了职工工伤认定书,认定郑某死亡属于工伤。2013 年 12 月 11 日,经桥林街道人民调解委员会协调,被申请人南京市浦口区社会保险管理中心向申请人支付工亡补助金 133,408 元。申请人杜某等认为南京市浦口区社会保险管理中心支付的工亡补助金与现行法律相违背,故于 2013 年 12 月 20 日向南京市浦口区人民政府申请行政复议,请求被申请人支付丧葬补助金 16,007 元、支付一次性工亡补助金 370,020 元、并按月支付供养亲属抚恤金 1430 元。2013 年 12 月 24 日,南京市浦口区人民政府予以受理。在案件审理期间,申请人与被申请人达成和解协议:被申请人支付申请人一次性工亡补助金不足部分 154,440 元、被申请人按照《工伤保险条例》的标准支付杜某等供养抚恤金(包含郑自荣死亡次月至今的供养抚恤金)。复议机关决定终结复议程序。

二、复议决定

南京市浦口区人民政府行政复议终止通知书

〔2013〕浦行复第8号

申请人:杜某等

被申请人:南京市浦口区社会保险管理中心

申请人以被申请人未按照法律规定足额支付申请人工伤保险待遇为由,于2013年12月20日向本机关申请复议,请求被申请人按照法律规定支付申请人的工伤保险待遇。经审查,本机关于2013年12月24日予以受理。在本案审理期间,申请人与被申请人达成和解协议。根据《中华人民共和国行政复议法实施条例》第四十二条第一款第四项的规定,行政复议终止。

二〇一四年二月十三日

三、理论评析

本案是一起关于工亡补助金支付而引发的行政争议,案件的争议焦点是工亡补助金的标准及其依据。申请人认为南京市浦口区社会保险管理中心支付的工亡补助金的计算方法与现行法律相悖、且数额差距较大,侵犯了其合法权益,遂提请行政复议。本案最终以当事人和解而终结。现从被申请人的行为合法性及复议决定的合法性两个方面,对全案语义分析讨论。

(一)工亡补助金给付行为的合法性

本案工亡补助金给付行为的主体,是南京市浦口区社会保险管理中心。《工伤保险条例》第5条规定,县级以上地方各级人民政府社会保险行政部门负责本行政区域内的工伤保险工作。社会保险行政部门按照国务院有关规定设立的社会保险经办机构(以下简称经办机构)具体承办工伤保险事务。据此,南京市浦口区社会保险管理中心是本案请求人请求的工亡补助金的给付主体,本案行政主体适格、权限合法。

从行政行为的内容与当事人和解的结果可知,本案被申请人作出的给付工亡补助金的行为适用法律错误,最终确定工亡补助金项目及数额不合法。被申请人应当适用修改后的《工伤保险条例》第 39 条。①

（二）行政复议的合法性

申请人认为南京市浦口区社会保险管理中心支付的工亡补助金的计算方法与现行法律相悖，侵犯了其合法权益，并根据《工伤保险条例》第 55 条、《行政复议法》第 12 条的规定，向南京市浦口区人民政府申请行政复议。根据我国《行政复议法》第 2 条和第 9 条的规定，只要公民、法人或者其他组织认为具体行政行为侵犯了其合法权益，就可以提出行政复议申请。本案所涉工亡补助金支付行为是行政给付，是具体行政行为，属于行政复议的受案范围。申请人与该支付行为有利害关系，具有行政复议申请人资格。根据《行政复议法》规定的复议案件的管辖规则，浦口区政府作为浦口区社会保险中心的上一级行政机关，对本案享有管辖权。

《行政复议法实施条例》第 44 条规定，公民、法人或者其他组织对行政机关行使法律、法规规定的自由裁量权作出的具体行政行为不服申请行政复议，申请人与被申请人在行政复议决定作出前自愿达成和解的，应当向行政复议机构提交书面和解协议；和解内容不损害社会公共利益和他人合法权益的，行政复议机构应当准许。第 42 条第 1 款第 4 项规定，申请人与被申请人依照本条例第四十条的规定，经行政复议机构准许达成和解的，行政复议终止。本案当事人在行政复议机构作出行政复议决定之前自愿达成和解，并依法于 2014 年 2 月 13 日提交了和解协议。因此，南京市浦口区人民政府作出行政复议终止的决定是合法的。

---

① 参见《工伤保险条例》第 39 条规定：职工因工死亡，其近亲属按照下列规定从工伤保险基金领取丧葬补助金、供养亲属抚恤金和一次性工亡补助金：（一）丧葬补助金为 6 个月的统筹地区上年度职工月平均工资；（二）供养亲属抚恤金按照职工本人工资的一定比例发给由因工死亡职工生前提供主要生活来源、无劳动能力的亲属。标准为：配偶每月 40%，其他亲属每人每月 30%，孤寡老人或者孤儿每人每月在上述标准的基础上增加 10%。核定的各供养亲属的抚恤金之和不应高于因工死亡职工生前的工资。供养亲属的具体范围由国务院社会保险行政部门规定；（三）一次性工亡补助金标准为上一年度全国城镇居民人均可支配收入的 20 倍。伤残职工在停工留薪期内因工伤导致死亡的，其近亲属享受本条第一款规定的待遇。一级至四级伤残职工在停工留薪期满后死亡的，其近亲属可以享受本条第一款第（一）项、第（二）项规定的待遇。确定工亡补助金的支付项目及具体数额。因为《工伤保险条例》第 67 条明确规定，本条例自 2011 年 1 月 1 日起施行。本条例施行前已受到事故伤害或者患职业病的职工尚未完成工伤认定的，按照本条例的规定执行。

案例九：马某认为星甸镇政府不发放相关费用行政复议案

一、基本案情

马某于1998年从星甸镇解放桥村柯吴组迁入星甸镇万隆居委会联明组。万隆居委会联明组的部分土地2003年被征用为国有。马某认为，南京市浦口区星甸镇人民政府未按照《〈南京市被征地人员社会保障办法〉实施细则》的相关政策、法规规定对申请人发放安置费、缴纳社会保险，于2012年1月9日向南京市浦口区人民政府申请行政复议。浦口区人民政府受理复议申请后，经审查并根据《南京市被征地人员社会保障办法》（宁政发〔2010〕254号）第4条规定（被征地人员的社会保障工作由市、区政府统一领导。国土资源管理部门负责征地补偿工作和被征地人员的社会保障费的解缴）认为，马某提起复议时指明的被申请人浦口区星甸镇政府，没有将马某纳入征地安置低保范围的法定职责，遂据此作出驳回马某的复议请求的决定。

二、复议决定

南京市浦口区人民政府行政复议决定书

〔2012〕浦行复第1号

申请人：马某

被申请人：南京市浦口区星甸镇人民政府

申请人认为被申请人未按照《〈南京市被征地人员社会保障办法〉实施细则》的相关政策法规规定对申请人发放安置费、缴纳社会保险，于2012年1月9日向南京市浦口区人民政府申请行政复议。2012年1月11日本机关经审查依法予以受理，现本案已审理终结。

申请人要求被申请人履行法定职责，按照《〈南京市被征地人员社会保障办法〉实施细则》的相关政策法规规定对申请人发放安置费、缴纳社会保险。

申请人称：申请人是《〈南京市被征地人员社会保障办法〉实施细则》所称的1983年至2004年4月9日被征地人员劳动年龄段所界定覆盖的参保人员。被申请人只向其发放了12,000元的被征地安置费，与

《〈南京市被征地人员社会保障办法〉实施细则》规定不符；2011年12月23日，申请人向被申请人提出申请，要求被申请人履行法定职责，将申请人纳入被征地参保人员范围，被申请人予以拒绝。被申请人的行政不作为侵害了申请人的合法权益。

被申请人辩称：《南京市浦口区征地拆迁补偿安置办法》（浦政发〔2004〕107号）第二十六条第一款规定："户口从外地迁入该集体不满十年或虽已满十年，但在该集体内没有承包地、不承担农业义务的，不列为被征地人员，不发放安置补助费和生活补助费。"申请人是1998年从星甸镇解放桥村柯吴组迁入被征地的星甸镇万隆居委会联明组的，而万隆居委会联明组的土地是2003年被征用为国有的，期间不满十年。申请人在万隆居委会联明组无房产、无承包地，户口迁入期间未承担任何农业义务，申请人不是被征地人员，也不是《南京市被征地人员社会保障办法》的应保障对象。

经审理查明：2003年12月12日，经江苏省国土资源厅批准（苏国土资地函〔2003〕1353号），将浦口区星甸镇万隆居委会部分农用地转为建设用地并征为国有。《关于印发〈浦口区（原江浦县地区）建设征用土地补偿和安置办法〉的通知》（浦政发〔2003〕28号）第五条规定："南京市浦口区国土管理部门负责统一管理辖区内建设征用土地的补偿、安置和拆迁工作"；《南京市被征地人员社会保障办法》（宁政发〔2010〕254号）第四条规定："被征地人员的社会保障工作由市、区政府统一领导。国土资源管理部门负责征地补偿工作和被征地人员的社会保障费的解缴。"

上述事实有《关于批准南京市浦口区2003年第18批次城镇建设用地的通知》（苏国土资地函〔2003〕1353号）、《关于印发〈浦口区（原江浦县地区）建设征用土地补偿和安置办法〉的通知》（浦政发〔2003〕28号）、《南京市被征地人员社会保障办法》（宁政发〔2010〕254号）予以证明。

本机关认为：《中华人民共和国行政复议法实施条例》第四十八条第一款第一项规定：申请人认为行政机关不履行法定职责申请行政复议，行政复议机关受理后发现该行政机关没有相应法定职责或者在受理前已经履行法定职责的，行政复议机关应当驳回行政复议申请。被征地人员安置费的发放和社会保障费的解缴不是被申请人的法定职责。本机关决定,驳回申请人的行政复议申请。

二〇一二年二月二十九日

三、理论评析

本案是一起典型的征地补偿安置领域的实体性行政不作为行政复议案件。申请人依据南京市有关征地补偿安置的政策规定,向被申请人浦口区星甸镇政府提出申请,请求被申请人依法将申请人纳入征地补偿安置保障范围。被申请人以申请人不属于南京市有关征地补偿安置政策规定的保障对象为由予以拒绝。申请人遂以被申请人不履行法定职责为由提出复议申请。复议机关浦口区政府受理申请人的复议申请以后,在审查过程中发现,根据南京市有关征地补偿安置政策的规定,对被征收土地的产权人负有补偿安置义务的法定主体是浦口区国土资源局,而不是本案被申请人浦口区星甸镇政府。遂以被申请人没有申请人所请求的法定职责为由,驳回申请人的复议请求,终结复议程序。

如前所述,负有法定的积极作为义务,是行政主体构成不作为违法的必要条件。本案中的被申请人既然没有对申请人予以补偿安置的法定职责,那么,被申请人就不构成不作为违法。申请人请求复议机关责令被申请人履行法定职责的请求,也于法无据,不能获得支持。从这一角度看,复议机关作出的驳回复议请求的复议决定是正确的。但纵观全案即可发现,本行政复议案件属于典型的案结事未了现象。虽然复议审查结束了,但申请人的问题根本没有任何进展。从程序正义和及时有效保障复议申请人的权益的角度考虑,本案有三个问题值得深入讨论:其一,本案被申请人浦口区星甸镇政府在行政过程中(收到申请人的补偿安置请求以后),是否确知自己没有对申请人进行安置补偿的法定职责,并是否明确告知本案申请人?其二,行政不作为复议案件中被申请人资格如何判明?其三,在复议机关驳回申请人的复议请求的情形下,本案申请人还可以通过何种途径寻求救济自己?这种实践暴露了我国行政复议制度运行中的什么问题?

1. 被申请人是否知道其没有法定权限并告知申请人

根据行政法治原则的职权法定主义要求，每一个公共行政部门必须知道自己的权责范围。这是对法治政府最起码的要求。为将这一基本要求落到实处，国务院已经推行权力清单制度若干年。基于此，有理由相信本案被申请人星甸镇政府应当知道其对本案申请人的请求没有法定职权，并应当将这一情况明确告知申请人。从客观事实角度看，本案被申请人是否真的知道自己没有法定职责并将此告知了申请人，本案复议决定书没有涉及这一问题，无从得知。不过，从复议案件的发展及被申请人所作的复议答辩中，或许可以得出一个判断：被申请人应当知道无职权而事实上不知道、应当告知申请人但因自己不知道而不可能告知。

之所以作出这样的推理，一方面，是因为被申请人在答辩中根本没有明确表达其没有法定职责的主张，而以申请人不符合纳入安置保障范围条件为自己辩护。这种辩护所表达的意思是：被申请人认可自己有法定职责，仅仅是因为申请人不符合获得补偿安置的条件而被拒绝。潜在的含义是，如果申请人符合政策条件的话，被申请人就会将申请人纳入补偿安置范围。另一方面，从申请人以星甸镇政府为被申请人提出行政复议、复议机关认定被申请人不适格的情况可以合理推知，被申请人没有明确告知申请人自己没有职权满足申请人的请求，更没有明确告知申请人真正负有满足申请人请求的法定职权的主体是浦口区国土资源局。因为根据常理，除非申请人无理找茬，否则，申请人在获知被申请人告知的准确信息后，合理的做法应该是向浦口区国土资源局提出补偿安置申请。如果浦口区国土资源局拒绝，那么，申请人就应该以浦口区国土资源局为被申请人申请复议，自然也就不会出现本案发生的被申请人主体不适格的问题。但从本案的实际发展过程看，申请人以没有法定职责的星甸镇政府为被申请人申请复议，复议机关以被申请人没有法定职责（本质上是被申请人主体不适格）为由驳回复议请求。对于本案的这种发展及其结局，除了申请人无理取闹的解释之外，唯一合理的解释，就是本案被申请人不清楚自己没有法定职权，更没有清晰地告知申请人。如果这种推理和解释成立，那么，复议机关对本案作出的复议决定，就不应该仅仅是驳回申请人的复议请求，还应当增加一项：确认被申请人的行政行为违法。

2. 复议机关对被申请人是否适格的查明义务

根据《行政复议法实施条例》第28条第1款第1项[①]的规定，“有明确的申请人和符合规定的被申请人”是复议机关受理行政复议案件的条件之一。所谓“符合规定的被申请人”，通常是指：(1)被申请人必须明确具体；(2)被申请人必须具有行政主体资格因而可以作为行政复议程序的被申请人。除此之外，如果引发行政争议的行政行为是积极作为行为，那么，被申请人还必须是作出积极作为行为的行政主体。如果引发行政争议的是行政不作为，那么，适格的被申请人的判定，则是一个比较复杂的问题，在受理之前往往不易确定，不宜作为受理的条件对待。在行政复议实践中，如果复议机关在受理之前就发现被申请人不适格的，应当释明法律并建议申请人变更被申请人。申请人接受建议变更被申请人的，复议机关应当受理；申请人拒绝变更的，复议机关就应当决定不予受理。

本案作为行政不作为行政复议案，与行政作为侵权案件相比较而言，被申请人是否适格的查明，的确困难很多。复议机关受理本案后经实质审查后确认，对申请人负有补偿安置义务的主体是浦口区国土资源局，而不是本案被申请人。于此情形下，综合本案的全部案情，结合《行政复议法实施条例》第48条第1款第1项的规定，复议机关应当作出如下决定：(1)确认被申请人没有正确答复申请人之请求的行为违法；(2)驳回申请人要求被申请人将其纳入安置保障范围的复议请求。在理由说明部分，告知申请人应当向浦口区国土资源局提出其请求。

3. 申请人的权益再救济

我国的行政复议原则上实行一级复议。本案的行政复议程序已经

① 参见《行政复议法实施条例》第28条规定，行政复议申请符合下列规定的，应当予以受理：(1)有明确的申请人和符合规定的被申请人；(2)申请人与具体行政行为有利害关系；(3)有具体的行政复议请求和理由；(4)在法定申请期限内提出；(5)属于行政复议法规定的行政复议范围；(6)属于收到行政复议申请的行政复议机构的职责范围；(7)其他行政复议机关尚未受理同一行政复议申请，人民法院尚未受理同一主体就同一事实提起的行政诉讼。

终结,但申请人的权益主张在法律上是否成立,并没有一个法律上的结论。因为本案复议机关驳回复议请求的理由,并不是申请人的权益在法律上不成立,而是因为被申请人并不是申请人所主张的权益的义务人。因此,从申请人权益救济的角度考虑,申请人还应当有其他选择寻求法律救济。既然行政复议决定明确肯定申请人所主张的权益的义务主体是浦口区国土资源局,那么,申请人就应当向浦口区国土资源局提出请求,请求国土资源局履行南京市有关征地补偿安置政策所规定的义务。如果国土资源局满足了申请人的权益主张,申请人的问题就圆满解决了。如果浦口区国土资源局拒绝履行义务,申请人就可以浦口区国土资源局为被申请人申请行政复议或者以浦口区国土资源局为被告提起行政诉讼。当然,申请人的实体权益最终能否获得法律支持,取决于申请人是否符合南京市有关征地补偿安置政策规定的条件以及该等政策是否合法等来综合判断。

第八章　基层行政复议实践的改进

第一节　行政复议主体问题的实践改进

一、共同被告问题

（一）适当调整级别管辖

对于复议机关和原行政行为为共同被告的行政案件，应当以作出原行政行为的行政机关确定案件的级别管辖。

第一，这种做法符合立法原意。

在《行政诉讼法》修改过程中，在讨论中级人民法院管辖时，这一问题已经提出来过。《行政诉讼法》第 15 条第 1 项曾经表述为“对国务院部门或者县级以上地方人民政府所作的除行政复议决定以外的行政行为提起诉讼的案件”，目的就是为了排除县级以上人民政府作复议决定的情形。经过讨论，大家比较一致的意见是，这样表述过于烦琐，今后可以通过司法解释对此予以适度的限缩解释即可，因此，最后删除了“除行政复议决定以外的”限定语。因此，本次司法解释应当对此进行限缩解释。

第二，行政复议维持决定的特殊性。

复议机关的维持决定虽然是行政行为，但这一行政行为的“特殊性”就在于其只是覆盖了原行政行为的效力而已。本质上，真正发生法律效力的是原行政行为。对于此类案件，一般应当以原行政行为机关所在地法院管辖为宜。有利于将矛盾化解在基层。《行政诉讼法》和《人民法院组织法》规定在四级法院设立行政审判庭，审理行政案件，目的在于将大量案件和矛盾化解在基层，如果将复议机关维持的一审案件全部归入中级人民法院管辖，中级人民法院、高级人民法院将无法承受案件的数量增长。

（二）举证责任与举证实施行为适当分离

应当由作出原行政行为的行政机关和作出维持决定的复议机关承担举证责任。理由如下：

第一，根据《行政诉讼法》的规定和立法原意，原行政行为与复议维持决定实际上属于联系非常紧密的两个行政行为，复议机关对原行政行为作了审查并且作出了决定，不能置身于对原行政行为合法性审查之外。

第二，原行政行为合法性已经不仅仅是原行政行为本身的合法性。如前所述，复议机关作出维持决定的，复议维持决定与原行政行为是一体的。原行政行为的事实、理由和适用规范依据实际上是复议机关作出的，对于这些事项，本来应当单独由复议机关承担举证责任，但考虑到已经成为原行政行为合法性的一部分，也可以由原行政行为机关承担举证责任。复议机关改变原行政行为，是指复议机关改变原行政行为的处理结果，对于改变原行政行为的事实、证据和适用规范依据的，原本属于复议机关自身的意思表示，本来应当也可以由复议机关承担举证责任。在司法实践中，对于这些事项，可以由双方协商确定哪一个机关来实施举证。

在大多数情况下，原行政行为机关已经将本案的相关材料移交给复议机关，有的情况下，由复议机关承担举证责任更为便利。《行政复议法》第 23 条规定："行政复议机关负责法制工作的机构应当自行政复议申请受理之日起七日内，将行政复议申请书副本或者行政复议申请笔录复印件发送被申请人。被申请人应当自收到申请书副本或者申请笔录复印件之日起十日内，提出书面答复，并提交当初作出具体行政行为的证据、依据和其他有关材料。"《行政复议法实施条例》第 36 条规定，依照《行政复议法》第 14 条的规定申请原级行政复议的案件，由原承办具体行政行为有关事项的部门或者机构提出书面答复，并提交作出具体行政行为的证据、依据和其他有关材料。根据举证责任遵循的"证据距离远近"原则，在特定情况下，也不排除由复议机关对原行政行为合法性承担相应的举证责任。

（三）根据不同诉讼类型确立裁判规则

在司法实践中，原行政行为合法并不意味着复议决定必然合法，复议决定可能存在违反程序等问题；复议决定合法也并不意味着原行政行为合法，具体适用情况还比较复杂。主要区分四种情形：

1. 原行政行为和复议维持决定均合法

人民法院经审查认为原行政行为和复议维持决定均合法的，可以直接适用《行政诉讼法》关于判决驳回诉讼请求的规定，本司法解释没有对此进行重复规定。《行政诉讼法》第69条规定："行政行为证据确凿，适用法律、法规正确，符合法定程序的，或者原告申请被告履行法定职责或者给付义务理由不成立的，人民法院判决驳回原告的诉讼请求。"在原行政行为和复议维持决定均合法的情形下，适用该条主要包括以下三种情形：一是在形成诉讼（包括撤销诉讼和变更诉讼）中，原行政行为和行政复议维持决定证据确凿，适用法律、法规正确，符合法定程序的，人民法院判决驳回原告诉讼请求。二是在义务诉讼中，原告申请原行政行为机关履行法定职责，复议机关作出驳回申请复议决定（属于广义上的行政复议维持决定），理由不能成立的，人民法院判决驳回原告诉讼请求。三是在给付诉讼中，原告请求原行政行为机关履行给付义务，复议机关作出驳回申请复议决定（属于广义上的行政复议维持决定），理由不能成立的，人民法院判决驳回原告诉讼请求。

2. 原行政行为和复议维持决定均违法

原行政行为和复议维持决定均违法，根据行政诉讼类型的不同，有不同的表现形式：

（1）撤销诉讼

原行政行为和复议维持决定违反《行政诉讼法》第70条的规定，即两个行为均存在（主要是原行政行为）"主要证据不足的、适用法律、法规错误的；违反法定程序的、超越职权的、滥用职权的、明显不当的"情形的，根据《行政诉讼法》第79条"复议机关与作出原行政行为的行政机关为共同被告的案件，人民法院应当对复议决定和原行政行为一并作出裁判"的规定，人民法院在撤销原行政行为的同时，应当同时撤销复议决定。根据《行政诉讼法》第70条的规定，人民法院判决撤销的，可以判决被告重新作出行政行为。是否判决被告重新作出行政行为，应当考虑行政机关是否存在重新作出行政行为的必要。撤销诉讼属于形成诉讼，行政行为一旦撤销，被诉行政行为具有形成力，在法律上等于不复存在。法院判决行政机关重新作出行政行为，某种意义上讲等于作出一个“答复判决”，法院可以在判决理由中阐明自己的意旨，行政机关应当遵照法院的意旨重新作出行政行为。由于对原告的合法权益真正产生影响的是原行政行为机关，且原行政行为机关对争议事项拥有首次管辖权、首次判断权，因此，人民法院判决撤销原行政行为和复议决定的同时，可以判决作出原行政行为的机关重新作出行政行为。这里的“可以”是可以判决重作，而非“可以”判决原行政行为机关，也“可以”判决复议机关重新作出行政行为。当然，在特定情形下，是否可以判决“复议机关”重新作出行政行为，也可以继续研究。

(2)义务诉讼和给付诉讼

申请人请求原行政行为机关履行法定职责或者依法履行给付义务，复议机关作出驳回申请的决定，人民法院经审理认为，原行政行为机关不履行法定职责或者未依法履行给付义务，人民法院可以判决原行政行为机关履行法定职责或者给付义务。此时，复议决定由于认可了原行为机关违法的不作为行为，其作出的决定应当撤销。因此，人民法院判决作出原行政行为的行政机关履行法定职责或者给付义务的，应当同时判决撤销复议决定。需要注意的是，根据行政诉讼法第74条第2款第3项的规定，原作出行政行为机关不履行或者拖延履行法定职责，判决履行没有意义的，人民法院判决确认违法，对于驳回申请的复议决定应当一并撤销。

3.原行政行为和复议维持决定其中之一违法

一般情况下，基于原行政行为与复议维持决定的“一体性”，原行政行为违法或者合法，复议决定也相应违法或者合法。但是，在特殊情况下，存在两种被诉行政行为之一合法，另一被诉行政行为违法的情形。主要有两种情况：

(1)原行政行为合法，复议维持决定违法

在原行政行为合法的情况下，复议维持决定一般情况下是合法的，但是复议决定可能单独存在程序违法的问题，此时，一般应当判决确认复议决定违法。因此,原行政行为合法、复议决定违反法定程序的,应当判决确认复议决定违法,同时判决驳回原告针对原行政行为的诉讼请求。需要注意的是,在司法实践中,复议机关维持决定存在程序违法问题包括两种情况:一是复议机关维持决定存在程序瑕疵的,根据《行政诉讼法》第 74 条第 1 款第 2 项的规定,复议维持决定应当判决确认违法,同时判决驳回原告针对原行政行为的诉讼请求。二是复议决定维持决定存在违反法定程序的(如遗漏应当参加复议的利害关系人的),根据《行政诉讼法》第 70 条的规定,复议维持决定应当判决撤销,同时判决驳回原告针对原行政行为的诉讼请求。也就是说,对于复议维持决定存在重大程序违法,人民法院不能仅仅确认复议决定违法,而应当根据"撤销判决优先"原则,撤销复议维持决定,不宜进行确认复议决定违法。

(2)复议维持决定合法,原行政行为违法

有观点认为,如果法院对复议维持决定进行程序审查,且该程序问题能够独立存在的话,可能存在复议维持决定程序合法,而原行政行为实体违法的情形。我们认为,法院对复议维持决定和原行政行为进行审理,对于实体问题,两个行政行为具有一体性;对于程序问题,复议维持决定具有独立性。但是,原行政行为在实体上是违法的情况下,复议维持决定在实体上也是违法的,复议决定的程序合法也就失去了意义。因此,也可以说,在司法实践中,原行政行为违法,复议维持决定程序上合法,无须判决撤销或者确认原行政行为违法后,驳回原告针对复议维持决定的诉讼请求。本解释对此没有规定。

4. 赔偿判决

关于复议机关的赔偿问题,《国家赔偿法》第 8 条规定了共同赔偿义务机关的情形,即经复议的案件,原行政机关是赔偿义务机关,复议决定加重损害的,复议机关就加重的部分承担赔偿责任。同时规定,经复议机关复议的,最初造成侵权行为的行政机关为赔偿义务机关。之所以这样规定,主要是考虑了赔偿义务机关确立的原则、目的、理论周延和可行性。对于经过行政复议机关复议后赔偿义务机关的确定,总的指导思想是"谁侵权,谁赔偿"。只要职务行为的作出导致了侵权损害的发生,作出该职务行为的主体就应当承担赔偿责任。当复议机关加重损害结果时，复议机关已成为侵权行为主体，当然要承担赔偿责任。复议机关仅就“加重部分履行赔偿义务”，实际上是采取了严格的“谁侵权，谁赔偿”的原则。该规定没有涉及复议决定维持原行政行为时，给原告造成损害的赔偿义务主体的问题。

二、第三人问题

（一）明确法律对行政复议第三人复议参加权的含义

《行政复议法》第10条第3款对行政复议第三人参与行政复议的规定中运用“可以”二字，对此二字的不同理解造成了行政复议实践中的争议。明确法律对行政复议第三人复议参加权的含义有利于从根本上解决实践中的争议。笔者认为，上述第二种理解更符合立法对行政复议第三人复议参加权设定的初衷，即该条款是授权性规范，此处的“可以”适用主体是行政复议第三人，意味着法律赋予其参加行政复议的程序选择权。行政复议机关负有的仅是保障权利主体作为第三人参加行政复议的义务，并不是赋予其自由裁量权。

（二）增加行政复议第三人的分类

考虑到行政机关日常工作实践和社会资源的优化利用，从保障行政第三人复议参与权的角度，可以将行政复议第三人分成义务型第三人和权利型第三人两大类。义务型第三人是指所争议的行政行为对于第三人属于授益性行政行为，如果争议的行政行为被复议机关撤销或者确认违法，可能导致其承担某种现实义务或者剥夺、丧失、减少其某种实体性权利的公民、法人或者其他组织。义务型第三人中的“义务”是相对于行政复议机关来说的，在是否通知第三人参加行政复议问题上，复议机关是不应当有自由裁量权的。也就是说，对于义务型第三人，复议机关“必须”通知其参加行政复议，而不是“可以”通知参加，通知其参加行政复议程序是行政复议机关的一种义务。权利型第三人是指所争议的行政行为对于第三人来讲属于负担性行政行为，如果争议的行政行为被复议机关撤销或确认违法，可能会因此获得、恢复、增加某种实体性权利的公民、法人或者其他组织。同样，权利型第三人“权利”也是相对于行政复议机关而言，复议机关在是否通知第三人参与上具有自由裁量权，如果没有通知其参加行政复议程序，行政复议机关所作出的行政复议决定就应当及时向其送达。设立义务型第三人和权利型第三人，既可以避免复议机关在通知第三人是否参加行政复议上的随意性，又可以充分保障第三人的复议参与权，体现公平和正义。

（三）建立行政复议第三人参加程序

通过听证方式当面听取行政复议第三人及双方当事人的陈述和辩解，将听证内容作为争议处理决定的重要依据，已经成为世界各国行政救济手段的共同特点。如美国行政法官制度中有正式裁决程序，就是通过公开听证的方式来解决行政争议的一种有效机制；英国行政裁判所审理案件时原则上采用公开听证的方式。

为了保障第三人行政复议参与权，确保合法合理的作出行政复议决定，法律应当明确规定，涉及第三人的案件，复议机关在审理过程中，原则上应当采取听证的方式，并且同时规定听证的时间、地点等事项，充分听取申请人、被申请人和第三人等各方意见，保证包括行政复议第三人在内的当事人有充分地表达陈述各自观点的机会。最大限度地保证当事人的案件参与权，给予其充分地陈述和申辩的机会，而且能够最大限度地接受社会公众的监督，保证案件审理的公正性。

（四）司法保障行政复议第三人的参加权

在任何法治国家，法院都是公平正义的象征，在解决纠纷制度体系中，法院是纠纷解决的最后一道防线，司法终局原则是世界范围内的通行惯例，任何情况下都不能剥夺当事人通过法院解决纠纷的权利和途径。法院在审理过程中，如果行政复议机关未追加第三人参加复议的行为可能导致第三人权利受损的，或者第三人虽不发生权利的损失，但是行政复议决定对第三人明显不公正、不合理的，法院应对该行政复议决定予以撤销。同时，还应当视不同情况，判断是否需要责令复议机关重新作出复议决定。如果原复议决定是授益性复议决定，复议机关重作时不得减少第三人的利益，如果根据实际需要确实需要消减或剥夺的，必须对第三人作出相应的补偿；如果原复议决定是侵益性复议决定，复议机关重作复议决定时不得加重对第三人权益的损害。如果因情势变化，按原复议决定执行将会使第三人的利益受损，而重作该复议决定确已不可能,或者会较大地浪费公共资源或者对社会公共资源产生较大的不利影响,法院只需对该复议决定予以撤销。

（五）将行政机关纳入行政复议第三人范围

《行政复议法》并没有明确地规定行政机关是否可以作为行政复议第三人,某种程度上影响了行政复议申请人的选择。依据最高人民法院《关于适用〈中华人民共和国行政诉讼法〉若干问题的解释》第 23 条第 2 款规定,应当追加被告而原告不同意追加的,人民法院应当通知其以第三人的身份参加诉讼的规定。该条规定对建立我国行政机关可以作为行政复议第三人的制度均具有重要的借鉴意义。根据《行政复议法》第 10 条第 3 款的规定,公民、法人或者其他组织均可以作为第三人参加行政复议,行政机关作为机关法人,同样存在合法权益被侵害的可能。例如,在越权行使行政处罚权的场合,被越权的机关所享有的行政处罚权就是其“合法权益”,同样事关其“利害”,因此,将行政机关一同纳入第三人的主体范围是理论和现实的必然。

三、利害关系人问题

（一）建立明确的利害关系认定标准

根据《行政复议法实施条例》第 28 条的规定可知,与发生争议的具体行政行为有利害关系,是复议机关受理复议申请的条件之一,这说明我国对于复议申请人的审查标准已经由“行政管理人说”向“利害关系人说”转变,是否具备利害关系成为复议机关审查是否受理复议申请的重要条件。同时具备利害关系同样也是作为第三人所必须具备的条件。但由于现行的《行政复议法》以及《行政复议法实施条例》中均未对利害关系认定的标准作出明确的规定,这使在认定是否具备利害关系时缺乏统一的标准,全靠复议机关工作人员予以裁量,这很容易导致不同的复议机关对于同一类型的复议申请作出不同的认定结果,造成复议审理活动的混乱;而且,在审查是否具备利害关系时,复议机关的工作人员往往也难以把握,一方面担心放宽利害关系的认定标准会导致滥诉,另一方面又害怕过于收紧会造成行政复议申请难的现象。而最终在两难的取舍中,复议机关的工作人员选择了对利害关系做保守解释的把握。以上种种原因,导致了许多行政活动中的利害关系人在权益受损后难以得到救济,而想要解决这一问题,就需要建立明确的利害关系认定标准。经过前文的分析,对于认定利害关系人标准的学说,“三要素”和“四要素”这两种学说都可以简化为“二要素说”,并且更加适合我国行政复议制度的现状,即只需具备受到侵害的权益,且受损害的权益与争议的行政行为存在因果关系就应当认定具备利害关系。

1.权益要素的标准

在判断是否具备“权益”的问题上,有学者将权益划分为法律上的权益和事实上的权益,其区别在于权益本身是否在实体法中有所规定。法律上的权益对应的学说是“法律上的权益说”,该学说认为,判断利害关系中权益要件的有无,只能从法律本身出发,权益的来源只能是法律的认可。而随着我国法制建设不断推进,公民维权意识的不断增强,“法律上的权益说”为了适应司法实践的需要,对于权益的来源作出了更广泛的认定,即权益的来源不限于实体法,还包括法律条文所蕴含的法律精神及法律原则。由于资源有限,法条本身不可能将现实生活中的方方面面均予以明确规定,成文法律所规定的权益保护的范围要远远小于一般意义上存在的权益,许多的权益本身虽未经过法律予以明确,但是依据法律的原则和精神可以推定其应当受到保护,这就是法律值得保护的权益。所以,根据“法律上的权益说”,判断利害关系中的“权益”要件要满足两个条件:“一是看该权益是否在宪法和法律有所规定,并对其予以保护;二是当事人与具体行政行为的标的之间是否形成具有类似法定权益的效力或等同于法定权益的权益。”

事实上的权益对应的学说是“事实上的权益说”,该学说主张:相对人无需具备法律上的权利,只要相对人的权益事实上受到了损害,就应当认定具备了利害关系中的“权益”要件。与“法律上的权益说”相对比,我们可以看出,“事实上的权益说”将“权益”的认定标准做了极大地放宽。“事实上的权益说”产生于行政权介入市民生活不断深入的背景之下,其目的在于监督行政权的行使,给予事实上权益受损的人维权的渠道和权利,有助于更好地对行政机关的行政行为进行监督。由于行政机关的行政行为已经逐渐深入人们生活的方方面面,许多时候遭受权益损失的并非是直接当事人,而是周边人群的权益遭受到了事实上的损害，为了防止对行政权监督力度的疲软，扩大利害关系的范畴势在必行。权益应当分成权利和利益两个部分，虽然在学界中有的学者将权利和利益通用，但是，两者实质上是不能混同的，权利就是法律所承认和保障的利益。而利益则是指人们个别或共同想要达成、满足的一种期待。权利是法律明文规定的或者根据法律原则、精神可以推定出的，公民可以享有的权能和利益；而利益则是可以通过某些方式达成自己的需求和期望。"法律上的权益说"对于"权益"的认定仅限于"权利"部分，而"利益"部分却未得到其认可，虽然在实际中易于操作，但是如果按照"法律上的权益说"来认定的话，将会导致大量的事实上的利害关系人被排除在维权渠道之外；而"事实上的权益说"具备直观性、客观性，可以有效地避免在申请复议时来自复议机关设置不符合申请条件的障碍，但是事实上权益的标准过于宽泛，极度依赖复议机关工作人员的专业素养，同时也给复议机关的工作人员留有大量的自由裁量的空间，对于建立明确的利害关系的认定标准不利。因此，笔者认为，认定利害关系的"权益"要件，不能仅限于法律上的权益，也应当将事实上的权益纳入考量之中，但是鉴于我国目前复议机关工作人员素质参差不齐的现状，也不宜对"权益"做过于宽泛的解释和认定。

2. 因果关系要素的标准

因果关系，是用来表示"权益"损害与行政行为之间所具备的一定的相关性，与"权益"要素相比，"因果关系"更加飘忽，难以用固定的标准对其予以衡量，因此在考察"权益"受损与行政行为是否具备因果关系时，要注意三点：首先，"权益"受损发生于行政行为成立前还是后，如果损害发生于行政行为成立之前，那么必然与行政行为没有因果关系；其次，行政行为作出时能否预见"权益"损害的发生或发生的可能性，如果作出行政行为时根本无法预见会对"权益"造成损害，那么也就不能认定损害的结果与行政行为之间有利害关系；最后，"权益"的损害是否具备可恢复性，如果受损的"权益"无法通过撤销或变更行政行为而得到恢复，那么因果关系也就不能成立。

除此之外，对于并非受行政行为直接影响而造成的"权益损害"，或者仅仅是潜在的，尚未实际发生的"权益"损害也应当纳入考量，这类公民、法人或组织参与诉讼的目的在于维护其可能遭受损害的“权益”，理应被纳入利害关系人的范畴之中。

由于“因果关系”要素本身的特点，世界上任何国家的法律职业者对其都难以明确的把握，即便是具备丰富积累的判例法国家也是如此。因此，对我国而言，首要问题是要设立一套逻辑性强的分析工具，来结合实际案情，判断利害关系人与行政行为的关联程度，防止对于“因果关系”要件作过于广泛的解释和认定。

综上，我国应当明确利害关系的认定标准，即权益＋因果关系，权益中既要包括法律上的权益，也要将事实上的权益纳入考量之中；在审查因果关系时，要重点把握行政行为与权益之间的关联程度，不能局限于行政行为直接造成权益损害的因果关系，还应将间接的、尚未实际发生但可能造成损害的因果关系纳入考量之中。

（二）允许法律上的利害关系人申请行政复议

1. 与行政诉讼的原告资格衔接

在研究行政复议申请人资格问题时，我们不能将其孤立地看待，应当将复议申请人资格问题与行政诉讼的原告资格问题相结合来研究。因为虽然是两种不同的制度，但一方面，它们在定位上都有解决纠纷、保障公民权益的功能，具有一定的共通性；另一方面，复议申请人资格与行政诉讼原告资格衔接也是行政复议制度与行政诉讼制度有效衔接的重要保障。因此，在研究复议申请人资格时，我们可以从行政诉讼原告资格的认定中得到经验与借鉴，从而对复议申请人的规定予以完善。

由于行政复议制度在建立初期曾经长时间作为行政诉讼制度的配套制度存在，因而，在复议申请人资格的规定上与行政诉讼的原告资格规定相一致，即仅限于行政相对人。但是随着行政权对于公民生活影响的不断深入，仅限于行政相对人的资格设置已经不足以应对行政争议日益增多且复杂多样的现状，因此，为了应对这一问题，行政诉讼制度率先进行修改。在1990年《行政诉讼法》颁布实施十多年后，最高人民法院于2000年又颁布了《关于执行〈中华人民共和国行政诉讼法〉若干问题的解释》（以下简称《2000年司法解释》）。在《2000年司法解释》第12条中规定，只要公民认为自己与行政机关的行政行为存在有“法律上的利害关系”，就可以以自己的名义向法院提起行政诉讼以维护自己的合法权益。同时，《2000 年司法解释》第 13 条还具体地列举了如公平竞争权人、相邻权人等几种利害关系人。这标志着行政诉讼的原告资格已经转变为“法律上的利害关系”标准；而后随着新《行政诉讼法》于 2015 年 5 月 1 日正式生效实施，根据该法第 25 条之规定，判定原告资格的标准修改为公民与行政行为存在“利害关系”。虽然新《行政诉讼法》中对于原告的资格去掉了之前司法解释中的“法律上的”限定，表面上看起来好像是赋予了包括事实上的利害关系人在内的所有利害关系人以提起行政诉讼的权利，但是 2018 年 2 月公布实施的《最高人民法院关于适用〈中华人民共和国行政诉讼法〉的解释》（以下简称《行诉解释》）第 12 条以列举的形式明确了利害关系人的类型包括：相邻权人、公平竞争权人、行政复议第三人、受害人、行政行为撤销或变更的权益受损人、投诉未受处理或处理不服的投诉人。对比《2000 年司法解释》与 2018 年的《行诉解释》对于利害关系人的规定，《行诉解释》仅仅是在《2000 年司法解释》第 13 条中规定的几种允许提起诉讼的特殊类型的主体的基础上补充了“投诉未受处理或处理不服的投诉人”这一类型的利害关系人，并增加了为法官留有自由裁量余地的“其他与行政行为有利害关系的情形”这一款规定。《2000 年司法解释》第 12 条规定，允许法律上的利害关系人提起行政诉讼，那么第 13 条规定中允许提起行政诉讼的几种主体也应当为法律上的利害关系人。而《行诉解释》中列举的几种利害关系人与《2000 年司法解释》中规定的几种主体基本一致，因此，我们可以看出，行政诉讼中原告的资格标准仍然限于法律上的利害关系人，而不包括事实上的利害关系人。

行政复议与行政诉讼两者的有效衔接是妥善解决行政争议，消除社会矛盾的重要保障，而复议申请人资格与行政诉讼原告资格的衔接则是确保这两项制度之间有效衔接的重中之重。虽然有学者主张，为了更好地发挥行政复议的内部监督的功能，复议申请人应当采用比诉讼原告资格更宽泛的资格标准或是作更宽泛的解释，但是，如果单方面的扩大复议申请人资格的范围，容易导致两种的脱节，反而会不利于行政复议制度功能的有效发挥。因此，从两者衔接的方面考虑，应当允许法律上的利害关系人提起行政复议。

2. 应对新形势下解决争议的需要

随着行政权在社会生活中的不断深入，公民生活的方方面面都可能处于行政机关的调控之下，并且由于行政的复效性，许多时候，行政机关作出的行政行为并未造成行政相对人权益的损害，但却给利害关系人的权益造成了损失，这尤其出现在行政机关作出某些授益型行政行为时。此时，作为行政复议法律中规定的享有复议申请权的行政相对人，其由于没有遭受权益的损害，故而也就不会去主动提起行政复议，而此时遭受实际损失的利害关系人则因为不具备申请行政复议的资格，而无法通过复议维权。

允许法律上的利害关系人申请行政复议，能够有效解决这一问题。一方面，赋予法律上的利害关系人复议申请人资格能够满足行政权不断深入公民生活的新形势下争议解决的需求；另一方面，也能够推进行政复议制度建设，更好地发挥行政复议在解决行政争议时的优势地位，实现将行政复议建设成为我国行政争议解决主渠道的构想。

3. 防止滥诉和资源的浪费

复议申请人资格的设置应当是出于两个目的：一是确保符合条件的复议申请人能够提起行政复议，获得行政复议的救济；二是设置制度上的门槛，将不符合申请条件的复议申请人排除在复议救济之外，防止资源的浪费。

由于我国法制建设时间短，公民法律素养相对较低，如果将复议申请人资格过于放宽，极容易导致滥诉现象的发生，浪费复议机关的人力、财力资源，使复议机关陷入诉累之中，这不仅不能帮助复议机关更好地行使职权，反而会限制复议机关发挥解决行政争议的效率优势。而结合我国目前的情况而言，允许法律上的利害关系人申请行政复议正好符合我国复议机关的承受范围，与法制建设的进程相匹配，即有利于妥善解决行政争议，也不会给复议机关造成诉累和资源的浪费。

（三）赋予事实上的利害关系人复议第三人资格

由于事实上的利害关系人在“权益”损失和“因果关系”的认定上，与“法律上的利害关系人”相比更加笼统和宽泛，即便以后的立法中明确了

“利害关系”认定标准并以司法解释的形式确定下来常见的事实利害关系的形态，但在实践中事实上的利害关系人的范围依旧十分广泛，如果赋予事实上的利害关系人以复议申请人资格，以我国现有的复议机关的人力和资源，根本无力应对大量的事实利害关系人申请的行政复议审理。

但是，事实上的利害关系人应当参与到行政复议之中是毋庸置疑的，因为无论是从公民权益救济、行政争议的解决还是对行政机关监督的角度来看，事实上的利害关系人如果不能通过行政复议维权，那么行政复议制度的功能实现将大打折扣。因此，既要保障事实上的利害关系人能够通过行政复议制度维护权益，又要防止数量过于庞大的复议申请导致复议机关有限的人力和资源无法应对。笔者认为，将事实上的利害关系人纳入行政复议第三人之中是合理的选择。

复议第三人制度的目的本身就在于全面考虑相关的因素，让与争议相关的、权益可能会因复议结果受到影响的利害关系人参加到复议审理中来，一方面有利于对争议的审理有更加全面的把握，提高复议审理的质量；另一方面可以节约有限的人力和财力资源。现行的行政复议相关法律规定中，对于复议第三人的阐释是：与行政行为有利害关系的主体。通过前文的分析我们得出的结论，事实上的利害关系人并未包含在规定的“利害关系”之中，复议第三人仅限于法律上的利害关系人。而将事实上的利害关系人纳入其中，完全符合复议第三人制度的目的追求，同时事实上的利害关系人的权益也因其实际参与了复议审理活动而得以主张，既使事实上的利害关系人的权益得到保护，也没有加重复议机关的工作量，造成资源的浪费。

赋予事实上的利害关系人复议第三人的资格，同时要加强复议机关通知复议第三人参加复议的执行力度，虽然《行政复议法实施条例》中对于复议机关对复议第三人的通知义务作出了规定，但仅仅规定为：“可以”通知，而不是“应当”通知，这就给复议机关在实际执行的时候留下了余地，在复议实践中很少有复议机关会主动通知符合条件的利害关系人作为第三人参加复议，这也导致复议第三人制度没有实现预期的目的。因此必须强化复议机关的通知义务，可以对受理的复议申请以公告的形式向社会发布，使更多潜在的利害关系人予以了解，以此来确保符合条件的利害关系人能够参与到复议审理之中。

（四）确立行政复议中对私权的平等保护原则

随着行政法律关系三方性的不断发展，利害关系人的权益保护日益受到重视，利害关系人逐渐成为与行政相对人地位平等的受保护对象。这种改变彰显出了政府对公民权益的尊重。利益多元化导致各种问题层出不穷，需要行政权的合理介入，才能解决不同利益主体之间的问题和纠纷，保持社会的稳定及各方的平衡。但行政权天然具备侵略性，其行使过程中会无可避免地造成行政相对人、利害关系人权益的损害。

对行政机关而言，在权力的行使过程中应当充分考虑到尊重公民的权益为前提，不得凭借自身的权力，无视无辜的公民、法人或其他组织的权益对其造成损害，公权力的运用不得侵犯私权领域；同时有权必有责、用权受监督、侵权须赔偿的权力运行规律应当作为行政机关行使权力的新标准。

对于复议机关而言，加强服务意识、责任意识，将行政复议制度解决行政争议、保障公民权益、监督行政机关行政活动的职责落实在实处，对于申请复议的公民、法人和其他组织，全面、灵活地考量其是否符合受理复议申请的条件，既要严格按照利害关系的标准予以判断，又要结合实际案情灵活把握，确保符合条件的主体不被复议制度的门槛排除在外。

对于利害关系人而言，应当提高自身的维权意识和法律素养，从忍气吞声到积极维权，主动向行政机关提出要求、建议。一旦行政机关侵犯了其合法权益，违反了相关的法律法规的规定，利害关系人就可以运用法律所提供的救济途径，维护自身合法权益。

第二节　行政复议程序问题的实践改进

一、前置程序问题的实践改进

（一）复议前置是基础，直接起诉是例外的原则符合我国行政复议的功能定性

行政复议与行政诉讼在行政救济方面两者具有共同的作用。从具体功能的角度来说，比较《行政复议法》第 1 条的规定和《行政诉讼法》

第1条的规定。从两者的范围来看,行政复议的审理范围比行政诉讼广泛得多,不仅仅受案范围宽,比如自然资源确权性的案件只能由行政机关进行处理;在审理范围上来说,行政复议也比行政诉讼更为广泛,因为法律规定,行政复议可以审理案件的合法性与合理性,行政复议机关对于做出具体行政决议的机关而言,层级更高,专业素质更强,所以可以审查其做出决定的合理性。而行政诉讼则是因为缺少这一方面的专业知识,只能审查决定的合法性。新《行政诉讼法》对此有进一步的发展,规定明显不当的决定,法院可以改判,意思就是,法院现在可以审理十分严重、明显不当的决定的合理性。建立复议前置是基础,起诉是例外的原则可以使大量的行政纠纷全部集中到行政机关,使有关合理性的案件得到完美的解决,此类案件,若诉诸法院,法院只能审理明显不当的案件,因为行政机关职能的特殊性,若作出行政决定,也只有少部分的案件实属于明显不当,那么其余的大多数不当的行政行为在法院就不能得到很好的救济。建立新的模式可以完全避免这一点。当然,建立这一模式是以司法最终审查为基础的。

（二）复议前置是基础,直接起诉是例外的原则符合行政复议制度的特性

行政复议这一项制度既然已经设置,就说明其自身有存在的价值,上文已经详细地阐述了复议的优点,关于行政复议的本质是复议机关的一种具体行政行为,但这种行为又具有其独特的性质,这种独特表现其是一种行政监督功能。我国的《行政复议法》明确表示说行政复议是一种行政监督。在行政复议中,有三方当事人,即行政相对人和行政机关,行政复议机关作为行政机关的上级机关是以中间裁决者的身份对两者之间发生的行政争议作出裁决。显然,行政复议机关的地位就类似于法官,它在纠纷解决机制的过程中的任务是要依法查清案件事实,作出公正公平的裁决。建立复议前置是基础,直接起诉是例外的原则,从当事人角度看,可以化解当事人的疑虑,因为当前的制度设计很混乱,当事人完全不知道应该用怎样的方式去寻求救济,建立本文观点所述的制度后,当事人无论遇到什么案件,都直接复议,况且,经过行政复议的改革之后,当事人完全有理由相信复议机关能够站在中间人的角度上处理行

政纠纷,这样就可以节约当事人大量的时间,也能够得到满意的结果,就算当事人不满复议结果,也可以向法院诉讼,因为在之前的复议中已经对案件有调查,调查后的案件事实、证据等,法院都可以直接引用,不仅尊重了行政机关的劳动成果,还使法院减轻了调查案件事实的负担,法院可以较快地予以判决。也可使法院将更多的精力用于解决复杂的法律问题,发挥其术业专攻的优势。

(三)复议前置是基础,直接起诉是例外的原则不会阻碍当事人寻求诉讼救济

反对者认为,采取行政复议前置是对当事人行使权利的不正当限制,是赋予了行政机关解决行政争议的特权,不利于对当事人权益的救济和对行政权力行使的监督。在这里我对这一问题进行回答,表面上看,强制要求复议前置确实剥夺了当事人的自由选择权,但这是从整个行政救济体系来考量,设定的这样一种原则,因为复议的时限很短,若当事人不愿意复议,则可以在较快的时间继续诉讼,而对于只有复议才能解决问题的案件来说,强制复议前置就可以避免诉讼不能解决纠纷的漏洞。这是一种正当的限制,是从宏观的角度来设定行政救济体系。正是因为当前我国的法律普及还不够,社会上还有很多的法盲,当事人在遇到行政纠纷时,我们不能以对律师的要求来要求相对人,要求他们明白各种救济方式的优缺点,然后再按照自身的情况来选择适合自己的方式。所以,在这种情况下,强制性的要求先行复议,禁止当事人自由选择,也是一种普法的方式,在我国普法教育达到目的之后,人们有能力自由选择救济方式的时候,再实行自由选择的模式,是更为合理的方式。还有学者认为,强制复议前置,是历史的倒退,因为,我国在《行政复议法》审议之初,行政复议前置被审议组全票否决,而现在推行复议前置是在历史河流中逆流。笔者认为,根本不存在历史的前进,比如法国,最开始的制度设计是复议前置,之后转变为自由选择,可是最近几年,由于行政案件数过多,导致社会混乱,因此,复议前置的声音又开始出现,并且这种声音越来越大。所以,笔者认为,这种制度是可以根据时代的不同进行改变的,而没有人说行政复议前置就一定是被历史抛弃了的。至于行政复议前置会导致行政机关权利扩大的担心,笔者认为,这一担心完

全没有必要,由于《行政诉讼法》(2014 年修改)明确了复议机关作为被告的情形,这样加大了行政复议机关的责任,使其更多地承担起解决行政纠纷的责任。况且司法终局原则的确定,使行政机关在解决纠纷时要考虑自己应当承担的责任,而不能随心所欲地作出决定。行政复议前置不会阻碍当事人对自己合法权利的救济,因为设立复议前置为基础并不排除司法救济,司法救济的窗户仍然是对相对人打开的。实际上,采用复议前置为基础的模式实际上是对相对人的救济多了一条保护的路径,而不会阻碍相对人的权利救济。

二、调解制度在行政复议中的实践改进

(一)明确行政复议调解制度的适用范围

1. 明确规定不得适用行政复议调解的范围

以下三种案件类型因为受行政行为的本质局限,不得适用调解:(1)超越职权的。行政机关的权力均有各自大小和上下限。因此,行政行为若是在超越职权情况下作出的,因其自身对该行为无权处分,故没有适用调解的余地。如县级人民政府受理了针对地市级部门作出的行政行为提出的行政复议申请,因为其本身已超出了受理申请的职权,因此不能再就该案件进行调解,而应依法终结行政复议。(2)事实清楚、证据充分且具有羁束性的。此种系法律、行政法规已明确规定了处理结果的案件类型,并不涉及行政自由裁量权问题,故亦不得适用调解。如被申请人不在法定期限内提交当初作出行政行为的证据、依据的,只能根据《行政复议法》第 28 条的规定作出相应的处理,而不能进行调解。(3)涉及公共利益的。这与超越职权类有相似处,即由于行政机关无权处分公共利益故不允许其拿公共利益与相对人讨价还价。

2. 扩大行政复议调解适用范围

行政调解还可适用于:(1)适用法律方面有困难或争议的。(2)行政机关不履行法定职责的。这类案件通过调解结案,可以减少双方的对立情绪,达到案结事了。(3)具体行政行为有轻微瑕疵的。这类案件,行政复议机关一般不便撤销,那么以调解方式来纠正上述瑕疵,既可维护法律的严肃性,也满足了申请人的复议请求。(4)行政裁决、行政确权和

工伤认定。(5)容易对社会稳定可能造成重大影响,引起群体性冲突的。如涉及劳动和社会保障、房屋拆迁、土地房屋征收的案件。此类案件往往与人民群众切身利益有密切关系,利害关系复杂,且影响范围大,如处理失当,后果很严重,矛盾会激化。但如能通过调解的正确运用,让双方当事人或其代表坐下来“面对面”“讲一讲”,都为对方的利益好好考虑一下,各退一步消解了冲突,则即使社会和谐稳定得以维护,也使政府的公信力得以提振。

3. 原有关于行政复议调解制度适用的案件类型的规定应予保留

即行政复议法实施条例原本规定的两类案件,一类是涉及行政赔偿或者行政补偿纠纷的,另一类是涉及行政机关行使自由裁量权的。这两类案件有很好的实务操作基础,并且已被广泛适用在实践中,因此适用调解争议不大,应保持不变。

(二)明确行政复议调解程序

1. 对调解的步骤应予明确

“背对背”的方式不宜再适用于调解,而应当面开展,即各方坐于一室参与调解,当面将各自的观点“摊牌”,摆事实、摆情理,调解协议应在平衡好各方利益后才考虑签订。这样进行的优点在于,行政复议机关在这当中只负责扮演监督员和主持人的角色,使开诚布公的氛围笼罩在调解各方周围,大家可以把问题“四四六六”搞清楚,因此更利于行政争议的解决。笔者认为,调解的步骤,可分为五步走。第一步是征求各方意见,取得各方一致同意并记录或签署有关同意调解文书后,才启动调解程序。第二步是听取各方陈述,陈述的方式可以是递交书面的材料,也可以口头表达,但必须记录在案。第三步是由调解各方共同或分别提出调解方案,调解方案的提出同样既可以是书面的,也可以口头,但同样需要记录在案,并且核对无误后签字确认,以便固定各方的核心要求,为下一步达成调解合意作准备。第四步是达成调解合意,由行政复议调解人员根据各方的调解方案,明确谈判的边界和可能,综合各方意见后,提出折中方案,并向各方当事人晓以利害,给各方一个考虑认可最终方案的期限,若超过该期限,各方仍未能达成调解合意,则不再调解,及时以其他形式终结行政复议。若在该期限内,各方均表示同意最终调解方案,则进入第五步是制作调解协议书。经过各方充分沟通，由行政复议调解员制作初稿，在根据各方真实意思进行适当修正，最终确定调解协议的内容，制作调解协议书给各方签领。

2. 明确调解期限

出于防止各方利用调解拖延时间的情况出现，必须对调解的期限予以明确。虽然该领域的基本行政法规对调解期限未予规定，但从行政复议制度设立的便捷、快速解决争议的初衷以及《行政复议法》规定的两个月到三个月的行政复议期限来看，调解期限不宜太长，其上限应为一个月左右，且不能规定“调解时间不计入行政复议期限”，否则会变相拖长行政复议期限，影响行政复议的效率价值。而调解期限的起算，应从各方当事人签署书面的同意调解文书之日起，到各方当事人最后一方正式签署行政复议调解协议之日止。

3. 对调解程序的启动方式予以明确

包括行政复议机关出于职能运行考虑或应当事人要求而启动这两种方式。前者是指行政复议机关审查案件后，在查清案件主要事实和争议焦点的基础上，认为调解程序可以适用于本案，向各方建议进行尝试，但只能是建议，而不能强迫各方接受调解。另外，还需要遵循一个基本的议事规则，即任何一方没有同意的表示，或者拒绝在同意调解文书上签字，均视为对该建议一票否决了，即不得适用调解。后者是指在行政复议开始后行政复议终结前，各方同时或任一方提出想调解，行政复议机关在查清事实和案件焦点的前提下，经审查认为调解可以适用于本案时，在各方当事人自愿且合法的基础上启动调解程序。

（三）做好案件调查工作

在行政复议调解前，相关的调解人员必须通过仔细查看案卷、亲自勘查案发现场、询问相关证人，调查清楚案件的基本情况，对整个案件有一个全面细致的了解，并以此为基础，提出科学调解意见。

（四）举行好调解会议

在调解人员提出相应的调解意见后，如果行政复议案件双方当事人都不存在异议，这时行政复议机关就可以召集行政复议案件双方当事人参加协调会议。从而给案件双方当事人一个平等的自我表述机会。同时在会议上行政复议调解人员应仔细记录双方当事人的表述与诉求，收集相关证据，会后再次进行证据核实。

（五）正确判断实际案情

在核实相关证据后，行政复议机构就应该组织本部门人员召开案情探讨会，对于一些复杂的案情还应该邀请相关专家参与研讨。目的是科学分析案件原因，正确判断出实际案情，研究出解决争议的最佳方式。

（六）提出科学的调解方案

正确判断完案情后，行政复议机关就可给出相应的调解方案。再次召开调解会议，努力说服案件双方当事人在平等、自愿基础上达成一致意见。

（七）签订行政复议调解协议

在争议双方达成共识后，双方当事件人要签订一式三份具有法律效力的行政复议调解协议，作为双方当事人达到一致意见的书面凭证。它约束着案件双方当事人不得就协议内容反悔。此后，行政复议调解申请人应该及时撤回相关的行政复议申请，同时行政复议机关也终止行政复议。

第三节　行政复议的立法变革与实践

一、设置独立的行政复议机构

现阶段国内外行政复议改革的重点是复议机构的独立性和中立性的增强，大部分国家都是设立行政复议委员会，其主要作用是保障复议机关的公信力和权威。笔者认为，我国的行政复议机构设置可以如下：行政复议的案件由新设立的行政复议委员会统一审理和裁决，为了确保其独立的地位，委员会的编制、预算等都是单独管理、单独进行计算，行政复议委员会的成员分为专职委员和非专职委员，其中专职委员是具备专业知识的工作人员，而后者则具备专业法律技能，他有可能来自高等院校、科研机构，也有可能是丰富从业经验的律师，对案件实行少数服从多数原则，少数意见也必须要记录在案，以备查验。这样的规定可以使复议机构内的工作人员提高业务素质，增强责任意识。复议组织的独立性也相应地要求复议人员有一定的任职资格，因为任何制度都是由人来实施的。为了发挥行政复议机构的作用，作出合法合理的行政复议决定，打造一支职业化、专业化的行政复议人员队伍是基础，为此应该建立行政复议人员资格制度，专职委员的选拔在全国范围举行任职考试，在行政机关内工作的人都具有考试资格，选举出既有专业知识，又具有法律知识的人才，这样既可全面提高行政复议工作人员的法律素质以满足对案件裁决的需求，又可使相对人有足够的理由相信复议机构有能力作出公正的决定。成员中还应当有专业职称教育背景或法律专业知识工作的人才作为非专职委员，以解决复议队伍法律素质不高的问题。另外，后期的管理也非常重要，应当对复议工作人员进行单独管理，并且经常性的对其考察，设定一个严格的考察体系，对多次考察不合格的工作人员及时调离至其他行政岗位。

二、行政复议制度程序方面的完善

程序公正的重要性不言而喻，而现行的行政复议大多数时候是书面审查，也没有对证据进行规定，在程序方面，《行政复议法》存在很大的漏洞，不能够保证复议的公正性，因此，行政复议的修改与完善应该加入一些程序性的内容。

第一，增加回避制度的规定。当法定回避情形出现在某位行政复议工作人员身上时，则这位工作人员应当回避，不能再参与复议案件的审理。回避制度在许多法律制度里都有引进，这一简单的制度的正确实施，对审理工作的公正性起到了不可替代的作用。此处所要引进的回避制度是对于行政复议工作人员的管理的要求，回避的申请方式可分为三种：复议工作人员自行申请、复议机关主动提出、相对人申请。

第二，完善调查与证据制度。将行政诉讼规定的证据制度引入行政复议中来，虽然不必全部照搬，但是最基本的证据思想应当在《行政复议法》中得到体现。

第三，设置普通程序和简易程序，对复议程序进行细分。行政复议案件情形差异很大，有的案情复杂，有的案情事实清楚、比较简单，有必要对不同的案件规定不同的程序。可以考虑将复议程序区分为一般程序与简易程序两种，一般程序应当公开审理，公开审理时，应当采取辩论原则,对双方提供的证据进行质证,通过辩论表达自己的意见,这样有利于复议工作人员作出正确的裁定,而简易程序则可以按照现行的做法,根据案件的具体情况进行书面审查。

三、国家行政部门要正确认识行政复议的性质

我国的行政部门应该加强对行政复议性质的认识,行政复议制度不仅是一种内部监督机制,更是一种社会救济方法,只有这样政府工作人员才会重视行政复议的救济功能,有效监督与纠正各种不合理、不合法的行政行为,提升政府的公共服务水平。

四、不断完善行政复议的体制结构

完善行政复议的体制结构最主要的是做好以下两方面的工作。第一,增强行政复议机构的公正性与独立性,将行政复议机构与政府行政法制机构进行适度的分离,从而确保行政复议对事件的审查更加客观、科学。第二,改善基层复议机构的配置问题,为其配置更多的人力与物力,从而解决繁多复杂的基层问题。

五、完善立法,将《行政复议法》与我国的《行政诉讼法》有效衔接

行政复议制度与我国的行政诉讼制度都属于我国行政救济制度十分重要的一员,两者在衔接方面是否有效、通畅,直接决定着我国行政相对人的合法权益遭受行政侵权时,能否切实得到救济和保护。所以,必须从以下三点对《行政复议法》与我国的《行政诉讼法》进行立法衔接:一是统一行政复议与行政诉讼的受案范围。二是将行政复议的裁决纳入行政诉讼程序。随着我国依法治国方针的执行,我国社会的法治文明度逐步提高,所以,终局复议范围应该不断减少,直至把所有行政复议完的各种行政行为都逐一纳入我国行政诉讼的各项司法审查活动中,从而有效控制与科学监督各类行政权力,防止出现介于行政复议与我国行政诉讼之间的“灰色地带”。三是对行政复议审查与行政诉讼审查的各项法律依据进行规范,从而对两者的审查标准进行统一,防止出现行政复议结果完全有异于行政诉讼结果的现象。

图书在版编目(CIP)数据

基层行政复议实证研究 ：以南京市浦口区为样本 / 吴峰著. -- 北京 ：法律出版社，2019

ISBN 978 - 7 - 5197 - 3732 - 0

Ⅰ. ①基… Ⅱ. ①吴… Ⅲ. ①行政复议 - 工作 - 研究 - 中国 Ⅳ. ①D925.3

中国版本图书馆 CIP 数据核字(2019)第 168597 号

基层行政复议实证研究
——以南京市浦口区为样本
JICENG XINGZHENG FUYI SHIZHENG YANJIU
—YI NANJINGSHI PUKOUQU WEI YANGBEN

吴　峰 著

策划编辑 郑　导
责任编辑 郑　导
装帧设计 汪奇峰

出版 法律出版社
总发行 中国法律图书有限公司
经销 新华书店
印刷 永清县金鑫印刷有限公司
责任校对 杨锦华
责任印制 张建伟

编辑统筹 独立项目策划部
开本 710 毫米 × 1000 毫米　1/16
印张 20.25
字数 282 千
版本 2019 年 9 月第 1 版
印次 2019 年 9 月第 1 次印刷

法律出版社/北京市丰台区莲花池西里 7 号(100073)
网址/www.lawpress.com.cn
投稿邮箱/info@lawpress.com.cn
举报维权邮箱/jbwq@lawpress.com.cn
销售热线/400 - 660 - 8393
咨询电话/010 - 63939796

中国法律图书有限公司/北京市丰台区莲花池西里 7 号(100073)
全国各地中法图分、子公司销售电话：
统一销售客服/400 - 660 - 8393/6393
第一法律书店/010 - 83938432/8433　西安分公司/029 - 85330678　重庆分公司/023 - 67453036
上海分公司/021 - 62071639/1636　深圳分公司/0755 - 83072995

书号：ISBN 978 - 7 - 5197 - 3732 - 0　**定价**：68.00 元
(如有缺页或倒装，中国法律图书有限公司负责退换)